교육의 뿌리는 사랑에 있다.

— 루쉰

알고 나면 안심되는

우리 아이
초등생활

알고 나면 안심되는

우리 아이
초등생활

유진영 지음

교사가 된 지 13년이 되었습니다. 그리고 아이를 낳아 엄마가 된 지는 7년이 되었습니다. 엄마가 되기 전, 그냥 교사일 때는 부모님들의 불안감이 여자의 마음으로 공감이 되었습니다. 그 불안감을 깊이 공감하면서 부모님들을 대하면 눈물을 한참 쏟고 가셨습니다. 그때는 엄마 선생님이 아니어도 전문가로서의 교사라며 항상 자신감이 있었습니다. 나는 아이가 없지만 교실의 아이들이 내 아이와 같다고 생각하며 살았습니다.

아이를 낳았습니다. 녀석을 키우다 보니 어느 새 학교 입학을 준비해야 하는 일곱 살이 되었습니다. 이제야 비로소 학부모가 되기 전의 불안과 학부모이기에 겪는 어려움들이 애써 노력하지 않아도 보이기 시작했습니다. 그러한 불안과 어려움에 대한 해결책을 다정하게 그리고 꼼꼼하게 알려드리고 싶은 마음에 이 책을 집필하게 되었습니다.

1부에서는 1년 동안 같이 지낼 아이들과 만나기 위해 학년과 반을 배정받는 2월부터 아이들과 헤어지는 다음 해 2월까지 각 월별 주요 행사 위주로 1년 동안의 학교생활에 대해 설명해 놓았습니다.

부모라면 누구나 내 아이의 학교생활이 궁금하실 겁니다. 그러나 아이에게 물어봐도 속 시원한 대답을 듣기 힘들고, 선생님에게 물어보자니 유난 떠는 엄마로 보일까 봐 혹은 너무 사소한 질문으로 업무에 방해가 될까 봐 선뜻 용기를 내서 물어보지 못합니다. 그래서 2부에서 4부까지는 13년 동안 교사 생활을 하면서 아이들과 함께하는 초등 교실 속 일상을 생생하게 보여드리고자 합니다. 그리고 각 부의 마지막에는 그동안 교육 현장에서 받은 학부모님들의 질문 중 가장 많이 궁금해 하는 사항들을 모아 Q&A 형식으로 정리해 놓았습니다.

또한 마지막 부록은 초등 입학 준비와 관련해 정보가 필요한 예비 초등학생 부모님을 위해 작은 선물 같은 내용으로 구성해 보았습니다.

교실 속 아이들의 일상을 들여다보면 내가 몰랐던 내 아이의 진짜 모습을 알게 됩니다. 그리고 내 아이의 진짜 모습을 알게 되면 6년 동안 펼쳐질 아이의 초등생활을 수월하게 이해할 수 있습니다.

'모른다는 것'은 누구에게나 두려움을 불러옵니다. 그러니 많이 알면 두려움은 사라지고 그 자리에 자신감이 생깁니다. 자신감은 나를 학부모로서 너그럽게 하며 당당함 또한 갖게 해 줍니다. 그리고 너그러운 학부모는 내 아이에게도, 내 아이를 가르치는 교사에게도, 나아가 학교에도 큰 힘이 되어줍니다.

이 책은 처음부터 끝까지 13년 차 교사의 마음이었다가 이제 곧 학교에 입학하게 되는 일곱 살 남자아이를 키우는 학부모의 마음이 되기를 반복하며 썼습니다. 저 또한 학교에서 겪은 사례들을 바탕으로 내 아이의 선생님들을 믿고 녀석의 성장을 기다리는 부모가 되는 과정에 있으니까요.

초등 교사로서 이해를 받고 싶은 마음에 교사의 입장을 대변하는 내용이 많습니다만 실은 기본적으로 교사들도 학부모님에게 신뢰를 받을 수 있도록 지속적인 자기 연수와 소통의 노력이 선행되어야 한다고 봅니다.

학교 속 이야기와 교사들의 이야기를 전하는 과정에서 넣은 내용들이 일부에 국한된다는 것을 참고하시어 너그러운 마음으로 이 책을 읽어 주시면 감사하겠습니다.

마지막으로, 내가 엄마 선생님이 될 수 있게 해준 아들과 교직의 어려움을 누구보다도 잘 이해해 주며 적극적으로 외조해 주는 남편에게 고마운 마음을 보냅니다. 그리고 13년간 함께 지내며 열심히 배운 나의 제자들, 제가 가진 교육관을 흔들림 없이 믿고 따라 주시는 학부모님들 더불어 오늘도 학교 현장에서 묵묵히 아이들을 위해 열정을 다하고 계신 동료 선생님들께도 감사를 드립니다.

아이들을 보낸 교실에서,
살구쌤 유진영

차례 ✏️

1부
1년 동안 교사와 아이들은
이렇게 지내요

2부
교사도 아이들도
신나고 보람찬 교내 행사

3부
소통하고 마음을 나누는
교사, 아이, 학부모 관계

4부
아이 성장에 밑거름이 되는
학교 수업과 학습

1학년 선생님이 알려 주는
입학 전 준비 사항

생활습관

✓ 알아두기

- 이 책은 저자가 근무해 온 학교 환경과 교사 개인의 경험에 근거하여 작성되었으므로 지역 교육청 및 학교별로 세부적인 내용이 상이할 수 있음을 알려드립니다. 특히 초등에서는 교육과정 수립부터 이를 바탕으로 한 학급 운영까지 교사마다 실행하는 방법이 다르므로 이 책의 사례를 일반화시켜서는 안 되며 이러한 사항을 감안하여 읽어 주시기 바랍니다.
- 본문에 나오는 아이들의 이름은 모두 가명입니다.

1부

1년 동안 교사와 아이들은
이렇게 지내요

**우리 아이
초등생활**

다들 아시다시피 학교는 한 학년 단위로 1년을 보냅니다. 그렇기에 교사들이 사용하는 달력과 학급업무일지 등은 1월부터 12월까지가 아니라 3월부터 다음 해 2월까지로 구성되어 있습니다. 그래서 시중에서 판매되는 일반 달력은 불편한 경우가 많지요. 또한 학교에서는 '학년도'라는 말을 많이 사용합니다. 예를 들어, '2018학년도'라는 말은 2018년 3월부터 2019년 2월까지를 일컫습니다. 한 학년 동안 아이들은 생각보다 많은 일들을 하며 학교생활을 합니다.

새 학기가 시작되기 전, 2월에는

초등학교에 재학 중인 아이들은 새 학년에 올라가기 위한 준비를 하고 유치원에 다니던 아이들은 학교에 입학하기 위해 생활습관을 다잡는 시기입니다. 교사들은 새로운 아이들을 만나기 위해 교재 연구를 하고 학급 경영을 위한 준비를 시작합니다. 초등학교는 1학년부터 6학년까지 신체 발달, 정서 발달의 차이가 무척 크므로 그해에 맡는 아이들이 어떤 학년이냐에 따라 준비할 것들이 달라집니다.

주요 행사 : 학생 반 편성, 새로 배정받은 학교 방문, 교사 학년 배정과 업무 분장, 교실 재배치와 대청소 등

업무 분장과 학년 배정받는 날, 우리 담임 선생님은 무엇을 할까

교사는 4~5년을 만기로 해서 학교를 옮깁니다. 이사, 육아 등의 개인 사정으로 중간에 희망하여 옮겨 가거나 교사의 능력을 인정받아 타 학교의 요청에 의하여 옮기는 경우도 있지만 대부분은 만기가 되면 이동을 하게 된답니다. 이때 교사들도 여러모로 익숙한 곳에서 새로운 곳으로 옮기다 보니 굉장히 긴장이 되지요.

그리고 옮긴 학교에서 이름하야 '업무 분장 및 학년 희망서'라는 것을 쓰게 됩니다. 기존에 남아 계신 선생님들이 어떤 학년을 비워 놓으셨을지, 어떤 업무를 남겨 놓으셨을지 참고해서 작성해야 하기 때문에 그 또한 상당히 신경이 쓰이는 일이랍니다. 이러한 희망서는 학교를 옮길 때뿐만 아니라 매년 새 학년을 시작하기 전에도 작성합니다. 그렇게 작성한 서류를 토대로 학년과 업무가 배정되는데 올해 저는 3지망 안에 쓰지도 않은 '1학년'이 되었어요. 심지어 교육 경력 중단 한 번도 해 보지 못했던 저학년이었으니 꽤나 당황했겠지요.

이렇게 2월은 학년 및 업무 분장의 발표와 함께 교사들이 새로운 아이들을 맞이하기 위해 수업 연구를 하고 자료를 수집하느라 동분서주합니다. 새로운 학년을 맡게 되는 선생님들은 교과서를 비롯한 교재 연구를 하고 그 나이의 아이들이 어떤 특성을 지니는지 공부해야 합니다. 같은 학년을 자주 하는 경우에는 경험이 풍부하기 때문에 이런 것들을 좀 더 느긋하게 준비할 수 있습니다.

저는 교직 경력 대부분의 기간 동안 4, 5, 6학년을 맡았기 때문에 모든 것을 다시 준비해야 했고, 무엇보다도 1학년 학생들의 정서·행동적 특성 및 학교에 처음 아이를 보내는 학부모님들의 긴장과 설렘을 이해하기 위해 많은 시간을 투자했어요.

저는 학년과 교실이 배정되면 남편까지 동원해 새 교실 대청소를 합니다. 교실은 묵은 먼지가 많고 청소할 범위가 넓기 때문에 혼자서는 무리거든요. 이때 책상, 교구장 등을 제 구미에 맞게 배치하고 책, 자료, 사무용품과 각종 교구들을 학생들 눈높이에 맞게 정리합니다. 이렇게 해묵은 먼지들을 쓸어내고 닦으면 비로소 진짜 내 교실이 되고 새롭게 만날 내 아이들을 받아들일 준비가 되는 것이지요.

새 학년의 시작은 학부모, 학생들과 마찬가지로 교사들도 한껏 긴장하고 설레게 만든답니다.

올해 학교를 옮긴다. 나에게는 벌써 네 번째 학교가 된다. 아이를 낳기 전에는 집에서 멀어도 미리 선곡해 둔 음악을 들으며 신나게 운전을 해서 다녔는데 엄마가 되고 나니 아이의 유치원이나 집에서 항상 가까워야 마음이 놓인다는 생각에 자꾸 근처 학교를 돌게 된다. 어차피 바로 튀어 나갈 수도 없는 일하는 엄마면서도 직장이 가까우니 괜히 마음이 든든해진다.

어쨌거나 올해 배정받은 학교는 집에서 차로 3분 거리. 그리고 내가 사는 아파트의 아이들이 다니는 학교이다. 그러니까 나는 음식물 쓰레기를 버리러 갈 때 반드시 옷매무새를 다듬어야 하고 아이를 데리고 놀이터에 나갈 때도 립스틱을 스윽 바르고 나가야 한다. 혹여 길에서 우리 반 아이들을 만나면 반갑고 신나게 두 손을 머리 위로 들고 열심히 흔들어 줄 마음의 준비도 한다.

자아, 고대하던 학교 발표는 났고 업무 분장과 희망 학년을 쓰러 새 학교에 가는 날, 가슴이 터질 것 같다. 새로 온 선생님들이 눈도 제대로 못 마주치고 쭈뼛거리며 교감실의 커다란 책상에 둘러앉는다.

"안녕하세요." 하며 어색한 미소를 보내고 괜히 앉은 의자가 불편한 것 같아 당겼다가 밀었다가 해 본다.

잠시 후 내 앞에 종이가 놓인다. 13년 차 교사인 나는 늘 그렇듯 고민도 없이 남은 학년 중 고학년을 먼저 골라 쓴다.

'1지망은 5학년을 쓰고, 2지망은 4학년을 쓰자. 3지망은…… 어차피 안되겠지만 3학년을 써 보지 뭐.'

교직에 들어선 12년 동안 매년 쓰는 대로 학년을 배정받을 수 있었으니 나는 이번에도 한껏 호기롭게 희망서를 제출하고 일어난다.

며칠 후 학년과 업무 발표가 났다. 학년 배정표를 받아든 내 손에 땀이 배어나고 등줄기에는 식은땀이 흐른다. 올해 나는 '1학년 1반' 담임 교사가 된 것이다. 1학년이라니. 무섭다. 5, 6학년보다 한참 작고 아가 냄새가 폴폴 나는 녀석들을 내가 넉넉한 사랑으로 가르칠 수 있을까? 한숨만 계속 난다. 어쩌지.

집으로 돌아온 나는 올해 1학년 담임이 되었노라며 온 식구들 앞에 공표한다. "잘하겠지…… 네가 누구 딸인데…… ." 하는 엄마의 목소리가 왠지 자신이 없다.

식구들도 다 안다. 내가 고학년 전문 교사인 것을. 지난 12년간 축적해 온 나의 자료들은 고학년용이라 아무짝에도 쓸모가 없어졌고 급해진 나는 부랴부랴 저학년용 자료들을 찾기 시작한다. 열심히 지도서를 뒤적이고 교과서를 살폈다. 집중력이 10분을 넘지 못하는 1학년 아이들이 수업시간에 잘 따라올 수 있도록 집중의 기술을 연마해야 한다. 고학년들이라면 유치하다며 질색을 할 각종 동요와 손 유희, 간단한 율동과 게임까지. 나 정말 올해를 무사히 넘길 수 있을까?

답답해진 나는 1학년을 해 본 동기에게 전화를 한다.

"나 올해 1학년이야. 어쩌냐?"

"야, 1학년 완전 힘들어. 유치원에서 막 올라온 아가들이잖아. 너 마이크 꼭 써라. 안 그러면 너희 반 아가들 다 키우기도 전에 목소리부터 갈 것이니."

아, 진짜 무섭다. 수업 준비가 문제가 아니었어. 당장 마이크부터 사야지. 으헝.

우리 처음 만나서, 학년 적응 기간

아이들이 가장 긴장하면서도 설레어 하는 달입니다. 반을 배정받아 처음으로 친구들을 만나고 탐색하며 담임 교사의 학급 경영 스타일에 맞게 자신의 생활습관을 조율해 나가는 시기입니다. 아무래도 긴장한 탓인지 감기, 장염 등으로 결석을 하거나 조퇴를 하는 아이들이 많은 달이기도 하지요. 교사들은 아이들의 적응을 도우며 학급 규칙을 함께 정하고 친구들끼리 서로 탐색할 수 있는 시간을 줍니다. 학급 운영과는 별개로 담임이 맡고 있는 업무가 가장 많이 몰려 있는 시기이기도 합니다.

주요 행사 : 시업식, 입학식, 건강실태조사, 학급임원선거, 전교임원선거, 교과진단평가, 교육과정설명회(학부모총회), 기초학력진단평가, 학부모 상담주간, 학생 상담주간 등

입학식은 학교의 학사 일정 중 꽤 크고 중요한 행사입니다. 당일 오전 시간만으로는 완벽하게 준비할 수 없기에 며칠 전부터 입간판을 제작하며 현수막을 걸고 강당이나 운동장, 교실 등 행사 장소를 정돈한 후 보기 좋게 꾸미기 시작합니다.

특히 1학년 선생님들은 교실에 미리 사물함, 책상, 의자 수를 맞춰 놓고 아이들에게 줄 선물을 구입하여 '입학을 축하합니다'와 같은 라벨링 작업과 함께 포장을 해 두기도 합니다.

올해 저희 학교의 입학 선물은 미니빗자루와 네임스티커였는데요. 별것 아니어 보이는 작은 선물일지라도 입학 당일에 받는다는 의미가 있기 때문에 행여 이름에 실수는 없는지, 못 받는 아이가 없도록 수량은 맞는지 등을 확인합니다. 그리고 거의 한 달간 사용할 이름표도 미리 준비하여 목에 걸어 주어야 하니 오탈자가 없도록 신중하게 제작합니다. 또한 입학식 날은 준비물 등을 적은 학교생활 길잡이 소책자나 인쇄물이 배부되기 때문에 투명 파일에 일일이 넣어서 미리 교사 책상 한쪽에 정리해 두어야 허둥대지 않고 배부할 수 있답니다.

요즘에는 대부분 교실이나 강당 등 실내에서 입학식을 진행하므로 곧바로 학부모님께 학급 운영에 관한 설명을 하는 경우가 있는데요. 저희 학교는 입학식 날 강당에서 전체 행사를 마치고 각 교실로 이동하여 구체적인 학급생활에 대한 안내를 했답니다.

아무래도 부모님들을 대상으로 학급 운영에 대한 설명을 하는 시간이라 아이들은 몸을 배배 꼬고 힘들어 하는데 아이들의 그 모습이 1년을 좌우하는 것은 아니니 걱정하지 않으셔도 된답니다. 대부분의 1학년 아이들은 정말이지 집중력이 아무리 길어도 10~15분 정도니까요.

교사들은 아이들의 나이에 따른 신체적, 심리적 특성을 잘 알고 있는 전문가랍니다. 전체적인 활동에 방해가 될 정도라면 그런 부분을 지도하겠지만 어른들을 대상으로 하는 시간에는 대부분의 아이들이 힘들어 하는 것이 당연하니 내 아이만 모나게 보일까 봐 걱정은 하지 않으셔도 된답니다.

새로 배정받은 교실에 들어간다. 아직 아이들이 오지 않은 교실은 공기조차 고요하다. 그와는 반대로 나는 괜히 마음이 분주해져서 아이들의 책상을 쓸어 봤다가 모두에게 나누어 줄 학교생활 길잡이를 팔랑팔랑 넘겨보았다가 미리 만들어 놓은 학급 운영에 관한 자료를 TV 화면에 띄우고 웅얼웅얼 연습을 해 본다.

"진영, 우리 강당에 가서 입학식 준비하게."

유리창 너머로 부장 선생님께서 부르신다. 갑자기 손바닥이 축축해진다.

강당 입구에 아이들의 이름이 가득 쓰인 학급 배정표를 붙이는데 가슴이 두근거린다. 이제 진짜 시작이다. 1학년 1반 아이들에게 나누어 줄 풍선을 손에 들고 옷매무새를 단정하게 한다.

"1학년 1반이 어디지? 형서야. 저기다 저기! 저분이 너희 선생님이신가 봐!"

들뜬 목소리의 학부모님. 내 첫인상이 마음에 드셨으면 좋겠다. 자신감 있게 보일 수 있도록 다시 한 번 허리를 편다. 동그란 눈을 한 아이가 조심스럽게 내게 다가온다. 쪼그려 앉아 눈높이를 맞추어 "우리 아드님은 이름이 뭐예요?" 하니 "이형…… 서요." 한다. 아, 귀엽다.

'이 녀석! 생각보다 사랑스럽잖아.' 올해도 녀석들과 함께 사랑에 빠질 수 있을 것 같다.

"애국가를 제창하겠습니다. 모두 자리에서 일어나 주십시오." 하는 말에 스물여덟 명의 아이들이 눈치껏 옆 친구들을 보며 의자에서 일어난다. 발딱 일어서도 내 허리춤까지밖에 오지 않는 귀여운 여덟 살들이라니. 애국가를 부를 줄이나 알까? 아니 애국가가 무엇인지는 알까? 혼자 걱정하며 아이들의 입모양을 찬찬히 바라본다. 자랑하듯 목청껏 부르는 아이도 있고 당최 이것이 무슨 노래인가 하며 친구를 보았다가 나를 보았다가 하는 아이도 있다.

'그래그래. 하나도 몰라도 돼. 어차피 우리는 배울 거니까.' 하는 마음을 담아 입만 벙긋거리는 아이를 향해 웃어 주었다.

꽤나 긴 입학식의 마무리는 들고 있던 풍선을 위로 날려 보내는 것이었는데 "꿈을 담아 날리세요!" 하는 말이 나오기도 전에 이미 하나가 둥실둥실 떠오른다. 놓쳤는지 날렸는지 모르는 그 풍선을 가리키며 아이들이 웅성댄다.

당사자인 우리 반 여자아이는 당황해서 곧 울음을 터뜨리려 하고 옆에 선 부모님은 더 당황해서 내 표정을 살피며 아이를 타박한다.

가만히 다가가 "우리 딸내미가 놓쳤구나. 선생님이 두 개 가지고 있는데 하나 너 줄게. 무슨 색 줄까?" 하니 눈물이 그렁그렁해서는 분홍색을 조심스레 가리킨다. 이번에도 날아갈까 아이의 손에 조심스레 풍선을 넘기는데 그 손이 참 작다.

'너는 손톱도 참 작고 손바닥도 참 작구나.'

내가 1학년 담임인 것이 참 새삼스럽다.

이제 교실에서 학급 운영 설명회를 해야 하는데 이 복잡한 입학식장에서 무사히 빠져나가는 동안 아이들이 나만 보고 잘 따라올 수 있을까? 우리 반은 스물여덟 명. 교실로 가는 길이 길어도 한참 길고 중간에 놓치면 다른 반과 섞여 우는 아이가 생길 테니 긴장이 된다. 내 뒤로 스물여덟 명의 아이들이 종종걸음하며 뒤따르고 입학식에 참여한 부모님들까지 함께하니 거대한 무리가 이동하는 느낌이다. 어깨가 무겁구나. 올해.

교실에 들어가려는데 한 아이가 큰 소리로 말한다.

"선생님, 쉬 마려워요!"

나의 계획은 일단 아이들을 교실에 앉혀 놓고 정리정돈을 한 후 화장실에 갈 시간을 주는 것이었는데 역시 쉽지 않다. 행여 옷에 실수를 할까 봐 빠르고 큰 목소리로 "화장실은 여기로 내려가서……." 하는데 여기저기에서 "저도요! 저도 갈래요!" 한바탕 소란이 인다.

그래그래. 너희들이 입학식 내내 잘 참은 것이 용하다. 화장실에 가는 방법을 복도에서 가르쳐 주고 "교실로 들어올 수 있어?"라고 물으니 세상 용감하고 자신 있는 목소리로 "당연하죠! 이렇게 해서 이렇게 들어오면 되잖아요." 한다. 할 수 있는 것도, 할 수 없는 것도 일단 호기롭게 덤벼드는 멋진 1학년들이다.

화장실에 다녀온 아이들을 자리에 앉히니 부모님들이 자연스럽게 책상 주변에 빙 둘러선다.

"안녕하십니까? 올해 1학년 1반 담임을 맡게 된 유진영입니다."

우레와 같은 박수가 쏟아진다. 생각보다 큰 박수 소리에 약간 긴장. 그래도 앞에서 말하는 것에 큰 스트레스를 받는 사람은 아니니 다시금 어깨를 펴 본다.

"부모님들, 특히 첫 아이를 학교에 보내시는 부모님들께서는 지금 많이 긴장되시지요? 자아, 저는 안 잡아먹습니다. 하하. 편하게 들어주세요."

"하하하……."

여기저기서 웃음이 터진다. 한결 부드러워진 공기. 준비해 둔 학교생활 길잡이를 다 같이 한 장 한 장 넘겨보며 자세히 설명한 후 1년간 서로 신뢰하는 관계를 만들어 보자는 말로 마무리한다.

'와, 이거 아이들한테 직접 설명할 때랑은 다르구나.'

입학식 한 시간에 학급 운영 설명 한 시간일 뿐인데도 여섯 시간짜리 수업을 한 것만 같다. 자아, 이제 시작이다. 힘을 내자.

바쁘다 바빠, 즐겁다 즐거워, 1학기 학교생활

 1학기 중 가장 많은 교육활동과 행사가 이루어지는 시기입니다. 아이들은 서로 마음에 맞는 친구를 찾아 다양한 활동을 함께합니다. 또한 교육과정에 따른 수업시간, 여러 가지 행사에 참여하며 소질을 기르고 학습습관을 형성합니다. 이때 교사는 기본적으로 교과서를 바탕으로 수업자료를 준비하고, 필요하다면 교육과정을 재구성하면서 학급 아이들의 특성에 맞는 수업을 진행합니다. 이 시기는 학교생활에 적응을 마친 아이들이 교우관계 문제, 학습 문제 등 다양한 어려움을 겪을 수 있으며 교사는 생활 지도와 상담을 통해 문제를 해결합니다.

주요 행사 : 현장체험학습, 수학여행, 장애이해교육, 학교폭력예방 캠페인, 인성교육 실천주간, 생명사랑 교육주간, 과학축제, 독서행사, 운동회 등

체육시간을 기다리지 않는 초등학생은 없습니다. 많은 아이들은 일주일에 두세 번 정도 되는 체육시간을 손꼽아 기다리는데 운동회 날도 무척 좋아하지요. 이렇게 동적인 활동을 좋아하는 아이들을 위해 선생님들도 약 한 달 전부터 운동회 계획을 세우고 각 부서별 협의를 통해 서로 도울 일을 나눕니다.

요즘에는 우리 어릴 때처럼 봄철 대운동회와 가을철 소운동회로 하는 곳보다는 학년 스포츠리그, 민속놀이 한마당, 부스 체험 방식의 놀이마당 등의 형식으로 진행하는 곳이 많아졌습니다. 그래서 으레 있었던 매스게임, 대단위 무용행사 등은 축소되었고 연습을 위해 수업시간을 빼 가며 흙먼지 속에서 땀을 뻘뻘 흘리는 일도 줄었지요. 정말이지 아이들도, 교사들도 행복한 운동회가 아닐 수 없습니다.

운동회 날 아침에는 선생님들이 어느 때보다 일찍 출근을 해서 아이들의 즐거운 기분을 위해 만국기를 달고 다양한 상품을 준비해 둡니다. 라인기를 가지고 하얀 가루를 폴폴 날리며 달리기 선을 긋고 아이들이 넘어져 다칠 만한 돌이 있으면 골라내기도 하는데요. 다 같이 할 일을 마무리하면 각 학년에서 맡은 각 마당별 준비를 하는데 이때쯤 되면 일찍 등교하는 아이들이 운동장으로 나와 선생님들이 무얼 하나 목을 빼고 구경을 하기 시작합니다. 그러다가 "선생님! 안녕하세요!" 하고 큰 목소리로 인사해서 온 선생님이 다 자기 반 아이인 줄 알고 녀석을 돌아보게 만드는 귀염둥이도 꼭 한두 명쯤 있지요.

본격적으로 운동회가 시작되면 이때부터는 긴장을 늦출 수 없는데 교실 밖에서는 사고의 위험이 높을 뿐 아니라 아이들의 집중력 또한 많이 낮아지기 때문입니다. 응원석에서 운동장으로, 운동장에서 다시 응원석으로 몇 번만 왔다 갔다 해도 아이들과 교사들은 금세 지치지만 "선생님, 공부 안 하니까 진짜 좋아요!" 하는 아이들의 말에 같이 웃으며 힘을 내 봅니다.

준비 체조, 개인 달리기, 학년별 게임, 학부모 코너, 청백 계주, 정리 체조……. 이렇게 모든 활동이 끝나면 선생님들은 고학년 아이들과 함께 운동장을 정리하고 "오늘 고생했어!" 하는 말로 운동회가 무사히 끝났음을 자축합니다.

따뜻한 봄날, 학교에서 가장 큰 행사라고 할 수 있는 운동회는 이렇게 진행됩니다.

방학을 기다려요, 1학기 말 학교생활

더위가 시작되면서 아이들의 지친 모습이 관찰되는 시기입니다. 여름 방학을 앞두고 들뜨기도 하며 평소보다 학급 규칙을 어기는 경향이 보입니다. 아이들끼리 다툼이 많이 발생되지만 특별한 경우가 아니라면 다양한 교실 내 활동을 통해 금방 다시 친해지며 남은 학교생활을 즐겁게 해냅니다. 교사는 의욕이 떨어진 학생들을 위해 다양한 수업 주제와 자료를 제시하며 흥미를 북돋우고자 노력합니다. 최근에는 여름 방학이 짧아지는 추세라 8월 마지막 주에 개학을 하여 2학기를 시작하기도 합니다.

주요 행사: 현장체험학습, 진로탐색주간, 금연교육, 보건교육, 여름 방학식, 개학식, 학급임원선거, 전교임원선거 등

방학식 하는 날,
우리 담임 선생님은 어떤 준비를 할까

　　한 학기는 생각보다 금방 지나가곤 합니다. 아이들은 그새 참 많이도 자라는데요. 올해 새로 만난 선생님에 적응하려고 무던히도 애쓰던 아이들 그리고 작년 아이들과 올해 새로 만난 아이들의 다른 개성에 깜짝 놀라던 날들. 아이들과 선생님은 어느새 한 팀이 되는 시기이기도 합니다.

　　한 학기 동안 교실 안에서 복닥복닥 지내다 보면 재미있고 신나는 일도 있지만 사건 사고도 정말 많습니다. 그렇다 보니 7월이 되면 교사와 아이들은 에너지가 바닥에 떨어져 있는 경우가 많은데요.

　　좁은 교실에서 아이들은 더위에 굴복하지 않겠다는 결연한 의지를 보이며 선생님 앞에서 시시때때로 몸부림을 치기도 합니다. 그래봐야 "방학이 가까워진다고 선생님이 놓아 줄 것 같아?" 하는 말에 금방 수그러들지만 말이에요. 아이들끼리 서로 다투는 일이 많아지니 교사는 하루에도 몇 번씩 들어주고 중재하며 '아, 이제 방학이 오려나 보구나.' 하는 생각을 합니다.

방학하기 전, 교사들은 학생생활기록부를 정리하는 데 많은 시간을 보냅니다. 아이들을 보내고 교실에 앉아 수행평가를 입력하고 창의적 체험활동인 자율, 동아리, 봉사, 진로 활동 등의 내용을 정리하지요. 그중에서도 가장 신경이 쓰이는 부분은 '행동 특성 및 종합 의견'입니다. 아이들이 지난 한 학기 동안 보여 준 모습을 다시 한 번 생각하며 몇 문장을 적습니다. 너무 형식을 벗어나서는 안 되니 다소 흔한 단어를 사용하게 되는 아쉬움이 있지만 그 아이의 특성을 생각해서 적확한 표현을 써 주고자 애씁니다.

초등학교에서는 아이의 발전 가능성을 높이 사기 때문에 아이의 단점을 과하게 서술하지 않습니다. 그래도 더 나은 2학기를 위해 1학기 학생생활기록부에는 아이의 나아갈 방향을 세심하고 솔직하게 적어 주는 편입니다.

방학식 날 아침에는 아이들의 얼굴이 무척 밝아 덩달아 기분이 좋아집니다. 학교에 오면 친구들이 많아 좋다면서도 막상 앞으로 쉴 수 있다는 즐거움이 더 큰 모양이지요. 오래 공들여 쓴 '생활통지표'를 나눠 주면 친구 몰래 보느라 아이들은 바빠집니다. 잠시 시간을 준 후 방학 과제를 안내하고 안전사고 예방교육을 한 다음 대청소를 하면 정말로 방학이 시작됩니다.

마음을 다잡고 새롭게, 2학기 준비하기

새로운 학기가 시작되었지만 아직은 조금 덥습니다. 아이들은 방학 동안 많이 자라 등교를 하며 재충전을 한 아이들은 7월보다 활기차게 학교생활을 합니다. 오랜만에 만난 친구들이 반가워서인지 다툼이 줄고 교우관계가 좋아지는 편이며 1학기에 만든 생활습관을 재확인하면서 다시 규칙적인 생활에 익숙해지는 시기입니다. 교사는 아이들이 잊은 학급 규칙을 상기시키고 공동체에서 서로를 배려하며 학교생활을 해야 한다는 점을 재차 강조합니다.

주요 행사 : 학부모 상담주간, 교육과정설명회(학부모총회), 수학여행 등

1년에 두 번, 학기 초에는 1~2주에 걸쳐 학부모 상담 주간이 마련됩니다. 교사와 학부모 모두 다소 긴장되는 때이기도 하지만 학부모님과 얼굴을 마주하고 혹은 긴 시간 전화로 아이의 성장을 위해 머리를 맞댈 수 있는 귀한 시간이기도 합니다.

이때는 많은 상담이 몰리므로 사전에 안내장, 문자, 알림장 등을 통해 시간을 조율한 후 진행합니다. 많게는 하루에 방문, 전화 상담을 합해 대여섯 건을 소화하며 일반적으로는 두세 건을 배정하여 상담의 효과를 높이고자 노력합니다.

학부모님과 상담하기 위해서는 아이들 개개인의 학습, 정서 등의 특성과 발달 상태를 정확하게 파악하는 일이 선행되어야 합니다. 교사들은 교실에서 많은 아이들과 함께 지내기 때문에 또래 아이들에 비해 잘 하고 있는 점, 부족한 점 등을 객관적으로 보고 있습니다. 그러나

"집에서는 그렇지 않아요. 전혀 그런 모습을 본 적이 없는데⋯⋯." 하시는 부모님들을 위해 관찰 시간, 아이가 한 행동과 말, 전체적인 상황 등을 구체적으로 기록해서 정리해 놓는 일을 게을리하지 않습니다.

그리고 학부모님의 교실 방문을 앞두고는 집들이를 하는 마음으로 교실 환경을 정리하며 아이들에게는 책상 속과 사물함 정리를 꼼꼼히 시키기도 합니다. 부모님 중에는 상담을 겸하여 아이의 정리 정돈 상태를 보고 싶어 하시는 분들이 많기 때문입니다.

이와 더불어 그동안 교육활동 중에 나온 결과물을 보면서 상담 자료로 활용할 수 있도록 평소에 아이들 스스로 자신의 작품 등을 잘 모아둘 수 있도록 지도합니다.

얼싸덜싸, 신난다 신나, 2학기 학교생활

매주 반복되는 시간표에 따라 수업이 진행되며 여러 행사가 치러지면서 2학기 중반에 접어듭니다. 서로 익숙한 가운데 교내 행사에 팀을 이루어 적극적으로 참여하거나 차분한 일상의 반복 속에서 리듬감을 갖습니다. 고학년의 경우, 심리적인 변화가 크게 나타나는 때이기도 하며 교사는 끊임없이 생활지도를 하고 교우관계에서의 예절을 가르쳐야 하는 시기이기도 합니다.

주요 행사 : 현장체험학습, 학예발표회, 수련활동, 독서행사, 기타 학교 특색 사업에 중점을 둔 다양한 행사

현장체험학습은 학기 초에 세워둔 계획에 따라 체계적으로 진행됩니다. 교사는 아이들의 발달과정과 교육과정에 적합한 체험활동을 구성하고자 학년회의, 담당 교사회의 등을 거치며 여러 차례 수정하는 과정을 거칩니다. 또한 이러한 현장체험학습은 교장 선생님의 학교 경영관이 크게 반영되는 부분이기에 기획회의를 거쳐 학교의 교육관과 학생, 학부모의 필요, 교사의 전문가적 의견을 한데 모아 계획을 세웁니다.

　학기 초에 1년 동안의 계획을 세우면서 교과와의 관련성을 확인하고 체험학습 장소의 예약이 가능한지, 버스 대절은 가능한지를 확인하며 안전 체크리스트 등을 활용하여 시설 안전과 관련된 제반 사항을 확인합니다. 결재가 완료되면 해당 체험일 2~3주 전에 예상 참여 인원을 확인하여 교통비를 계산하는데 이는 참여 인원에 따라 나누어 부담하게 되므로 당일 참석하지 못하더라도 환불되지 않음을 알립니다. 이렇게 입장료와 교통비가 확정되면 학년 체험담당 교사가 안내장을 작성하여 행사 일주일 전에 배부함으로써 준비물 등을 확인할 수 있게 합니다.

교사들은 체험일 2~3일 전과 당일 출발 전 시간을 활용하여 교통안전교육 등을 실시하며 안전하고 즐거운 현장체험학습이 될 수 있도록 지도합니다. 차량에 탑승할 때는 키가 큰 순서나 작은 순서, 교실 짝꿍끼리 앉기 등과 같이 다양한 방법으로 자리를 배치하며 멀미가 심한 친구는 미리 앞자리에 앉도록 안내합니다. 차량이 출발을 하면 교사는 더욱 긴장을 늦출 수 없습니다. 앞뒤 차량이 줄지어 이동하는지, 다른 반의 도착 시간과 크게 차이 나지 않는지를 수시로 확인하며 차 안에서의 질서 지도와 안전교육을 함께합니다.

마지막으로 저학년이라면 담임 선생님의 휴대전화 번호를 외우게 하거나 연락처가 적힌 명찰을 걸어 주고 화장실도 함께, 밥 먹는 것도 함께하는 등 모든 것을 선생님과 함께할 수 있도록 수시로 당부합니다. 고학년들은 친구들끼리 있는 시간을 원하는 경우도 있어서 모둠을 편성하여 조장이 담임 선생님에게 수시로 연락을 취하게 하거나 지정 장소에서 벗어나지 않는 정도에서 자유롭게 활동할 수 있는 시간을 주기도 합니다.

1년의 마무리는 이렇게, 2학기 말 학교생활

한 해가 마무리되는 달이지만 아직 학교의 달력은 몇 장 더 남아 있습니다. 12월은 아이들이 수업에 집중하지 못하고 다소 들뜨는 시기입니다. 특히 눈이 오는 날에는 온 학교가 축제 분위기가 되어 교사들이 아이들을 위해 특별히 눈싸움을 허락하기도 합니다. 또한 크리스마스로 인해 한껏 들떠 있는 아이들의 집중도를 높이기 위한 노력을 하며 교육과정 재구성을 통해 이와 관련한 예체능 활동을 진행하기도 합니다. 헤어진다는 기분보다는 방학을 기다리는 마음이 더 큰 시기입니다.

주요 행사 : 현장체험학습, 학급별 다양한 수업활동, 겨울 방학식 등

교사는 학기 말 진도가 거의 끝나갈 무렵에는 수업을 다른 형태로 진행해 보기도 합니다. 학기 말에 진행하는 다양한 수업 방법 중 하나를 소개하고자 합니다.

　아이들에게 하루 종일 하고 싶은 것을 시간표로 만들어 보도록 하는 수업인데요. 처음 이 수업을 시작한 선생님의 이름을 붙인 '교실 썸머힐' 활동입니다. 영국의 썸머힐 니일이 만든 썸머힐 학교처럼 무질서한 듯 보여도 1학기 진도를 모두 마무리하고 아이들 스스로 만든 규칙이 존재하는 하루, 자유로움에 모두가 신나는 날입니다. 담임의 재량으로 하루를 내어 주지만 친구의 마음을 상하게 하는 활동이나 학교에서 하기 어려운 활동은 스스로 자제할 수 있도록 가르칩니다.

　모든 활동은 아이들의 회의를 통해 정하는데 자기들이 하고 싶은 것을 자유롭게 제시하고, 비슷한 것과 실행 불가능한 것을 지워 나가면서 차근차근 조율을 합니다. 대여섯 시간의 자유를 최대의 효율로 누리기 위해 아이들은 진지하게 토의하는데 활동이 잘 이루어지기 위한 역할 나눔과 준비물 분담은 교사가 개입해서 최종 시간표를 정하는 것으로 마무리합니다.

아이들의 힘으로, 아이들이 준비해서, 아이들의 진행에 따르기로 한 날이면 우리는 다음과 같은 날을 보냅니다.

1교시 벼룩시장이 열리는 시간. 장터가 열렸고 신나게 물건들을 사고 판 다음 회의에서 아이들이 결정한 것처럼 수익금의 절반을 우리 반 아이들이 후원하고 있는 방글라데시에 사는 여섯 살 '수키'를 위해 사용하기로 했습니다.

2교시는 장기자랑을, 3교시에는 영화를 보며 평소에 잘 먹이지 않는 컵라면을 먹어 보기로 했지요. 평소에 급식 먹는 것만 보다가 라면 먹는 것을 보니 의외로 매운 것을 못 먹는 아이들도 있고 태어나서 처음으로 컵라면 하나를 다 먹어 봤다고 한 아이도 있더라고요. 이렇게 평소에 학교에서 하지 않았던 일들을 하다 보면 아이들의 새로운 면을 발견하기도 합니다. 아이들이 정하고 준비한 대로 4교시는 공포이야기를 들려주는 시간이었고, 마지막 5교시는 수건돌리기를 하며 마무리되었습니다. 아이들이 바뀔 때마다 매년 새로운 활동이 추가되어 교사도 그날은 감탄하며 녀석들을 바라보게 된답니다.

학교에서 아이들의 1년은 이렇게 즐겁고, 행복하며, 자유로우면서도 알차게 마무리됩니다.

아이들을 떠나보낼 시간, 학년 마무리

짧은 기간이지만 마지막 정을 나누는 달입니다. 여름 방학이 줄어든 대신 학기말 방학이 늘어나고, 2월의 실질적인 등교일수는 줄어드는 추세입니다. 그만큼 졸업식 연습을 할 시간이 적고 종업식 전에 아이들과 마음을 나누는 날이 짧지만 가장 밀도 높게 보내는 시기이기도 합니다. 아이들은 서로를 떠나보내는 종업식이나 졸업식 날이면 눈물을 글썽글썽하기도 하고 헤어짐이 아쉬운 듯 손을 맞잡기도 합니다. 개인적으로는 가장 마음이 아픈 달이기도 합니다. 정을 뗀다는 것은 쉽지 않은 일이니까요.

주요 행사 : 개학식, 진로탐색주간, 종업식, 졸업식, 학기말 방학 등

종업식 하는 날,
우리 담임 선생님은 어떤 준비를 할까

　'종업식'은 다소 낯선 용어이지만 학교에서는 학년도를 마무리하는 꽤 중요한 날입니다. 한자 뜻 그대로 '학업을 마치는 날'이면서 학기말 방학이 시작되는 날이기도 합니다. 새 학년에 올라갈 마음의 준비를 해야 하기 때문에 담임 교사들도 유종의 미를 거둘 수 있도록 격려의 말을 준비하거나 친구들끼리 롤링페이퍼를 쓰는 등 마음을 나눌 수 있는 시간을 마련해 줍니다.

　종업식 며칠 전에는 다음 학년도에 교실을 사용하는 아이들을 위해 책상 속과 사물함에 자신의 물건을 남기지 않도록 지도합니다. 이미 진도는 거의 끝났을 시기이므로 교과서는 집으로 가져가거나 학교에서 모아 판 금액으로 불우이웃을 돕는 행사를 하기도 하지요.

　종업식 당일은 보통 4교시로 이루어져 정신없이 지나갑니다. 학교 방송으로 전체 행사를 진행하고 담임 선생님과 마지막 인사를 하면 교실 분위기가 다소 가라앉기도 합니다.

교사는 떠나보내는 아이들을 위해 앞으로 성장에 도움이 되는 말을 해 주면서 한 학년을 정리하고 다음 학년도에 만날 새로운 아이들을 위해 다시 한 번 마음의 준비를 합니다.

광주에는 눈이 펄펄 내렸습니다. 차들이 느릿느릿 움직였고 그 속에서 저도 함께 느릿느릿 움직였습니다. 학교에서도 아이들과 함께, 집에서도 내 아이와 함께인 저는 자주 외롭고 싶어집니다. 그러니 이때를 놓치지 않아야 합니다. 아이를 위해 가득 채워둔 동요와 클래식 폴더 그리고 팝음악 폴더를 획획 넘겨 재즈를 찾아냈습니다.

　오늘은 내 음악을 듣고 싶습니다. 언젠가부터 비 오는 날 혼자 운전을 하고 있으면 '재즈를 들을 타이밍이구나.' 싶습니다. 아, 오늘은 비가 아니라 눈이네요. 눈은 더욱 좋습니다. 왜인지는 모르겠지만 그냥 느낌이 그렇습니다.

　'조Joe'라는 이름을 지닌 할아버지의 느릿한 재즈를 선택했습니다. 눈은 흩날리고, 차는 느릿하게 움직이고, 나의 음악도 느릿하게 흐릅니다.

이럴 때 생각은 늘 깊어집니다. 오늘은 '나의 역할들의 우선순위를 어떻게 정해야 하나?'라는 생각과 '이번 졸업 때는 울지 않을 수 있을까?' 하는 생각을 해 보았습니다. 서로 아무런 상관이 없는 주제인 것 같지만 생각은 이어지고 주체할 수 없이 많아지기까지 합니다.

그렇게 운전을 하다가 문득 '아, 왜였을까? 그동안 나는 역할에 있어 어째서 순위를 정하려 했을까?' 하는 생각이 들었습니다. 아이 엄마도 나이고, 교사인 것도 나이고, 우리 엄마의 듬직한 큰딸도 나이고, 시가에 가까이 살아 자기 역할을 해야 하는 막내며느리도 나인데 나는 왜 가장 중요한 '나 자신'을 맨 뒤로 미뤄 두고는 혼자 슬퍼했을까 싶었습니다. 이 모든 역할들은 결국 '내'가 존재하기에 가능한 것들인데 말이지요.

그래서 머릿속으로 그림을 다시 그렸습니다. 예전에는 내가 지닌 역할들을 일렬로 쭉 나열했었다면 이제는 원의 중심에 나를 그려 놓고 나머지는 다 동일한 거리에, 그러니까 원주에 주욱 둘러 그려 보았습니다. 이제는 내가 완벽하지 않아도 나를 둘러싸고 있는 관계들은 결코 나를 버리지 않을 것이라는 확신이 듭니다. 내가 있기에 이 모든 역할이 존재하고 각각의 역할이 결국 나를 이루는 요소라는 것을 깨달았습니다. 나는 원래의 나대로 굳건한 마음으로 살아가려고 합니다. 남들은 이미 다 깨달은 것을 저는 오늘에야 느릿한 차 속에서 어떤 할아버지의 재즈 연주를 들으며 알아차렸습니다.

생각을 마무리하고 눈을 돌리니 가방을 멘 아이들이 눈을 헤치고 버스 정류장을 향해 걷는 모습이 보입니다. 꼭 우리 반 아이들 같습니다. 괜히 녀석들 생각이 납니다. 얼마 안 있으면 졸업인데 어떻게 떠나보낼지 생각하는 순간부터 눈물이 그렁그렁해집니다.

'아이들은 울지 않을지도 몰라. 주책맞게 나 혼자 울지는 말자.' 하고 괜한 다짐을 해 보기도 했지요. 졸업식 날에 우리 반 아이들의 이름을 호명해 주어야 하는데 과연 마이크를 잡고 울지 않을 수 있을까도 생각해 봅니다. 왜 자꾸 눈물이 나지요. 요즘은 걸핏하면 눈물이 납니다. 아이들이 쉬는 시간에 노는 모습을 보다가도 울컥하고 수업에 집중하는 모습을 봐도 울컥합니다. 이래서야 떠나보낼 수 있을까요?

쌓인 눈, 그 속을 걷는 듯 움직이는 느릿한 차들, 조 아저씨의 묵직한 노래, 혼자만의 시간, 모든 것이 완벽했습니다. 이제 오늘부터는 마음의 준비를 해야겠습니다.

2부

—

교사도 아이들도
신나고 보람찬 교내 행사

작년과 마찬가지로 나는 올해 다시 5학년을 맡았다. 12년을 고학년만 하다 보니 이쯤 되면 '고학년 전문 교사'라 할 만하다. 수업이나 생활지도에 관한 자료는 다 준비되었고 교실도 작년 교실 그대로라 그냥 대청소만 했다. 느긋하고 여유로운 마음. 어떤 아이들이 잠시 후 우리 교실로 들어올까?

아이들이 하나씩 둘씩 들어온다. 눈에 띄게 키가 큰 아이. 나보다 한 뼘은 더 올라와 있다. 혼자 앉기가 싫었는지 들어오자마자 한 아이를 제 옆으로 오라고 하더니 맨 뒤에서 다리를 처억 벌리고 의자에 비스듬히 기대앉는다.

'아, 올해는 너로구나. 자아, 어디 보자. 내 품으로 포옥 들어올 때까지 한두 달 걸리려나.'

아이의 앉은 자세만 보고도 나는 대략 녀석의 스타일을 파악한다.

출석을 부른다.

"자기 이름을 부르면 왼손을 정확하게 들고 선생님과 눈을 마주쳐 주기 바랍니다. 그리고 '네!'라고 크게 대답하세요. 안 들리면 들릴 때까지 계속합니다."

원래 웃음이 많지 않은 나인지라 매년 교사 만족도 조사에 '우리 선생님은 카리스마 있고 잘 안 웃으시는데 되게 재밌게 수업을 해 주시고 말투가 웃깁니다'라는 말이 종종 등장하니 올해도 특별히 엄격하게 보이고 싶지는 않은데……. 어라, 저 말을 하고 나니 아이들이 또 긴장을 한다.

'어쩔 수 없지. 너희 담임 선생님의 생겨 먹은 것이 원래 이러니까.' 하며 출석을 부르기 시작한다.

"서준수!"

"네에~"

"다시. 서준수!"

"네에."

아까 비스듬히 앉은 그 녀석이다. 가만 바라본다. 긴 말을 할 필요가 없으니 그저 아이와 눈을 맞추다가 "다시 한 번 부를게. 서준수!" 하니 그제야 "네!" 한다.

출석을 다 부르고 준수에게 말한다.

"서준수, 잠깐 나 좀 보자. 복도로 나와."

녀석이 긴장한 표정으로 나를 본다.

"뭐해? 나오라고." 하니 기다란 다리를 접어 책상 밖으로 꺼내더니 구부정하게 걸어 나온다. 복도로 나온 아이의 눈을 본다. 그리고 덥석 손을 잡았다. 갑작스러운 선생님의 애정 표현에 당황한 녀석이 손을 꼼지락거린다. 하지만 얼른 빼내지 않는 것을 보니 절반은 성공이다. 그나저나 5학년 아이의 손이 어른인 내 손보다 크다.

"준수 너 반장 정해질 때까지 우리 반 임시 반장 해."

"제가요? 저 반장 같은 거 안 해 봤는데요. 선거에 나가도 맨날 떨어지고……."

"그게 무슨 상관이야? 나는 네가 작년까지 무얼 하고 살았는지 몰라. 알 필요도 없고." 하며 남은 손으로 한참 높은 녀석의 어깨를 톡톡 두드린다.

'아까 내 자세랑 표정을 보셨을 텐데. 이 선생님은 뭐지?' 하는 표정이지만 일단 대답은 "네." 한다. 나와의 무시무시한 면담(?)을 마친 녀석이 자리에 앉으며 짝에게 자랑스럽게 말하는 소리를 듣는다.

"나 임시반장이다! 으하하!"

아무리 키가 크고 억세도 초등학생은 아직 아이다. 아이를 아이답게 봐 주고 편견을 갖지 않을 때 녀석들도 내게 다가와 결국 품 안의 자식으로 포옥 안기는 것을 안다.

아무래도 시업식 날이니 아이들이 내내 긴장을 하고 앉아 있다. 학교생활 길잡이를 나누어 주고 함께 소리 내어 읽으며 준비물이니 규칙이니 하는 것들을 설명한다. 꽤나 긴 시간 동안 설명이 이어지는데도 아이들의 자세가 바르다. 역시 첫날은 첫날이구나.

"선생님은 지각과 숙제 안 해 온 것에 대해 엄격합니다. 특히 지각은 친구들의 아침 독서활동을 방해하기 때문에 특별한 이유가 없으면 논어쓰기를 해야 하고 남아서 청소를 도와주고 가야 돼요."

"아~." 나지막한 탄식들이 들려온다.

"얘들아, 그런데 벌칙을 말하면 왜 꼭 걸릴 생각부터 해? 너희 여태 살면서 지각을 세 번도 안 해 본 사람?"

거의 모든 아이들이 손을 든다. 아주 자신 있게.

"그것 봐봐. 5학년이 되도록 지각을 세 번 정도도 안 해 본 아이들이 왜 벌칙 이야기만 들으면 한숨을 쉬어. 하하하하. 올해도 걸릴 일 없다니까? 하던 대로 해. 벌칙은 남의 일이 될 테니까." 했더니 말투부터 쿨한 내 스타일을 벌써 파악한 몇몇 아이들이 씨익 웃는다.

학급 운영에 대한 설명을 마치고 쉬는 시간을 준다. 남자아이들은 서열 정리부터 해야 하니 일단 서로 부딪혀 보고, 여자아이들은 낯이 익은 친구에게 조심히 다가가 말을 걸거나 누가 와 주기를 바라면서 가만히 앉아 있다. 나는 다른 일을 하는 척 하면서 그런 아이들을 곁눈으로 관찰한다. 올해 아이들도 잘 키우면 꽤 멋있고 예쁠 것 같다.

시업식 하는 날, 내 아이와 담임 선생님은 어떤 모습일까

시업식은 재학생들이 다음 학년으로 올라가는 날 보통은 1학년의 입학식 전후로 해서 이루어지며 간단하게 교내 방송을 하고 담임 교사가 학급 운영에 대해 설명하는 행사입니다. 애국가 제창 등의 국민의

례와 교장 선생님의 훈화 말씀, 안전교육이나 학교폭력교육 등 교육과정에서 의무적으로 실시하는 동영상 시청을 포함하기도 합니다. 그 후 담임 선생님의 본인 소개와 1년간 학급 운영에 대한 이야기를 하고 출석을 확인합니다. 또한 키 순이나 이름 순, 번호 순 등으로 자리와 사물함을 배정하고 학급에서 지켜야 할 규칙을 함께 정합니다.

이날은 학급 배정이 되고 나서 처음으로 아이들과 선생님이 만나는 날이라 서로 굉장히 어색해 하고 긴장을 하는데요. 고학년은 학교생활에 어느 정도 익숙하다 보니 처음 만난 담임 선생님께 좋은 모습만 보여 주려 애쓰는 편이고 저 같은 경우는 이러한 아이들의 노력을 높이 평가해 줍니다. 실제로 담임 교사가 편견을 갖지 않고 아이들의 개성을 그대로 인정한 채로 3월을 시작하면 아이들 또한 그 모습 그대로 최선을 다해서 학교생활을 하고자 애씁니다. 그렇게 한 학년이 지나면 단점은 작게 만들고 장점은 크게 키우는 모습으로 교사에게 큰 보람을 선사하기에 첫날에는 '선생님은 너희에게 편견을 갖지 않아. 작년까지 무엇을 했던지 상관없어.'라는 생각을 적극적으로 표현해 주는 것이 무척 중요합니다.

학부모님들의 말씀에 의하면 아이들은 첫날의 제 인상에 대해 '우리 선생님은 무섭고 엄격하다'라고 말하지만, 2주 정도 지나고 나면 '카리스마 있고 정확하며 공정하다'라는 평으로 바뀐다고 하더라고요. 그러니 교사의 첫 인상으로 내 아이가 보낼 1년의 생활을 짐작하기보다는 몇 주가 지난 후 아이의 입에서 나오는 평을 참고하시는 것이 더 정확합니다.

그리고 고학년들은 어느 정도 논리적인 판단이 가능한 나이라서 자신에게는 불리한 규칙일지라도 학급생활에 필요하다고 생각이 되면 무리 없이 따르는데요. 그러한 규칙에 따라 교사가 공정하게 판단을 내려 주고 약속한 벌칙을 부여하면 이미 본인도 수긍한 상태이기 때문에 집으로 돌아가서도 굳이 부모님께 말씀드리지 않는 경우가 대부분입니다.

물론 아이들에 따라 "엄마, 나 오늘 논어쓰기 했는데 완전 팔 아프게 썼어."라고 슬그머니 말을 꺼내기도 합니다. 이때 부모님이 "왜? 무슨 잘못을 해서?" 하고 물으면 "그냥 우리 반 규칙 중에 그런 것이 있어. 지각하면 쓰는 것. 내가 잘못했지 뭐." 하고 넘어가는 정도이므로 매번 민감하게 무슨 일인지 걱정하지 않으셔도 된답니다.

결국 학급 규칙은 아팠다거나 집에 큰일이 있었다거나 하는 예외의 경우를 제외하고는 모두에게 동일하게 적용되어야 그 안에서 아이들이 안정감을 갖고 교사 또한 흔들림 없이 1년 동안 학급 운영을 하게 되는데요. 그러니 학부모님들께서도 한두 달 정도 지켜보시면서 학급 규칙이 일관성 있게 적용되고 아이들이 그 안에서 안정과 자유를 누리는 모습이 보인다면 '올 1년도 무사하겠구나.' 하고 안심하셔도 된답니다.

첫날, 아이들의 모습을 좀 더 들여다보면 남자아이들은 대부분 서열 정리를 한 후에 서로 적당히 잘 지냅니다. 그래서 쉬는 시간에 괜히 팔씨름을 해 본다거나 바닥에서 서로 엎치락뒤치락 장난을 해 보는 것이지요. 3월 한 달간은 그런 과정이 필요하기에 다칠 정도로 심한 장난이나 폭력적이지 않은 이상은 서로 몸이나 힘으로 겨뤄볼 수 있도록 허용해 줍니다. 특히 합법적으로(?) 부딪힘이 가능한 체육시간에 일부러 자유시간을 주어서 놀아 보게 하고 저는 그 모습을 관찰하여 앞으로의 학급 분위기를 어떤 방향으로 이끌어 갈 것인지 고민합니다.

이와는 다르게 여자아이들은 친구를 찾는 모습이 조용하면서도 예민한데요. 같은 반에서 온 친구들끼리 쉬는 시간에 이야기를 하다가 점차 주변의 여자아이와도 이야기를 나눠 보는 것으로 첫날의 관계 탐색을 합니다.

대부분의 남자아이들이 학기 초반에 관계를 형성해서 큰 변화 없이 1년 내내 가는 데 반해 여자아이들은 일부만 그런 방식으로 친구를 사귀고 나머지는 그때그때의 관심사나 심리 상태에 따라 단짝이 바뀌거나 사이가 틀어지는 등 훨씬 복잡하고 예민한 친구 관계를 보입니다. 그래서인지 시업식 날도 서로 편하게 대화를 하기보다는 조심스러운 모습이 많이 관찰됩니다.

학교에 따라 다르지만 시업식을 하는 날은 교육과정상 4교시만 편성해서 첫날이 주는 긴장을 줄이는 방법으로 구성하거나 본격적으로 수업을 들어가기에 앞서 아이들이 알아야 할 사항을 미리 안내하는 것으로 하루를 마무리하기도 합니다.

으싸으싸 신나는 축제의 날,
학급임원선거

　　새 학기가 시작된 지 얼마 지나지 않아 교실에서는 학급임원선거가 열린다. 저학년은 서로 출마하겠다고 "저요, 저요!" 하고 고사리 손을 드는데 고학년은 한 학기에 필요한 네다섯 명의 인원수를 채우기조차 버겁다. 그러니 나는 며칠 뒤에 있을 학급임원선거에 관한 이야기를 꺼내며 서서히 물밑 작업을 시작해야 한다.

　　"3일 뒤에 임원선거 한다. 출마할 사람은 미리 생각해 둬."

　　내 말이 끝나기 무섭게 아이들이 서로의 눈치를 살핀다.

　　'그래 알지. 너희의 마음을. 나가고는 싶지만 괜히 민망해서 친구 눈치만 보는 사람도 있을 것이고 행여 누가 나를 추천할까 봐 긴장하는 사람도 있겠지.' 하지만 나는 짐짓 모른 척한다.

　　선거 당일, 2교시에 임원선거를 시작한다.

　　"스스로 내가 해 보겠다 하는 사람?" 하니 두 명의 손이 올라온다.

굿! 시작이 나쁘지 않다.

"얘들아, 기왕이면 한번 도전해 보지 그래? 떨어지면 부끄럽기야 하겠지만 선생님한테 엄청난 애정을 받을 수가 있지. 하하. 나는 도전하는 사람을 좋아한다. 자아. 어서어서."

선생님의 설레발에 또 슬그머니 올라오는 손 두 개.

"좋아, 좋아. 이제 네 명이다. 그런데 우리 반은 스물다섯 명 아니냐. 스물다섯 명이면 적어도 절반인 열두 명은 나와야 되는 것 아니야? 그래야 떨어져도 비슷한 표로 떨어지니까 안 민망할걸? 흐하하."

나의 말에 웅성웅성 자기들끼리 장난스레 웃으며 "야, 너도 나와. 나랑 같이 떨어지게." 하는 녀석도 있고 어차피 후보자가 열두 명이나 되면 안 되는 사람이 더 많으니 떨어져도 괜찮겠다 싶었는지 일단 나가 보자며 생각을 바꾸는 녀석도 있다.

다시 한 번 질문을 툭.

"어디 보자. 더 나올 사람 없어?"

여기저기서 손이 쑥쑥 올라온다. 그렇지. 녀석들에게는 떨어져도 부끄럽지 않을 만한 인원과 곧 이어질 선생님의 애정이 용기를 낼 수 있게 해 주는 원동력이 되는 것을 안다.

"음, 여기까지 하면 아홉 명이네. 기왕에 판 벌인 것이니까 세 명만 더 채워 보자. 어때?" 하니 이제는 추천으로 채우잔다. 그렇게 민망함을 넘어서서 다 같이 신나고 흥겨운 선거 축제가 되어 버린다.

"그래. 이제는 다른 친구 한번 추천해 보자."

아이들은 친구들을 추천하기 시작한다. 추천을 받으면 기권해도 된다고 했는데 분위기가 이미 '얼싸덜싸 어디 한번 나가 보세'가 되니 딱히 안 하겠다는 아이도 없다. 좋아, 올해도 분위기 조성 대성공이다.

그렇게 우리 반은 스물다섯 명 중 열다섯 명의 학생이 학급임원선거에 출마하게 되었다. 대부분이 앉은 자리에서 결심한 것이라 미리 집에서 준비해 오지 않고 자유롭게 소견 발표를 한다. 그리하여 뽑힌 다섯 명의 아이들. 떨어진 아이들이 그보다 더 많으니 부끄럽지 않은 모양이다. 자기들끼리 낄낄대기 바쁘다.

"선생님은 당선된 친구들을 축하해 주기 전에 할 일이 있어. 후보자들 전부 일어서 볼래?"

우리 반의 절반이 쑤욱 일어난다.

"이것 봐. 아마 6학년에서 우리 반처럼 이렇게 많이 나온 반은 없을걸? 선생님이 장담한다. 너희는 앞으로 이런 경험들을 모아서 더 크게 자랄 거야. 그리고 이 시간 이후로 선생님의 인정과 사랑은 덤이다!" 했더니 쑥스럽게 웃으며 나머지 친구들의 박수를 받는다.

선거 결과표를 들고 교재 연구실에 모여 어떤 아이가 임원이 되었는지, 후보는 누구였는지 동학년 선생님들과 이야기를 나누는 오후. 우리 반 결과표를 보신 선생님들의 눈이 휘둥그레진다.

"뭐야. 1반은 열다섯 명이 나왔다고? 우리 반은 다섯 명 겨우 채웠는데. 비결이 뭐예요?"

"별것 안 했어요. 그냥 안 나오면 궁뎅이 때린댔어요. 팡팡!" 해 놓고는 의기양양하게 웃는, 나는야 웃기는 선생님. 적극적인 우리 반 아이들이 그저 자랑스러운 속없는 선생님이다.

학기 초가 되면 대부분의 학교에서 학급임원선거를 실시합니다.

1학년은 1학기에 임원선거를 하지 않고 윤번제로 돌아가는 경우도 있고 1년 내내 선거를 하지 않고 돌아가며 일일 반장이나 주별로 반장을 하기도 합니다. 1학년을 제외하더라도 초등학교에 재학하는 6년 동안 총 10회의 학급임원선거가 치러지는 것이 일반적입니다.

예전과는 다르게 요즘에는 학급에서 임원 학생의 부모님께 부담을 드리는 어떠한 일도 하지 않지만 최근 각 교육청에서는 학부모의 학교 운영 참여를 독려하고 학부모회 등을 명문화하여 적극적으로 활동하기를 바랍니다.

교사 입장에서는 그마저도 반갑지 않지만 예전처럼 학부모회가 시간적, 경제적으로 부담이 되는 활동을 하는 것이 아니라 학교에서 반드시 운영해야 하는 각종 위원회의 학부모 회원으로 활동하는 등 좀 더 전문적인 학부모의 역할을 요구하는 것을 보면 점점 개선되고 있다는 생각이 듭니다.

예를 들어, 교육과정 운영위원회, 수학여행 추진위원회 등 학교 내 소위원회가 개최하는 회의에 참석하는 일이 가장 큰일이라 할 수 있겠지만 그나마도 학년 대표 학부모님이나 전교임원 자녀를 둔 학부모님께 부탁을 드리는 경우가 많으니 실질적으로 내 아이가 학급임원이 된다고 해서 학교에 무엇인가를 하는 일은 많이 줄었다 하겠습니다.

오히려 학급임원 자녀를 둔 부모님들은 반 대표가 될 경우 같은 반 학부모 모임을 주선하는 일에 더 부담을 느끼시지만 그런 부분은 학교에서 관여하지 않으므로 희망에 따라 조직할 수 있습니다.

우리가 어릴 때처럼 과도한 경제적, 시간적 부담은 학교와 교육청에서 많이 줄였을 뿐 아니라 대부분의 담임 교사들도 원하지 않는답니다. 그러니 아이가 학급임원에 출마하겠다고 관심을 보이면 부모님은 일단 적극적으로 지지해 주시되 떨어졌을 경우 어떻게 위로해 줄 것인지까지 염두에 두셔야 합니다. 또한 임원선거에 나가면 부모님이 부담될 부분을 먼저 염려하실 일이 아니라 아이의 성장에 도움이 되는지를 먼저 고려하셔야 하겠지요.

먼저 저학년에 관한 팁을 드리자면 저학년에는 많은 아이들이 선거에 출마하기 때문에 경쟁이 치열하고 당연히 떨어지는 일도 다반사입니다. 아직 어리다 보니 소견발표문을 가정에서 미리 써 오는 것이 아이들의 긴장 해소에 도움이 되고 듣는 친구들 입장에서도 준비해 온 자세를 대단하게 생각해 주기도 합니다. 저학년은 평소와 다른 모습을 보여 주는 계기이므로 미리 집에서 큰 소리로 소견발표문을 읽어 보는 연습과 자신감 있는 표정을 보여 주는 연습을 하는 것이 당선에 도움이 됩니다. 그리고 평소에 개구쟁이일지라도 이런 모습이 숨겨져 있었구나! 하는 것을 알게 되면 기대하는 마음으로 표를 주기도 합니다.

다음은 고학년에 관한 팁입니다. 어차피 고학년에 올라가면 부모가 등을 떠밀어도 안 하는 아이는 절대 안 합니다. 내 아이가 경험도 쌓고

리더십도 키울 겸 나가면 좋으련만 스스로 원하지 않는다면 부모님께서도 밀어붙이지 않는 것이 좋습니다. 아무리 등을 떠밀어도 결국 선거 당일에 스스로 나서지 않거나 친구들의 추천이 있어도 기권을 하는 방법을 통해 자신이 원하는 방향으로 얼마든지 자유로운 결정을 하는 나이이기 때문입니다. 반대로 말하면 뜻이 있는 아이는 부모님이 말려도 스스로 준비해서 나갈 수 있다는 것이 되겠지요.

저학년 때는 소견발표문을 미리 써 오는 것이 좋지만 사춘기가 지난 고학년은 너무 열심히 준비하는 모습을 보여 줘도 친구들이 거부감을 보이는 경우가 있습니다. 그러니 전교임원선거가 아닌 이상 긴 발표문 원고를 읽는 대신 정확하게 할 말만 머릿속에 정리해서 친구들을 바라보며 조리 있게 말하는 것이 호감을 얻기에 쉽습니다.

또한 고학년은 몇 년간의 학교 재학 중에 서로의 성향과 평소의 학교생활 태도를 이미 알고 있는 경우도 많습니다. 당일의 소견 발표가 좋았다거나 학업성취도가 높다고 당선이 되는 것이 아니라 친구들을 배려하며 생활하는 모습, 수업시간에 적극적으로 참여하는 자세, 반대항 체육 경기에서 멋진 운동 실력을 보여 주는 것, 유머러스한 말투와 친구들에게 너그러운 태도 심지어는 개구지기만 한 저 친구가 임원을 어떻게 하는지 색다른 모습이 보고 싶어서 등의 다양한 이유로 뽑아 주기도 하니 참 재미있다고 하겠습니다.

이렇게 나름의 준비를 하고 선거에 임했는데도 떨어지는 일이 참 많은데요. 이후에 이어지는 아이의 민망함과 아쉬움까지 잘 달래 주어야 도전이 잘 마무리되고 결실을 얻을 수 있겠지요.

부모님께서는 아이들이 선거에 출마하겠다고 선언한 그 순간부터 떨어질 수도 있음을, 그리고 떨어져도 남들 앞에 서 봤다는 큰 경험이 생긴다는 것을 이야기해 주셨으면 합니다.

또한 "엄마도 어릴 때 나가서 떨어졌어.", "아빠는 남들 앞에 서는 것이 부끄러워서 아예 나가 보지도 못했는데 너는 나보다 낫구나!"처럼 부모님의 어린 시절에 관한 일화를 들려주신다거나 무조건 잘 했다며 맛있는 것을 사 주고 민망함을 달래 주는 등 아이의 마음을 위로해 준다면 실패가 아닌 다음 도약의 기회가 되는 계기가 될 것입니다.

학부모님 앞에 공식적으로 서는 몇 안 되는 날 중 하나인 교육과정설명회와 학부모총회 날. 며칠 전부터 내 나름대로 학급 소개 자료를 만들고 모아 둔 아이들의 작품을 교실 곳곳에 걸어 두는 등 환경 정리를 한다. 학기 초에 이미 부모님께 드리는 편지로 학급 경영관을 밝히고 우리 반 규칙 등을 안내했는데도 새롭게 긴장되는 마음이라니. 첫 만남에서 교사와 학부모가 서로 통하고 마음이 열리면 그것을 바탕으로 1년간 우리 반 아이들이 쑥쑥 성장한다는 점을 잘 알기에 오늘만큼은 욕심을 부리지 않을 수가 없다.

아이들을 보낸 오후 시간, 강당에 모여 교직원 소개를 마치면 후다닥 교실로 돌아와 혹시 빠진 부분이 없나 교실 곳곳을 살피고 마음을 가다듬는다. 강당에서의 학부모 연수가 끝나면 이제 교실에서 담임 교사의 학급 경영관을 소개하는 시간! 학부모님들이 한 분 두 분 쭈뼛쭈

뻣 교실로 들어오신다.

"어머님, 아버님. 좌석표 보시고 아이의 자리에 앉으세요. 그리고 다른 분들 다 오실 때까지 편하게 책상 속도 살펴보시고 사물함 속도 매의 눈으로 검사해 보세요. 하하." 하며 어색함을 없애려 애를 써 본다. 그러다 서로 눈이 마주치면 일단 웃기부터 한다. 내 아이를 맡길 교사의 첫 인상이 나빠서 좋을 것은 없으니까. 이렇게 보면 나도 학부모님들께 높은 평가만 받고 좋은 말만 듣기를 원하는 교사인가 보다.

"흠흠." 하고 목소리를 가다듬는다. 바른 자세로 학부모님들 앞에 서서 인사를 드린다.

"안녕하세요? 4학년 5반 담임 유진영입니다. 박수!"

"하하하!"

"박수쳐 달라는 교사 처음 보시지요? 저는 항상 학부모님과 학생들에게 칭찬을 받으면 행복해지는 교사입니다. 아이들이 아마 집에 가서 처음 2주간은 '엄마, 아빠. 우리 선생님 진짜 무서워요.'라고 했을 겁니다. 맞지요?"

"하하하. 네."

"그런데 지금쯤은 집에서 이런 이야기를 하지 않나요? '엄마, 아빠. 우리 선생님은 되게 엄격한데 수업시간에 말투도 웃기고 재미있어요. 질문하면 다 대답해 주시고 되게 공평해요. 차별 안 하고요. 한 번도 안 빠지고 일기장에 댓글 달아 주시는 것 보면 그렇게 나쁜 선생님은 아닌 것 같아요.'라고요. 하하하."

"맞아요."

"저는 학급 규칙과 단체 생활에서는 엄격하지만 그 안에서 아이 각 자가 사랑을 받고 있다는 마음을 가질 수 있도록 노력하는 중입니다. 아이들도 지내다 보면 저의 그런 노력을 알아주고요. 이렇게 아이들과 제가 잘 지낼 수 있도록 부모님들께서 꼭 해 주셔야 할 일이 있어요."

갑자기 담임이 반드시 할 일이 있다고 하니 학부모님들께서 더욱 집중하신다.

"'내 아이가 절대로 그럴 리 없어!' 하는 마인드를 오늘부터 바꾸시는 거예요. 가정에서의 내 아이와 학교에서의 내 아이는 전혀 다른 아이라고 생각해 주셔야 합니다. 교실 속 상황은 아이들에게 무척 중요하고도 힘든 사회생활 중 하나예요. 그렇다 보니 학교에서는 평소에 보이지 않는 행동을 할 수도 있고 친구들과 어울리다 보면 또래 집단에게 인정받고 싶은 욕구 때문에 집에서와는 정반대의 성향을 보이기도 합니다. 그러니 아이의 말만 듣지 마시고 교실에서 일어나는 모든 상황은 저와 상의해 주세요. 동네에서 내 아이가 잘못을 했더라도 내가 혼내면 괜찮은데 느닷없이 잘 모르는 옆집 아주머니한테 된통 혼나면 화나시죠? 저도 똑같답니다. 우리 반, 내 아이가 옆 반 선생님이나 교장, 교감 선생님께 혼이 나면 화가 나서 가슴이 두근두근할 정도예요. 그러니 학급에서 일어난 모든 일은 담임인 저에게 먼저 상담 요청을 해 주시고 부모님과 저, 아이 이렇게 셋이 똘똘 뭉쳐서 헤쳐 나가도록 했으면 좋겠어요."

부모님들께서 고개를 끄덕끄덕 하신다. 정말이지 나는 우리 반 아이가 녀석의 진짜 매력을 모르는 누군가에게 왕창 혼나는 모습을 보는 것이 자존심 상해 견딜 수가 없다.

　그런 내 마음을 우리 반 부모님들께서도 알아주시는 것 같다. 처음의 어색함은 온데간데없이 반짝반짝, 진지한 눈빛으로 나의 이야기를 들으며 간간이 고개를 끄덕여 동의해 주시니 한껏 힘이 난다. 올해도 아이들을 잘 키워 보겠다는 마음으로 서로 믿으며 협력하는 교사와 학부모 관계가 될 수 있을 것 같다. 감사합니다. 학부모님.

교육과정설명회와 학부모총회, 부모님이 궁금해 하는 것들

　과거에는 학부모총회라고 불렸던 행사가 최근에는 교육과정설명회를 겸해 그날 하루 동안 각종 학부모연수, 학부모회 임원 선출, 운영위원회 선출, 학교장 인사, 학급 운영 소개 등을 하는 날이 되었습니다.

　보통은 아이들이 하교한 오후 2시 이후에 강당에서 시작하고 교직원을 소개하거나 학교폭력예방 교육과 같이 학부모를 대상으로 반드시 실시해야 되는 연수를 진행한 후 학교의 1년간 교육과정 운영에 관한 설명을 하게 됩니다. 이러한 전체 행사를 한두 시간 정도 진행하고 이후에는 자녀의 교실로 가서 담임 교사와 학급 운영 전반에 관한 이야기를 나누게 됩니다. 이때 1년 동안 학급과 학교를 위해 봉사해 주실 학급 대표, 녹색학부모회, 급식모니터단 등을 모집하기도 합니다.

　단도직입적으로 말씀드리면 개인적인 사정이나 직장 생활 등으로 인해 이날 참석하지 못한다고 해서 담임 교사에게 미움을 받지는 않습니다. 다만 학기 초에 학교와 학급의 운영 정보를 얻기 위해서는 기왕이면 참여하시라고 권장합니다. 그리고 이날 뽑게 되는 반 대표, 녹색학부모회, 급식모니터단 등의 회원도 사정이 되시는 분이 해 주시면 감사하지만 못하시는 분들이라 해서 불이익이 가지는 않습니다.

최근에는 학부모의 학교 교육 참여를 장려한다며 교육청에서 각종 조직을 명문화하기를 바라서 사실 교사 입장에서는 이러한 회원들을 모집하고 운영하는 것이 힘들 뿐 아니라 부탁드리기도 죄송스럽답니다. 그렇기에 일정 인원 이상을 채워야 하는 모임의 경우 인원을 채워 주시는 것만으로도 감사한 마음이 듭니다.

그리고 교사 입장에서 또 하나의 부담스러운 일은 각 반 대표를 뽑는 것입니다. 반 대표와 총무는 예전과 같이 큰 의미는 없지만 학교 전체 행사에 부득이 도움을 요청하기 위해 1년에 한두 번 정도 연락을 드리게 되며 그나마도 담임 교사 선에서 할 수 있는 일이면 도움을 요청하지도 않습니다.

과거에 문제가 되었던 1학년의 교실 청소도 최근에는 5, 6학년 선배들이 1인 1역할 봉사로 매일 와서 도와주거나 1학년 아이들이 담임과 함께 고사리 손으로 제법 깨끗하게 해내거든요. 다만 반 대표가 되면 학부모님들끼리 사적으로 모임을 만들어야 하는 경우도 있어서 그것에 대한 부담을 갖고 계시는 모양이긴 하지만 그러한 모임은 담임 교사가 관여하지 않기 때문에 학교에서는 자세히 알 수 없는 부분이랍니다.

그나저나 그리 필요치 않다면서도 왜 서로 불편하게 반 대표를 뽑을까요? 그 이유는 다음과 같습니다. 지역마다 달라서 없어진 곳도 있겠지만 대부분은 앞서 말씀드린 바와 같이 학부모의 학교 교육 참여의 일환으로 의무적으로 조직을 구성해야 하기 때문입니다. 각 지역별 교육청에서 내려오는 지침이나 중간에 보고해야 하는 사항 때문에 교육과정설명회가 있는 학년 초에 조직하게 되며 보통은 각 반 대표를 뽑은 후 그 분들 중에 학년 대표를 뽑고 전교학생회 임원 자녀를 둔 학부모님 중에 가능하신 분이 전체 학부모회장을 맡아 하나의 명문화된 조직을 이룹니다.

이는 학부모님을 교육 현장에 적극적으로 참여시키려는 목적이지만 실제 학교에서는 가끔 있는 교육청 단위 회의나 학부모 대표가 의무적으로 참여해야 하는 연수 참석 외에는 부탁드리는 것이 거의 없다고 보시면 됩니다. 물론 이는 지역별, 학교별로 다를 수 있겠습니다.

학부모님들께서도 학기 초 어렵게 시간을 내어 다소 긴장되는 마음으로 교육과정설명회에 참석하시리라 생각합니다. 교사도 1년을 좌우하는 내 아이들의 부모님을 처음으로 뵙는 자리이기에 상견례를 하는 마음으로 긴장하며 준비를 한답니다. 그러니 너무 어려워 마시고 가벼운 발걸음으로 오셔서 담임 교사의 교육관을 들어보시고 서로 협조하며 1년간 멋지게 내 아이를 키울 마음의 힘을 얻어가셨으면 합니다.

현장체험학습 출발 전날, 긴장으로 잠을 이루지 못했다. 내가 그동안 아이들을 인솔한 현장체험학습이 어림잡아 30번은 넘을 것이고 수학여행과 수련회까지 하면 더 될 텐데 내일의 현장학습은 유난히 걱정된다. 그 까닭은 이번 체험이 바로 '1학년 수영현장학습'이기 때문이다.

현장에서 아이들을 가르치는 교사로서 글을 쓰는 것도, 말을 하는 것도, 어떤 무엇을 해도 떠난 아이들에게 죄스럽기만 했던 세월호 사건. 그 이후 안전 교육은 더욱 강화되었고 생존 수영 수업도 체계를 갖추어 운영되기 시작했지만 아이들을 물에 데리고 가는 것은 참으로 두렵다. 내 아이 하나만 물속에 데리고 들어가는 것도 조마조마한데 스물여덟 명의 아가들이라니.

차를 40분 정도 타고 워터파크에 도착하니 아이들의 흥분이 극에 달

한다.

"우와! 저거 엄청 큰 미끄럼틀 좀 봐!"

"나는 저번에 아빠랑 엄마랑 와 봤어!"

"나도, 나도!"

녀석들은 마음껏 즐길 준비가 된 듯하다. 그리고 나는 긴장할 준비가 되었고.

이제 유치원생이 아니고 초등학생 형님들이니 탈의실에 들어가면 선생님은 아무것도 도와주지 않겠다고 미리 이야기를 했더랬다. 그래도 내심 내 손이 많이 필요하겠지 싶어 도와줄 준비를 하는데 다들 집에서 열심히 옷 갈아입는 연습, 수영모자와 물안경 쓰는 연습을 했나 보다. 정말 나에게 아무도 도와 달라는 말을 하지 않는다. 부모님들께서 얼마나 연습을 시켜 주셨을까? 감사하면서도 감동적이다. 저런 작은 손으로 혼자 다 해내다니. 부모님들께서도 이 모습을 보면 기특하시겠지 싶다.

드디어 시작이다. 구명조끼를 입히고 준비운동을 한 다음 입수!

안전요원 세 명에 여섯 개 반 선생님이 번갈아가면서 이곳저곳 눈을 떼지 못하고 살핀다. 수영장 특유의 소독약 냄새, 아이들이 왕왕 떠드는 소리, 물속으로 잠수하는 모습과 다다닥 달리는 모습. 하나하나가 다 불안하고 신경이 쓰인다. 친구를 물속에서 넘어뜨리거나 일부러 밀치는 것은 안 된다고 신신당부했더니 다행히 심한 장난을 하지 않는다. 착하기도 하지.

내 옆으로 다다닥 달려가는 아이를 멈춰 세워 두 손을 잡았다.

"현진아. 여기서는 뛰면 안 돼. 넘어지면 크게 다쳐." 했더니 자기가 신은 아쿠아슈즈를 보여준다.

"이거 신어서 안 미끄러워요!"

이 녀석. 그래도 신발만 믿으면 안 된다고 신신당부를 하고 손을 놓아 주었다.

사진을 찍기 시작한다. 나는 현장학습에서 아이들의 개별 사진을 잘 찍어 보내지 않는다. 사진을 찍을 동안 놓치는 아이가 생기니까 다른 곳에 정신을 팔 여유가 없다. 그런데 1학년이고 다른 것도 아닌 물이라 학부모님들께서 걱정하실 것 같아 이리저리 아이들을 확인하며 사진을 찍어 본다. 수영모자를 써서 그런지 다 비슷하게 보인다. 고만고만한 키에 도토리 깍지 같은 머리통들만 보이니 우리 반 아이만 골라내기가 어렵다.

머리가 지끈거린다. 대수롭지 않게 생각했다. 아이들을 인솔하는 날이면 이 정도의 편두통은 익숙하니까. 다른 반 선생님들과 번갈아 가며 10분 정도 쉬는데 온 수영장에 울리는 아이들의 목소리가 다 내 반 아이들인 것만 같아 좌불안석이다. 에잇! 하며 2층에 올라가서 아예 의자를 가져다 놓고 온 실내를 다 내려다보기 시작하니 좀 안심이 된다. 그런 내 모습을 보고 다른 선생님들께서도 의자를 가져와 아예 풀장 안을 레이저 쏘듯 내려다보다 계단 아래로 내려가 한 바퀴 돌아보기를 반복하신다. 다들 나 이상으로 마음이 편치 않으셨던 게다. 이쪽을 보고 있으면 저쪽이 불안하고 물속에 머리를 넣고 잠수하겠다며 자랑하는 아이를 보면 우리 반인가 아닌가 확인하기 바쁘다.

종종대던 시간이 지나고 이제 씻고 밥을 먹을 때가 되었다. 스물여덟의 수를 세고 나니 안심이다. 물 밖에 꺼내 놓은 아이들이 "선생님, 진짜 재미있었어요. 저 잠수하는 것 보셨어요?" 하는데 해맑은 얼굴이 나를 안도하게 한다.

지잉, 머리 한쪽이 아프다. 마음이 편안해지니 이제야 아까부터 지끈거리던 머리가 생각보다 많이 아픈 것이었구나 싶다. 아픈 쪽 머리를 손끝으로 꼭꼭 힘주어 누르며 "봤지. 우리 윤재가 정말 잠수 잘 하더라. 선생님이 사진 찍어 뒀지!" 하고 웃어 보인다.

가만 보자. 내가 두통약을 어디에 두었더라. 얼른 한 알 삼켜야겠다.

현장체험학습, 어떤 준비를 하면 좋을까요

초등학교에서는 1년에 서너 번 정도의 체험학습이 있습니다. 학교에 따라 다르지만 계절에 한 번 정도라고 생각하시면 됩니다. 체험학습은 월별 특색에 맞는 체험들로 학년 초에 미리 교육과정에 넣어 추진하게 됩니다. 각 계절마다 아이들이 즐겁게 활동할 수 있는 주제가 다르기 때문에 자연생태체험, 역사문화탐방, 수영 및 스케이트와 같은 체력활동, 수련활동 등 다양한 분야를 고루 넣어 연간 체험학습 계획을 세웁니다.

체험학습 전 배부되는 안내장에는 일시, 장소, 비용, 준비물 등이 자세히 안내되어 있습니다. 대부분의 체험학습은 도시락, 간식, 물, 작은 돗자리 정도면 되지만 수영체험학습이나 수련활동, 수학여행의 경우에는 챙길 것이 훨씬 많아집니다. 그렇기에 반드시 아이들의 물건 하나하나에 이름을 써 주시는 것이 좋습니다. 체험학습을 한 번 다녀오면 쇼핑백으로 한두 개 분량의 분실물이 나오는데요. 이름이 쓰여 있으면 담임 선생님이 얼른 찾아 줄 수 있답니다.

현재 3, 4학년은 생존수영을 반드시 배워야 하므로 의무적으로 수영 현장학습을 가게 되어 있으나 나머지 학년은 학교 사정에 따라 넣기도 하고 빼기도 합니다. 예를 들어, 지난번에 근무했던 학교에서는 안전 문제로 저학년은 수영체험을 뺐지만 이번 학교에서는 아이들의 체력을 신장시키고 물을 친숙하게 느끼는 계기를 마련해 주기 위해 계획에 넣은 것이지요.

특별한 사유가 없다면 체험학습은 반드시 참여시키는 것이 좋습니다. 일단 수업의 일환이기 때문에 불참시 결석 처리될 뿐 아니라 교실 밖에서 같은 반 친구들과 단체 활동을 하는 것이 아이들에게는 큰 이벤트이자 즐거움이기 때문입니다.

3학년만 되어도 부모님들께서 현장체험학습 준비를 능숙하게 해 주시고 아이들도 스스로 할 수 있는 것이 많아 어려움이 없지만 1, 2학년은 그렇지 않은 경우가 많습니다. 하다못해 자기가 가져온 음료수 뚜껑도 열지 못해서 선생님 앞에 줄을 서고 도시락 뚜껑을 열고 닫지 못해서 난감해 하기도 하니 모든 것은 아이가 스스로 할 수 있는지의 여부를 기준으로 준비해 주시면 됩니다.

수영현장학습 전에는 미리 수영모자와 물안경을 쓰고 벗는 연습을 충분히 시켜 주시면 좋습니다. 서른 명 가까이 되는 아이들이 하나씩만 해 달라고 말해도 교사는 정말로 도움이 필요한 아이들을 놓치게 되거든요. 그리고 겉옷 안에 수영복을 미리 입혀 보내면 이동할 때 조금 답답하더라도 아이들이 훨씬 편하게 탈의실에서 옷을 정리할 수 있습니다. 겉옷만 스윽 벗어서 자기 옷장에 넣으면 되니 잃어버릴 일도 없고 수영복을 입느라 낑낑댈 필요도 없지요. 또한 아쿠아슈즈를 준비하면 수영장 안에서 덜 미끄러지므로 좋지만 크록스로 대표되는 고무 재질 샌들은 오히려 더 불편하니 지양해야 합니다.

수영체험학습이랑 생리 날짜가 겹쳤어요

고학년 여자아이들은 수영체험학습 때 생리를 하는 경우가 있어요. 그럴 때는 무조건 아이의 의사를 존중해서 결정해 주셔야 합니다. 아이가 가고 싶다고 하면 체내삽입형 생리대를 사용하는 방법이 있겠으나 개인적으로는 너무 이르다는 생각이 들고요. 물에는 들어가지 않고 발만 담그다가 점심 먹고 오는 정도로 하거나 아예 가고 싶지 않다고 하면 학교 내에서 당일 실시하는 불참학생 프로그램(도서실 활용 등)에 참여하게 하시면 됩니다.
학교마다 다르지만 연 7일 정도 허용되는 개별 현장체험학습을 미리 신청하여 가족 또는 기타 보호자와 함께 다른 체험활동을 한다면 결석 처리가 되지 않을 수 있습니다.

아이들에게는 짧지만 부모님들에게는 기나긴 방학이 끝났다. 아이들은 조금 들뜬 기색으로 교실에 들어온다. 서로에게 방학하기 전의 이미지가 남아 머리스타일만 조금 바뀌어도, 키가 약간만 커져도, 안경테만 바뀌어도 "너 방학 동안 달라졌구나?" 하는 이야기를 한다.

아이들은 오랜만에 친구들을 만나 기분이 좋으면서도 막상 쉽게 다가가서 "잘 살았어?"라고 이야기를 하지는 않는다. 가만히 자기 책상에 앉아 있다가 들어오는 친구들에게 눈길을 주고 괜히 어색하게 씨익 웃는 정도의 인사를 할 뿐이다. 그리고 같은 모둠 친구들이 하나 둘씩 자리에 앉기 시작하면 마치 새 학년 첫인사를 하는 양 쭈뼛쭈뼛 앞뒤로 앉은 같은 성별끼리 말을 건네고 잠시 후에는 짝에게도 툭 한마디 던지는, 나름 자기들만의 흐름이 있는 아침 시간을 보낸다.

개학 날 아침은 서로 가볍게 이야기를 할 수 있도록 열어 두는 편이다. 9시가 되면 자리에서 일어나 "오랜만이네. 방학 잘 지냈어요?" 하고 공식적인 담임 인사로 문을 연다.

아이들은 잘 지냈다는 대답이 절반, 잘 못 지냈다는 대답이 절반이라 요즘은 아예 잘 지냈느냐고 묻기보다는 "늦잠 자 본 사람? 학원 간 사람? 집에서 혼자 밥 차려 먹어 본 사람? 친구들이랑 만나서 놀아 본 사람? 부모님이랑 놀러간 사람? 친척들 만나 본 사람?" 이런 식으로 자세하게 물어본 다음 "지금까지 선생님의 질문에 손을 한 번이라도 든 사람?" 하고 마무리 질문을 던져 전체가 다 손을 드는 방법을 택한다. 그러고 나서는 웃으며 "방학 잘 보냈구만. 좋았어!" 하고 새 학기를 시작한다.

아이들은 방학 중에 늦잠 자고, 학원에 다녀오고, 밥 먹고, 부모님이랑 거실에서 뒹굴고 하는 것들은 별로 잘 보낸 방학이 아니라고 여기는 경향이 있다. 방학은 특별한 이벤트가 없어도 일상을 충실히 살아보는 경험을 하는 기회이기도 하다. 나는 여러 가지 사정으로 특별한 경험을 해 보지 못한 아이들의 기를 죽이고 싶지 않아서 저렇게 질문을 하는 것이기도 하지만 말이다. 하여튼 긍정적으로 모두가 잘 지냈다고 선생님이 결론을 내려 주면 아이들은 자신들의 방학생활이 그리 나쁘지는 않았다고 생각을 한다.

곧이어 방학 과제 검사를 한다. 담임 선생님이라는 사람이 이런 것에 칼 같은 줄 아는 녀석들이라 어지간하면 모든 아이들이 숙제를 다해 온다. 어차피 해 오지 않은 아이들은 제출 계획서를 쓰고 언제까지

내겠다는 약속을 해야 하니 방학 중에 부모님께서 재촉하지 않아도 스스로 하는 편이다.

완벽하게 해 오지 않아도 좋다. 하지만 방학숙제는 누구의 간섭도 없는 긴 시간 동안 일부러 시간을 내어 하기 싫어도 인내해서 해 보는 공부, 작은 것부터 성실하게 해결하는 공부를 하는 것이다.

그렇기에 나는 미처 해 오지 못한 아이들의 방학 과제까지 시간을 두고 철저하게 검사한다. 우리 선생님은 시간이 지나면 어영부영 넘어가 버리시더라와 같은 느슨함을 아이들이 아는 순간 녀석들은 눈치작전을 펼치느라 오히려 더 피곤한 삶을 살게 된다.

모두에게 동일한 규칙, 이어지는 인정과 칭찬 그리고 격려. 그 속에서 아이들은 교사에게 마음을 오롯이 내어 주고 편안함을 느끼며 선생님을 믿고 따른다.

일관성 있는 교사는 학교생활을 하는 내내 아이들을 안심으로 이끌 수 있다고 믿는다. 그래서 우리의 개학날은 이렇게 알차게 시작하며 그 안에서 모두가 기분 좋음을 느끼는 하루가 된다.

개학식 하는 날, 교실 안은 어떤 분위기일까요

최근 여름 방학은 다소 줄어들어 3주 전후로, 겨울 방학은 그보다 긴 4주 전후로 교육과정을 편성하는 학교가 많습니다. 그리고 2월에는 5~7일 정도 등교를 하게 되고요. 예전에는 2월에 2주 정도를 등교했지만 중학생 자녀를 둔 학부모님들의 요청에 따라 중학교와 초등학교의 2월 등교일수를 비슷하게 맞추는 경향이 있습니다. 아무래도 방학 기간이 비슷하면 형제자매를 동시에 돌보기가 편하고 함께 여행을 하더라도 시간을 맞추기가 쉽기 때문이지요.

방학이 시작되면 부모님과 아이의 새로운 일상이 시작됩니다. 저도 학기 중에는 워킹맘이지만 방학 중에는 전업주부가 되는 입장이라 부모님들의 마음을 충분히 이해할 수 있는데요. 방학 때마다 엄마들은 오늘은 또 무엇을 해 먹이나, 어디를 데려가 보나, 남는 시간을 어떻게 활용하게 하나, 학원 스케줄은 또 어떻게 짜야 하나와 같은 다양한 어려움을 겪게 되지만 시간이 지나면 부모님들께서 "올레!"를 외치시는 개학 날이 됩니다.

교사들은 전날 미리 학교에 출근해서 해묵은 먼지를 닦고 환기를 하며 새 학기를 맞을 준비를 합니다. 아이들의 책상과 의자를 하나하나 닦다 보면 얼마나 자라서 올지, 어떻게 변해서 올지 기대가 되기도 하지요. 그리고 개학 날 아침에는 오랜만에 등교하는 아이들이 덜 어색하기를 바라는 마음으로 칠판에 간단한 편지를 써 두기도 하고 평소보다 더 일찍 학교에 가서 아이들을 맞이할 준비를 하며 교실로 들어오는 아이들을 향해 반갑게 인사합니다.

개학 날은 별도의 안내가 없더라도 방학과제, 실내화, 필기도구, 알림장 등을 챙겨 가야 하며 보통은 4교시를 하고 급식을 실시한 후 하교하게 됩니다.

이날은 방학과제 검사와 방학 중에 있었던 일 발표, 전체 방송으로 실시하는 개학식이 진행되고 쉬는 시간마다 아이들끼리 다소 들뜬 모습으로 이야기를 나누는 것을 볼 수 있습니다.

개학날은 방학 동안 에너지를 충전한 아이들과 교사가 본격적으로 새 학기를 시작하기 전 밝은 표정으로 서로를 대하며 앞일을 맞이할 준비를 하는 날이기도 합니다.

13년 인생 최고의 도전, 전교임원선거

전교임원선거가 2주 뒤에 있다고 말한 날 아침, 여기 저기서 아이들이 의논하는 소리가 들린다.

"이번에 너 나갈 거야?"

"일단 생각 좀 해 보고. 왜?"

"아니, 너 나가면 저번처럼 또 우리 반 애들 표 나눠 가지게 될까 봐. 그럼 내가 안 나갈까 하고."

이번 해 우리 반 아이들은 학급임원선거는 물론이고 전교임원선거에까지 적극적으로 참여하는데 작년에 한 번 떨어졌다는 윤형이와 은재가 이번에 재도전할 모양이다.

가만히 듣고 있다가 "어이 아들, 딸. 일루 와봐. 둘 다 나갈 생각은 있어?"라고 물어 보았다.

"네."

"전교임원선거는 같은 반 표가 나눠질 걱정을 하기보다는 다른 반이랑 나머지 학년의 표를 얼마나 가져오는지에 따라 결과가 달라지거든. 그러니까 해 보고 싶으면 둘 다 나가지 그래?"

"아, 그래도 돼요?"

"당연하지. 일단 다른 반 표를 가져올 생각을 하고 특히 4, 5학년한테 먹히는 공약이랑 연설문을 작성해서 소견 발표를 해야지. 선생님이 보기에는 두 번 하는 방송 연설이 제일 영향력 있는 것 같더라. 일단 연설문 초안 써 오면 공약이 실행 가능한지 확인하고 수정 좀 해 줄게."

진지한 표정으로 내 이야기를 듣던 두 녀석들. 약간은 흥분된 목소리로 "네!" 하고 대답하더니 "우리 둘 다 나가기로 했어!" 하고 온 교실에 선언을 한다.

학급임원선거와는 다르게 전교임원선거는 선거운동을 하는 과정에서 우리 반이 하나로 똘똘 뭉치는 계기가 된다. 그래서 나도 아이들에게 이렇게 말했다.

"얘들아, 이번 전교임원선거에 윤형이랑 은재가 나가기로 했어. 일단 선생님이 보기에는 둘 다 좋은 후보이긴 하지만 우리 반에서 밀어주지 않으면 절대 될 수가 없어. 이번에 우리가 선거운동 잘해서 윤형이랑 은재, 모두 좋은 결과를 얻을 수 있도록 도와주자."

6학년쯤 되면 어차피 같은 학년 아이들끼리는 누가 임원감인지를 이미 알고 있는 것이나 마찬가지. 나의 말을 들으며 아이들도 윤형이랑 은재가 검증된 임원 후보라는 듯 서로 선거운동을 도와주겠다고 나선다.

쉬는 시간, 복도가 소란스럽다. 아이들이 다른 반 친구들을 만나 선거에 나가는 후보들의 정보를 열심히 교환하는 모양인데 그 모습들이 사뭇 진지하기까지 하다.

다음날, 처음에는 6학년 표만 얻어 보려던 후보자들이 방송 연설이 중요하다는 나의 말에 연설문을 공들여 써 왔다. 윤형이는 전교생이 참여하는 '꿈끼 장기자랑'을 매달 한 번씩 개최하겠다는 공약을 들고 왔고, 은재는 전교생에게 신청곡을 받아 아침 등교시간에 틀어 주겠다는 공약을 만들어 왔다. 윤형이의 공약은 '매달'이라는 부분을 한 학기에 한 번으로 수정해서 실천 가능성이 높게 만들어 주었고, 은재의 공약은 교장 선생님께 건의하여 음원 다운로드와 관련된 예산을 받아 보기로 했다.

이렇게 아이들의 공약을 함께 고쳐 본 후 교탁 앞에서 두어 번 발표 연습을 하게 했다. 절대 빨라지지 않기, 발음은 정확하게 하기, 원고만 내려다보지 않기, 공약을 구체적으로 어떻게 지킬 수 있는지 피력하기. 이만하면 됐다. 둘 다 6학년에서는 성품 좋고 매사에 열심이기로 유명한 녀석들이니 다른 학년의 표를 얼마나 끌어오는지가 관건이다. 공식 선거운동이 시작되고부터 매일 아침 우리 반 선거운동원들은 최선을 다해 인사하고 소리친다.

"기호 4번, 김윤형! 기호 7번, 정은재!"

출마한 친구들만큼이나 열정적인 아이들. 자기들 나름의 축제이다. 마지막 방송 연설 시간이 되었다.

"윤형아, 네 차례는 가운데쯤이니까 강렬하게 기호를 어필할 손동작을 만드는 것이 좋겠다. 은재야, 너는 맨 마지막이지? 그때가 듣는 아이들이 제일 지루해 할 때거든. 그러니까 발음을 정확하게 해야 해. 빨라지면 안 되고. 저번에는 좀 빨랐어." 마지막까지 잔소리를 해 본다.

성공적으로 방송 연설을 마치고 드디어 투표 시작! 출마한 아이들만큼이나 나와 우리 반 모두가 긴장되는 하루다.

개표는 방과 후에 시작되고 결과는 4시쯤 나온다고 했는데 기다리는 내내 시간이 참 안 간다. 아이들에게 도전의 기쁨과 성공의 즐거움을 동시에 맛보게 해 주고 싶었다. 그래서 내가 할 수 있는 한 도가 넘지 않게 최대한 도와주고자 했다.

전교임원이 우리 반이라고 해서 나머지 친구들이나 담임 교사에게 좋을 것은 하나도 없다. 하지만 우리는 한 해 동안 함께 사는 공동체이고 몇몇 아이들이 다양한 개성 중 리더십을 지녔다면 뜻을 펼치도록 도와주어야 하지 않겠는가.

이런저런 생각을 하는데 메시지 창이 뜬다.

전교임원선거 결과입니다. 6학년 1반 김윤형 회장, 6학년 1반 정은재 부
회장, 5학년 3반 송채연 부회장

와우! 아무도 없는 교실에서 혼자 환호성을 지른다. 올해도 농사 참 잘 지었다.

전교임원선거가 있는 달에는 온 학교가 들썩들썩합니다. 5, 6학년 임원 입후보자들은 긴장되고 떨리는 일의 연속이고 선거를 도와주는 선거위원들은 부정선거를 감독하고 투표 관리를 하는 등 바쁜 주간입니다. 또한 아무런 상관이 없을 것 같은 나머지 학년들도 교문 앞에서부터 선거운동원들이 외치는 구호 소리 덕분에 한껏 들뜨는 날들이 이어집니다.

전교학생회임원 선출은 학교마다 다른 내규를 근거로 진행됩니다. 기본적으로는 학생들이 민주적인 방법으로 공정하게 전교학생회임원을 선출함으로써 자치활동을 활성화하기 위한 목적으로 4~6학년 학생들의 직접선거에 의해 선출하는 곳이 많습니다. 임원들의 임기는 보통 한 학기이며 월별 회의를 통해 학교 자치생활 계획을 세우고 주기적으로 열리는 교육청 학생회장단 회의에 참석하기도 합니다.

전교학생회임원 선출을 위한 선거 일정은 다음과 같습니다.

첫 번째로 선거공고를 합니다. 학교 홈페이지, 급식실 입구, 복도 등 학생들이 쉽게 볼 수 있는 곳에 게시하며 담임 교사에게 관련 파일을 전달하여 교실 내에서 다시 한 번 정확하게 전달하도록 합니다. 이때 학생들은 친구들의 추천 서명, 부모님의 동의서, 담임 추천서 등을 받아 입후보하게 되지요. 또한 선거 주간에 부정선거 감독, 투표와 개표 관리 등을 해 줄 선거관리위원도 함께 모집합니다. 담임 교사들은 선거인명부를 작성하여 학생회 담당 교사에게 전달함으로써 첫 번째 절차를 마칩니다.

두 번째로 후보자 기호 추첨이 있습니다. 담당 교사는 입후보한 학생들의 서류를 꼼꼼히 살펴본 후 특별한 사항이 없으면 추첨을 통해 기호를 정하도록 합니다. 이때 후보자에게 선거방법 및 유의사항을 알려 주어 공정한 선거가 이루어지도록 하며 기호가 확정되면 투표용지를 인쇄합니다. 동시에 선거관리 위원들의 준비사항을 교육하며 토론 질문지 등을 수합하여 후보자 토론회 준비를 확인합니다.

세 번째로 본격적인 선거운동입니다. 선거 벽보는 하나의 규격으로 안내하며 학생들이 잘 볼 수 있는 곳에 게시하는데 선거관리위원과 담당 교사가 일괄 수합하여 기호 순으로 배치하게 됩니다.

하나의 팁을 드리자면 아이가 글씨를 너무 못 쓴다면 크고 깔끔한 글씨로 쓸 수 있도록 가정에서 가르쳐 주시는 것이 좋습니다. 선거 벽보를 게시하고 나면 아무래도 비교가 되지 않을 수가 없으니까요. 한때 부모님께서 만들어 주시거나 돈을 주고 맡기는 것이 문제가 된 적이 있었는데요. 최근에는 비용을 주고 맡기거나 출력한 글은 사용하지 않고 오로지 학생이 모든 것을 만들도록 지도하는 학교도 있으니 반드시 규정을 확인하여 제작해야 합니다.

그리고 선거 벽보만큼 중요한 것이 바로 후보자들의 선거운동입니다. 등하교시간, 쉬는 시간, 점심시간을 이용하여 홍보할 수 있도록 정해 주며 중간놀이 시간에 방송을 통해 후보자 소견 발표를 진행하기도 합니다.

네 번째로 선거 당일입니다. 후보자들의 합동토론회나 소견발표를 다시 한 번 듣고 투표에 참여하는데요. 각 교실에서 담임 교사들은 무효표가 나오지 않도록 사전에 투표 방법을 자세히 안내합니다.

투표를 마치고 나면 평소처럼 수업을 하고 방과 후에 선거위원과 담당 교사가 개표를 시작합니다. 빠르면 당일 오후 학교 홈페이지에 투표 결과를 공지하며 늦어도 다음날 오전에는 결과를 알립니다.

이러한 과정을 거쳐 새로운 전교학생회임원이 선출되는 것인데요. 어떤가요? 아이들의 선거도 꽤 복잡하고 다이내믹하지요?

벌써 11월이다. 이제 아이들은 제법 자라 중학생처럼 보인다. 요즘에는 녀석들을 가만히 보노라면 마음이 싱숭생숭해진다. 이제 곧 떠나보낼 때가 다가오니까. 이럴 때면 차라리 정신없이 바쁜 것이 낫다는 생각이 든다. 그래, 딴생각 말고 학예발표회 준비나 하자. 문화예술동아리 예산을 받아 놓은 것도 있으니 이번에는 그동안 한 번도 해 보지 못했던 부채춤을 무대에 올려 보기로 한다. 혼자였으면 엄두조차 내지 못했을 텐데 동학년 선배가 지난번 학교에서 부채춤을 지도해 본 경험이 있다고 하신다. 가까이 있어 배울 수 있을 때 배워 두어야 하니까 겁나지만 도전!

"얘들아, 이번에 선생님이랑 3반 선생님이 같이 부채춤을 가르칠 건데 여섯 반 중에 희망하는 사람만 쉰 명 정도 뽑아서 하려고 해. 나머지는 카드섹션이랑 캠페인 송에 맞춰 춤추는 건데 부채춤 해 볼 사람?"

이 반 저 반에서 희망하는 아이들을 모아서 하면 충분히 해낼 수 있겠다고 생각했다. 의지가 있는 아이들이라면 다 같이 즐거울 수 있다. 장황하게 나의 각오까지 설명한다.

"선생님 성격에 대강 하는 것 없는 거 알지? 선생님들이 교육청에서 예산도 따왔다. 그러니까 부채춤에 어울리는 한복도 무료로 대여해 줄 거야. 그리고 전체 무대 통틀어서 제일 빛나게 해 주마. 크하하하하!"

내 말을 들은 아이들이 친한 친구들과 눈빛을 교환하며 웅성웅성댄다. 그런데 어? 우리 반 남학생 두 명이 손을 번쩍 든다. 아이들이 그 둘을 보면서 "진짜로? 부채춤을 춘다고?" 난리가 아니다. 나도 꽤 놀랐지만 짐짓 아무렇지 않은 척하며 "왜~ 남자들이 도포 입고 하면 얼마나 멋있겠니? 다른 반 남자아이들 중에도 분명히 희망자가 더 있을 거야. 같이 하자!" 아이고. 말해 놓고도 과연 괜찮을까 싶다.

다음날 희망하는 아이들을 모아 놓으니 여자가 마흔여섯 명, 남자가 네 명이다. 하고 싶은 아이들을 모았으니 나도 흥이 난다. 1부는 내가 스물다섯 명을 데리고 전통 부채춤을, 2부에는 선배가 나머지 스물다섯 명에게 퓨전 부채춤을 지도하기로 했다.

아이들도 의욕 충만, 선생님들도 의욕 충만이다. 올해 아이들은 새로운 것을 시도하기에 참 좋은 분위기이다. 참고 영상을 보여 주는데 이미 아이들은 들썩들썩 따라하느라 바쁘다. 그래도 대학 다닐 때 한국무용을 좀 배워 봤다고 아이들에게 손끝과 발끝, 동선을 지도하기가 좀 수월하다. 서너 가지 동작을 해 보고 "힘들지? 오늘은 그만하자!" 했더니 녀석들이 "선생님, 생각보다 쉬워요. 하나 더 해요!" 한다. 오호

라. 기특한지고. 정말 하나를 가르치면 열을 해내는 녀석들이 아닐 수 없다.

우리는 매일 한 시간, 동아리 집중이수기간을 이용해 열심히 연습을 했다. 함께하자고 해 놓고도 왠지 걱정스러웠던 남자아이 네 명은 무척 잘해 주었다.

"와우, 너희 진짜 대박인 거 알지? 우리 꽃 모양 만들 때 너희를 가운데 넣어야겠다. 남자도 이렇게 멋지게 부채춤을 한다는 걸 보여 줘야지!" 했더니 여자아이들이 박수를 치고 좋아한다. 남자아이들도 쑥스러운 듯 웃어 보였지만 나름 주인공이 될 기대에 부풀어 있다. 귀여운 녀석들. 걱실걱실 나보다 더 큰 너희가 이렇게 부채춤에 잘 어울릴 줄 누가 알았겠니? 선생님은 참 뿌듯하다. 아주 많이.

며칠이 지나고 6학년만 있는 자리에서 강당 무대에 올라가 첫선을 보이는데 다른 공연을 하는 아이들이 난리다.

"우와, 부채춤 하는 애들 완전 잘해. 엄청 멋있어."

"그러니까. 남자애들 웃길 줄 알았는데 엄청 잘해."

"워, 나도 부채춤 할 걸."

우레와 같은 박수를 받고 내려오는 부채춤 팀의 얼굴에 자랑스러움이 가득하고 나도 덩달아 어깨가 으쓱해진다. 이어지는 총연습 시간에 부채춤을 보신 다른 학년 선생님들도 감탄 연발이다.

"어떻게 지도했어요? 남자애도 있네?"

"대형이랑 너무 잘 만드네요. 동작도 하나하나 정확하고."

"이번 6학년들 분위기도 좋고 뭐든지 잘한다고 소문났던데 진짜네.

어려운 부채춤을 저렇게 해내고."

다시 한 번 으쓱. 선생님들의 칭찬을 아이들에게 전했더니 의기양양해진다. 귀여운 녀석들.

학예발표회 당일, 화려한 조명을 받으며 부채를 펴 들고 종종걸음으로 입장하는 내 아이들. 우리는 연습 내내 즐거웠고 함께 마음을 나누었다. 그래서 녀석들은 몇 주 사이에 '내 아이들'이 되었다. 아, 벌써부터 박수가 터져 나온다. 무대에 선 아이들은 참 멋지다. 날아갈 듯 사뿐하게 그리고 당당하면서도 화려하게. 연습 내내 우리는 행복했고 무대에 선 아이들은 실수 없이 완벽했다. 아이들에게 쏟아지는 환호와 박수가 내 것인 양 행복한 날이다.

학예발표회, 교사와 학생들은 무엇을 할까요

요즘 학예발표회는 교육과정을 충실히 이행한 것을 보여 주는 자리로 그 목적이 바뀌고 있습니다. 형태도 다양해서 어떤 학교에서는 아예 없애기도 하고, 학급 학예발표회로 바꾸는 곳도 있으며 축제 형식으로 진행한다거나 전시회 형태를 강화하는 등 여러 가지 형태로 변화하는 추세입니다. 매년 하나의 형태로 운영하는 것이 아니라 올해는 학급 학예발표회로, 그 다음 해에는 전체 학예발표회로 번갈아가며 진행하는 학교도 있습니다. 전체 학예발표회를 하는 경우 모든 아이들의 참여를 유도하기 위해 전교생이 무대에 한 번씩은 반드시 서야 한다거나 전시회나 공연 중 하나에는 꼭 참여해야 한다는 등의 원칙을 세우기도 합니다.

요즘에는 우리가 어렸을 때처럼 정규 수업시간까지 빼서 한두 달 내내 연습하지는 않습니다. 그렇지만 무대에 하나의 작품을 올리려면 집중적으로 연습하는 기간이 반드시 필요한데요. 그래서 '동아리 집중 이수기간'을 교육과정 중 학예발표회 이전에 넣어 수업 결손을 줄이는 방향으로 운영합니다.

동아리시간은 창의적 체험활동에 속하는 것으로 학년당 스무 시간 내외로 정해져 있습니다. 스무 시간이 학예발표회 전에 몰려 있기 때문에 자녀가 매일매일 공연 연습하는 것을 보고 '수업 침해해 가며 매일 하는 것 아니야?'라는 오해를 할 수도 있지만 기본적으로 교육과정에 근거해서 진행되는 것이랍니다.

공연이 있는 학예발표회를 하는 학교에서는 연습 기간 동안 아이들과 교사 모두 평소보다는 힘든 나날을 보낼 수밖에 없습니다. 하루 한두 시간에 불과하지만 나름 최선을 다해 '연습'이라는 것을 해서 무대에 올라가기까지 해야 하니까요. 그런데 '우리 아이 참 힘들겠네. 이런 것을 꼭 해야 하나?' 하는 부모님들의 우려와는 다르게 아이들은 생각보다 뿌듯해 하며 스스로를 자랑스럽게 여깁니다.

학예발표회가 어떤 형태이든 간에 아이들은 반드시 얻어 가는 것이 있습니다. 연습 과정에서는 인내와 협동을 배울 수 있고 무대에 서는 경험을 통해 자신감과 성취감을 맛볼 수 있습니다. 특히 연습 과정에서의 어려움 뒤에 따라오는 관람객들의 환호와 박수는 아이들이 자주 경험할 수 없는 부분이어서인지 끝난 뒤에도 두고두고 말을 합니다.

무대에서 내려온 아이들은 "선생님, 또 하고 싶어요! 힘들고 떨렸는데 뿌듯해요."라거나 일기에 자신의 느낌을 가슴 벅차게 써 내려가기도 합니다.

학교에서 이루어지는 다양한 형태의 교육들, 그 속에서 아이들은 무엇이든 하나씩 얻어갑니다. 초등학교에서는 경험이 곧 자신감으로 이어지는 경우가 많습니다. 그래서 학예발표회가 아니더라도 한 번쯤 도전해 볼 수 있는 다양한 활동들을 교실 내에서 진행하거나 학교 차원에서 마련해 줍니다. 아이들은 그렇게 6년간 다양한 경험을 하면서 몸과 마음이 자라고 중학교에 올라갈 수 있는 토대를 만들게 됩니다.

"선생님, 제가 언제 우리 반 아이들에게 플루트 연주를 좀 들려주고 싶어요. 언제든지 말씀해 주시면 한 시간 정도 준비해서 수업할게요."

플루트를 전공하고 연주활동과 후배 양성을 동시에 하고 계시는 학부모님 한 분. 이런 훌륭한 인적자원을 잘 활용하면 우리 반 아이들에게 정말 도움이 되겠다는 마음에 기껍고 감사한 마음으로 연말 진로수업을 한 시간 정도 부탁드렸다.

틀어지려면 한없이 틀어지고 어려우려면 한없이 어려워질 수 있는 불편한 사이로 생각하기보다는 둘 가운데에 '내 아이'가 있으니 서로 예의를 갖추고 존중한다는 마음으로 대하면 그렇게 어렵기만 하지 않은 것이 바로 학부모와 교사의 관계이다.

그래서 진로수업을 부탁드렸다. 우리 반 아이들에게 좋은 음악을 들려주고 싶은 마음, 정성스러운 연주와 더불어 음악가로서의 삶은 어떤 것인가를 알게 해 주고 싶은 마음이 있다.

어머님께서는 성심성의껏 수업을 준비해 오셨다. 뒤에 앉아 듣는 내내 나도 감탄하며 고개를 끄덕였다. 세 아들의 엄마, 유연하면서도 강단 있는 분. 어머님의 평소 스타일을 담은 좋은 수업이었다.

수업을 5분 정도 남기고 어머님께서 그러신다.

"얘들아, 우리 준비한 것 있지? 진짜 하이라이트!"

어리둥절하다. 뭘 준비했더라. 우리가? 그런데 나를 포함한 우리가 아니었다. 교실에서 '우리'라고 하면 항상 나를 포함해서 생각하기에 이번에도 그런 줄 알고 몹시 당황했다. 그런데 알고 보니 '나를 빼고 우리'인 아이들이 준비한 것이었다.

우리 반에서 가장 키가 크고 듬직한 준이가 나왔다. 한껏 수줍어하면서. 영화 〈러브 액츄얼리Love Actually〉의 말 없던 고백처럼 정말로 스케치북 하나를 들고 나오더니 내 앞에 선다. 앞에 선 아이는 차마 내 눈을 보지 못하고 손에 든 종이를 보다가 친구들의 얼굴을 보다가 한다. 아이는 스케치북을 한 장 한 장 넘기며 내게 우리의 1년을 펼쳐 보인다. 음악이 흐른다. 내 눈물이 마구 흐른다.

너희를 어떻게 떠나보낼지 날마다 착잡하던 요즘이었다. 너희를 생각하면 운전을 하다가도 자꾸 눈물이 나오고 이 많은 정을, 이 많은 사랑을 어찌하면 좋을지 마음만 아리던 요즘이었다.

눈물이 흐른다. 엉엉엉~ 어깨를 들썩이며 소리 내어 울었다. 너희 앞에서. 사랑하는 너희 앞에서. 고개를 들어 보니 너희들도 운다. 새침

하던 그래서 1년간 마음 쓰며 공을 들였던 지원이는 아예 책상에 엎드려 흐느낀다. 무뚝뚝하던 그래서 내 마음을 알기나 할까 싶던 경원이도 눈이 발갛다. 너희의 사랑을 선생님은 감히 받아도 되는 것일까? 나는 선생님이니까. 항상 나에게만 너희에게 줄 사랑이 있다고 생각했었다. 그래서 마음껏 주려고만 했는데 너희도 같은 마음이었구나. 내게 사랑을 주고 싶었구나. 고맙다. 아주 많이.

올해는 너무 일찍 울었다. 2월에 있을 종업식까지는 아직 멀었는데. 겨울 방학식 전날부터 우는 것은 반칙이다. 예상하지 않았고 준비하지 못해서 더 마음이 아프다. 우리가 서로 방학 동안 만나지 못하면 이렇게 깊이 든 정이 좀 덜해지려나. 2월이면 웃으며 보내 줄 수 있으려나. 어찌하면 우리 서로 덜 아프게 헤어질까?

학부모초청 진로수업, 학부모님이 학교 교육에 참여하는 방법

앞에 쓴 글은 진로수업을 해 주십사 학부모님을 모셔 놓고는 제가 마지막에 울고불고해서 민망했던 몇 년 전의 이야기입니다. 이렇게 진로 교육이나 안전 교육 등의 분야에서 지역사회의 인적자원을 학교 교육에 활용하기 위한 방법으로 학부모님이나 소방센터, 경찰서에서 지원을 해 주시는 경우가 있습니다.

이때 담임 교사가 개인적으로 부탁 드리기도 하지만 흔한 경우는 아니며 주로 학교 차원에서 연간 교육계획을 바탕으로 다양한 직업을 가진 학부모님을 모셔 와 학생들이 진로직업 탐색의 기회를 갖도록 하는 형태로 이루어지곤 합니다.

아이들은 다양한 직업에 대해 교사가 설명해 주고 가르쳐 주는 것보다 직접 해당 직업에 종사하는 분을 모셔 와 수업을 듣거나 자신들이 찾아가 인터뷰를 하는 형식의 과제를 수행할 때 더 큰 호기심을 갖습니다.

학교에 다니다 보면 장래희망을 자주 쓰게 되는데 가만히 살펴보면 수시로 바뀌는 아이도 있고, 아직 정하지 못한 아이도 있습니다. 과거에는 진로와 관련한 장래희망을 반드시 학생생활기록부에 적도록 했으나 최근 초등학교에서는 아직 마음을 정하지 못하거나 직업에 관한 자료 수집이 더 필요한 학생을 위해 '진로 탐색 중'으로 써 넣을 수 있게 융통성을 두고 있습니다.

이처럼 학부모가 참여할 수 있는 초등학교 내의 단체가 여러 가지 만들어져 있는데요. 기본적으로는 학교운영위원회, 교육과정위원회, 학생생활교육위원회 등의 위원으로 활동하는 방법이 있으며 아버지회, 학부모독서동아리, 봉사동아리, 체육 관련 동아리, 미술 관련 동아리 등 학교 실정에 맞게 다양한 학부모회를 조직, 운영되고 있습니다.

이러한 모임은 학기 초에 안내장을 통해 모집하며 대부분 의무가 아니라 희망에 의해 회원이 모집되고 학교의 예산으로 일부 활동비를 지원받기도 합니다. 또한 학부모들 간의 친목도모에서 나아가 학교를 지역사회와 상생하는 방향으로 이끌기도 합니다.

교실 공기가 들떠 있다. 아이들은 여기저기서 기분 좋은 톤으로 이야기를 나눈다. 교탁에 서서 아이들을 부른다.

"애들아, 방학식 시작하자."

순간 아이들의 눈이 나를 향한다. 6학년, 초등학교에 입학해서 벌써 열두 번째 방학이자 마지막 방학인데도 매번 즐겁고 신나는 모양이다.

"방학하면 좋아?" 했더니 여기저기서 "늦잠 자니까 좋아요! 게임할 수 있어서 좋아요!" 한다. 녀석들의 소란스러운 대답들 끝에 "저는 하루 종일 학원에 있어야 해요. 특강 들어야 돼서요." 하는 조금은 시무룩한 목소리.

"아이고, 그래? 어쩌냐? 힘들어서……." 하고 위로를 건네니 "그런데 제 생각에도 필요한 것 같긴 해서 한번 다녀 보려고요."라며 제법 의젓하게 대답을 한다.

다양한 아이들만큼이나 다양한 방학 계획들. 지난여름 2학기 개학식 날, 늦잠만 자도 잘했다, 혼자 밥 한 끼 차려 먹어 본 것도 잘했다, 방학숙제 다해 온 것도 잘했다, 학원 다니느라 애쓴 것도 잘했다, 여행 다녀 온 것도 잘했다, 아무것도 안 하고 그냥 평범하게 보낸 것도 잘했다고 해 주었더니 아이들은 지난 여름 방학보다 이번 겨울 방학에 더욱 떳떳하게 자기들의 계획을 밝힌다.

"선생님, 보고 싶으면 카톡 해도 돼요?" 1년 내내 선생님 좋아요 하는 눈빛으로 수업에 열심히 참여한 예진이가 묻는다.

"응, 원래 선생님은 학부모님이랑도 카톡은 안 하지만 너희는 이미 선생님 스타일 알잖아? 내 새끼들인데 당연히 대환영이지. 이제 너희는 졸업생이나 마찬가지인걸. 선생님이 종업식이나 졸업식 끝나고 선생님 제자들에게만 주는 특권이지. 아무 때나 연락하고 싶을 때 하기!" 했더니 "우와, 이제는 진짜 그래도 돼요? 새벽에 보내도 돼요?" 난리다.

내 손을 떠난 아이들에게만 주는 특권임을 녀석들도 알기에 무척 기뻐한다. 그게 뭐라고.

오늘은 하루 종일 아이들이 웃는다. 나도 웃는다. 그런데 사실은 조금 서운하다. 아니, 많이 서운하다. 겨울 방학이 끝나면 우리는 이제 정말로 헤어져야 하니까. 변성기를 지나고 있는 목소리로 나를 부르던 남자아이들이, "선생님만 보세요" 하고 일기장에 속마음을 털어놓던 여자아이들이 벌써부터 그리워질 것 같다.

아무래도 방학이라고 하면 특히, 초등학교에 입학해서의 방학이라고 하면 정서적인 측면보다 학습적인 측면에 초점을 맞추게 되는 경우가 많습니다. 그러나 저학년이라면 선행학습이 필요치 않기에 국어, 수학을 확실하게 복습해 주는 정도로 충분합니다. 대신 독서와 체험, 나들이와 같은 특별한 이벤트와 차분하게 일상을 반복하는 것을 통해 정서적인 부족함을 충족시키는 계기가 되어야겠지요.

반면에 고학년은 복습과 더불어 선행학습을 하는 아이들이 많고 중학교에 올라가기 전에 심리적인 준비와 독서 수준을 높이는 계기를 마련하기도 합니다.

한 학기를 마무리하는 방학을 어떻게 보내면 좋을지 많이들 고민하시리라 생각합니다. 학부모님 중 한 분은 '삼시세끼' 해대는 밥이 가장 무섭다고 하시던데요. 저도 그래서 살림에서 회피하기 전략을 활용하고자 방학에는 없는 살림에 긴 여행을 떠납니다만 실은 일상 속에서 매일을 성실히 반복하는 것도 이 시기의 아이들에게 무척 중요합니다.

특별한 이벤트로서의 여행, 나들이, 체험도 좋지만 일상을 오롯이 반복적으로 살아 보며 단순함 속에서 편안함을 경험해 보고 안정감을 느끼는 것도 좋은 일입니다.

요즘은 우리 부모님이 어렸을 때보다 확연히 줄어든 방학숙제이지만 스스로 해결하고, 한 학기 동안 배운 내용을 복습하며, 읽고 싶은 책을 마음껏 읽고, 일상 속에서의 경험과 색다른 경험을 할 수 있는 방학은 아이들에게 꽤 소중한 기회가 아닐 수 없습니다.

그래서 종업식 날 저는 학부모님께 방학생활에 관한 안내를 합니다. 아이들마다 교사들마다 방학을 활용하는 방법에 대한 생각이 다르기 때문에 다음의 내용은 참고만 하시기 바랍니다.

⇨ 길게 미루면 마음만 불편하지요. 얼른 끝내고 자유롭게 시간 활용을 할 수 있게 해 주세요.

⇨ 특히 국어와 수학 문제집을 한 권쯤 풀 수 있게 도와주십시오. 학습결손이 누적될 경우 자존감에도 영향을 미칩니다. 참, 교과서는 좀 더 가지고 있다가 버릴 수 있게 해 주세요. 개념 정리가 잘 되어 있고 체계적인 흐름으로 구성되어 있기에 좋은 복습 교재가 됩니다.

⇨ 한 권 읽을 때마다 부모님께서 사인을 해 주신다거나 스티커를 붙여 주어 '어느 선에 도달하면 소원 한 가지 들어주기' 같은 이벤트를 하시면 효과가 있지 않을까 생각합니다. 초등학생은 긴 방학 기간이 독서를 많이 할 수 있는 기회입니다. 학교 도서관을 이용한다면 대출기록까지 남길 수 있으므로 학교에서 한 학기에 한 번 선발하는 다독 학생으로 선정될 확률이 높아집니다.

⇨ 학기 중에는 여러 가지 제약이 있으니 방학 중에 평소에 하지 않았던 운동, 악기, 미술 등을 배우거나 가족과 나들이를 떠나 보는 것이 좋겠습니다. 일상에서 부모님과 함께 매일매일을 성실히 살아 내는 것도 중요한 경험이지요.
초등학생은 자기가 경험한 만큼 그리고 가정에서 배운 만큼 학교생활에서 풀어낼 수 있는 시기입니다. 경험이 많을수록 발표의 양과 질이 달라지고 글을 쓸 때도 어렵지 않게 주제를 찾아갑니다. 저학년까지는 비슷비슷하게 보이실 테지만 초등에서 일상의 경험과 색다른 경험을 차곡차곡 쌓는다면 나름의 스토리를 지닌 아이로 성장할 것입니다.

Q. 지난 한 해 무척 만족스러웠던 분이 올해 다시 저희 아이의 담임 선생님이 되셨습니다. 아이의 특성을 잘 알고 있는 분이라 내심 기쁘고 감사했는데요. 매년 선생님들은 학년 배정을 어떻게 하나요?

A. 교사들도 올해는 어떤 학년을 할지 생각을 많이 해서 결정합니다. 저 같은 경우는 주로 5, 6학년을 많이 해 왔는데 기본적인 성향이 큰 아이들과 맞는다고 생각했기 때문이지요.

올해는 희망하지 않은 1학년을 맡게 되면서 두려움이 컸지만 막상 아이들을 만나고 보니 1학년은 그 나름대로 귀엽고 사랑스러운 매력이 가득하다는 것을 알게 되었습니다. 올해 귀염둥이들을 만난 덕분에 앞으로는 어떤 학년을 해도 두렵지 않겠다는 생각을 하게 되었으니 참으로 감사한 한 해가 아닐 수 없습니다.

보통은 점수에 따라 학년을 배정하는데 1학년이나 5, 6학년같이 생활지도가 많이 필요한 경우에는 높은 점수를 주고, 2~4학년은 상대적으로 낮은 점수를 주어 전년도까지 이 학교에서 어떤 학년을 했는지에 따라 교사들끼리 순위가 매겨집니다. 이렇게 정해진 순서에 따라 희망 학년을 쓰게 되며, 점수가 높을수록 원하는 학년에 배정될 확률이 높습니다. 물론 학교마다 이러한 점수는 다르며 규정 또한 달라 아예 다른 방법으로 학년을 배정하기도 합니다.

특히 보직 교사라 부르는 부장 교사들은 업무의 효율을 고려하고 의견을 조율해 점수와 상관없이 배정하기도 하며, 마음에 맞는 선생님들과 같은 학년을 하면 학생들을 지도할 때 다양한 아이디어를 수월하게 펼칠 수 있으니 미리 의논하여 한꺼번에 특정 학년으로 이동하는 경우도 있습니다.

어쨌거나 학년 희망서를 쓰는 12월이나 2월에는 선생님들도 머릿속이 꽤나 복잡해진답니다. 아이들과 학부모님들께서 우리 담임 선생님이 누가 될지 기대하시는 것만큼 말이지요.

Q. 올해 저희 아이가 한 친구로 인해 힘든 1년을 보냈습니다. 그래서 부모 입장에서는 다음 학년에서 그 아이와 같은 반이 되지 않았으면 하는데요. 반 편성은 어떻게 하나요?

A. 일단 아이들이 한 학급에 편성이 되면 1년 동안은 한 교실에서 복닥복닥 지내야 합니다. 반이 정해지면 내 아이와 맞지 않는다는 이유로 반을 재편성해 달라고 할 수는 없는 노릇이지요. 이런저런 활동을 하고 배움을 실천하며 1년간 지내 보면 서로 많이 힘든 사이로 관찰되는 아이들이 있습니다.

그럴 때는 학기 말쯤 조심스럽게 담임 선생님께 부탁드리는 방법도 있습니다. 만약 그렇게 다른 반으로 떼어 놓기까지 해야 할 정도라면 담임도 이미 둘의 관계를 파악하고 있을 것입니다. 그리고 마음속으로 이미 '내년에 저 아이들은 다른 반으로 편성해야겠네.'라고 결론을 내려 놓았을지도 모릅니다. 그러므로 부모가 관찰한 내용이 담임이 판단한 내용과 같다면 다음 해에도 한 반이 될 경우에는 잦은 다툼과 그로 인한 학교폭력이 발생될 소지가 있으니 다른 반으로 편성해 주실 것입니다.

다만 단순히 서로 기질이 맞지 않아서, 부모들끼리 사이가 안 좋아서, 내 아이가 그 아이와 어울리지 않았으면 해서 등과 같은 이유는 반영되지 않으니 유의하시기 바랍니다. 내 아이가 괴로움을 겪고 있다면 당연히 담임에게 이야기해야 하지만 그 외의 이유라면 다음 학년 반 편성에 관한 이야기는 신중하게 생각해서 말씀하시는 것이 좋습니다.

Q. 저희 아이들은 쌍둥이입니다. 1학년에 입학하면서는 일단 한 학급에 넣었는데요. 내년에는 학급을 분리하느냐 그대로 같은 학급에 넣느냐 하는 고민이 생겼습니다. 어떻게 하는 것이 좋을까요?

A. 가장 먼저 하셔야 할 것은 아이들의 의사를 묻는 것입니다. 아이들이 한 학급에 있기를 원하면 학기 말에 담임 선생님께 내년에도 한 반에 배정되도록 부탁하고 그것이 아니라면 분리될 수 있도록 해야 합니다. 쌍둥이의 학급 배정에서 부모의 편의, 교사의 의견보다 중요한 것이 바로 아이들 당사자의 생각입니다.

독특하게도 어떤 쌍둥이의 경우 5년 내내 다른 반으로 생활하다가 초등생활 마지막인 6학년에 추억을 쌓기 위해 같은 반을 하고 싶다고 말하기도 했는데요. 어쨌거나 아이들이 그렇게 결정했다면 가급적 따라 주시는 것이 좋습니다.

이렇게 아이들이 명확하게 자신들의 의사를 밝혔다면 두 번 생각할 것 없이 그에 따르면 되지만 그렇지 않을 경우는 부모님께서도 고민을 하시게 마련인데요.

보통 처음 학교에 입학하면 준비물, 상담 등 학교생활에서의 편의를 위해 한 학급에 넣어 달라고 하는 분들이 많습니다. 참고로 1학년 1학기 때는 놀랍게도 쌍둥이라는 것을 학급 친구들이 인지하지 못하는 경우도 있습니다.

"너희 왜 아침에 같은 차를 타고 와?"라거나 "왜 너랑 쟤랑 가족사진이 같아?" 하면서 의아해 하니 서로 비교가 되는 일도 드뭅니다. 그러나 2학기가 되면 아무리 어린 1학년이라도 쌍둥이의 의미를 알고 지나가는 말로 "너는 달리기 못하는데 쟤는 잘 하네?" 하거나 "너는 글씨 잘 쓰는데 쟤는 못 쓴다. 쌍둥이인데." 하고 악의 없는 말을 하기 시작합니다. 솔직히 듣는 아이들 입장에서는 이런 말들이 좋을 리 없습니다.

교실에서 교사가 관찰한 상황에서는 둘 중 한 아이가 스트레스를 받는 것이 보이는데 부모님께서는 편의를 위해 내년에도 같은 학급에 넣어 달라고 하는 일이 있습니다. 그렇게 되면 생활습관이 좀 더 잘 잡힌 한 쪽이 다른 한 쪽을 끊임없이 챙기는 일이 발생하며 성별이 같은 쌍둥이일 경우에는 교우관계에서 애매한 일이 생기기도 합니다.

그렇기 때문에 아이들이 한 학급에 들어가기를 원하는 것이 아니라면 쌍둥이는 가급적 다른 학급에 배치해서 각자의 개성을 존중받으며 학교생활을 할 수 있도록 배려해 주어야 합니다. 또한 어떠한 이유로 한 학급에 배정해야만 한다면 저학년까지만 그렇게 하는 것이 바람직합니다.

3부

—

소통하고 마음을 나누는
교사, 아이, 학부모 관계

우리 엄마는요, 진짜 아무것도 몰라요,
학생 개인상담

　　느긋하게 운전을 해서 도착한 학교는 이른 아침이라 고요하다. 교실 문을 열고 가방을 내려놓는데 내 책상 위 단정하게 놓인 편지 한 통. 이제 봉투에 쓰인 글씨만 보아도 누구인지 알 수 있건만 괜히 설렘이 더하다. 편지의 주인공은 세운이. 진로문제로 사춘기를 호되게 겪은 아이의 감사편지였다.

　생전 지각을 하지 않던 녀석이 어느 날, 퉁퉁 부은 눈을 하고는 9시가 다 되어서야 교실에 들어왔다.

　"세운이가 무슨 일이 있구나. 지각할 사람이 아닌데."

　이 한마디에 아이는 대성통곡을 하기 시작한다. 조용히 아침 독서를 하고 있던 친구들이 토끼눈을 하고 녀석을 바라본다. 엉엉 우는 녀석을 가만히 달래 교재 연구실로 올려 보내며 남은 아이들에게 말했다.

"얘들아, 세운이가 저렇게 우는 것 본 적 있는 사람?"

늘 활기차던 세운이의 대성통곡에 놀란 아이들은 말없이 고개만 젓는다.

아무도 없는 교재 연구실에서 한참을 말없이 세운이의 손을 잡고 앉아 있다가 가만히 물었다.

"세운아, 집에서 무슨 일이 있었구나."

"선생님, 엄마는 저보고 무조건 영재학교에 가야 한대요. 이건 엄마 좋은 일이 아니냐고 했더니 엄청나게 화를 내셨어요. 엄마는 제가 진짜 무엇을 하고 싶어 하는지 하나도 몰라요. 엉엉."

평소 세운이의 어머님과 나눈 대화로 보았을 때 분명히 아들의 실력을 객관적으로 파악하고 계셨고 본인 나름으로 다양한 정보 수집을 통해 영재학교를 준비하고 있다는 것을 알기에 무조건 녀석의 편을 들어줄 수는 없었다. 막무가내로 너 좋으라고 시키는 것이라 밀어붙이는 분은 아니었지만 이미 마음이 틀어져 버린 아이의 귀에는 엄마의 입장을 대변하는 어떠한 말도 들리지 않을 터였다.

"세운아, 너는 지금 영재학교에 가야 할 이유를 찾지 못하는 거야. 그렇지? 그런데 지금 네가 하고 싶다고 하는 것들은 실제로 그곳에 가면 친구들이랑 동아리를 만들어서 활동할 수 있는 것들이 대부분이야. 그것도 학교의 지원을 받아서 멋지게, 제대로."

"정말요?"

"그럼 물론이지. 하지만 그걸 설명해 주기에 너랑 엄마는 너무 가까운 사이야. 엄마가 아무리 객관적인 정보를 가지고 말씀을 하셔도 일단 너는 엄마라는 생각에 귀기울여 듣지를 못해. 그래서 선생님이 너에게 몇 가지 이유를 말해 주려고 해. 선생님의 말에 수긍이 되면 열심히 준비하는 것이고 아니면 선생님이 너 대신 엄마랑 진지하게 너의 진로에 대해 이야기를 나눠 볼게."

영리한 아이이기에 이해할 수 있는 능력은 충분했고 나는 그저 세운이의 이야기를 들어주다가 툭툭 한 마디씩 던져 주기만 했다.

"선생님, 엄마 말만 따르다가는 제가 진짜 하고 싶은 것은 대학에 들어가서도 못하게 될까 봐 무서웠어요. 그때가 되어도 안 행복할 것 같아서요."

"그랬구나. 이제는 목적이 생겼나 보구나. 혹시 부모님이랑 하고 싶은 것은 없니? 뭘 하면 지금의 네 결심이 확실해지고 기분이 나아질 것 같아?"

"음, 선생님…… 부모님이랑 같이 여행을 다닌 적이 별로 없는 것 같아요. 그래서 셋이 제주도에 가고 싶어요."

"그래그래. 선생님이 그것도 다 엄마께 말씀드릴게. 미루지 말고 추진하시라고 선생님이 개별체험학습 계획서 보내야겠다. 하하."

"선생님, 저 이제 괜찮아졌어요."

"그래. 우리 아들 마음고생이 많았네. 세수하고 교실에 들어가자. 친구들이 엄청 걱정하더라."

그날 오후, 나는 바로 어머님께 전화를 드렸다.

"어머님, 세운이가 사춘기랍시고 반항을 하기 위한 반항을 하는 아이들과는 다르게 진로에 관한 목적의식이 없어서 무서웠던 모양입니다. 엄마가 시키는 대로 쭉쭉 나가기만 하는 것 같아서 두려웠대요. 저랑 오전에 이야기하고 나서 이제는 영재학교 입학을 준비하겠다는 의지가 확고해졌다 하네요."

최근 아들과 너무 부딪혀서 마음이 아팠다고 전화기 너머로 우시는 소리가 들려 부모 노릇은 쉽지 않다고 위로해 드리는 것으로 상담을 진행하다가 마무리로 한 말씀을 더 드려 본다.

"어머님, 미루지 마시고 제주여행 한번 다녀오셔야겠어요. 제가 부모님께 꼭 말씀드린댔거든요. 선생님만 믿으라며 아주 자신감 넘치게요. 하하."

"선생님, 가야지요. 늘 시간이 없다는 핑계로 가족여행을 미뤘는데 학기 중이라도 꼭 가야지요. 오늘 저녁에는 그냥 아무 말 없이 세운이를 안아 줄게요. 선생님 정말 감사해요."

이렇게 세운이는 나름 험난했던 사춘기를 선생님, 부모님과 함께 이겨냈다.

6학년은 아직 아이지만 진심을 안다. 선생님이 어떤 마음으로 자신의 이야기를 들어주었는지, 왜 손을 잡아 주었는지 다 안다. 그리고 이렇게 편지로 감사의 마음을 표현해 준다.

세운아, 네가 고마울 일이 아니라 내가 더 고마울 일이다. 고맙다. 돌아와 줘서. 그리고 나를 믿어 줘서.

학교에서 이루어지는 대부분의 생활지도와 상담은 여러 명의 학생을 대상으로 진행되는 경우가 많습니다. 교실 내의 다툼이나 미묘한 감정의 흐름은 보통 혼자보다는 여럿이 있을 때 발견되고 교우관계 속에서 심각하게 진행되기 때문입니다.

하지만 개인상담은 그 성격과 방법이 조금 다릅니다. 교사가 아이의 심리적 변화를 판단하기 위해서는 평소에 다양한 방법으로 '끈끈하고 친밀한 관계'를 형성하고 있어야 하며 수시로 소통을 하고 마음을 나누었을 때 진지하고 깊은 대화까지 무리 없이 진행할 수 있습니다.

일단 개인상담에 앞서 아이에 대한 이해가 선행되어야 하는데 이는 교사와 부모 모두에게 해당됩니다. 부모님들께서 학교에 상담을 요청하실 때 최근 아이가 가정에서 어떤 변화를 보이는지 자세히 설명해 주시면 학교에서 관찰되는 상황과 더불어 심도 있는 학생 개인상담이 진행될 수 있습니다. 개인상담은 꼭 문제가 있는 아이만 하는 것이 아니며 교사의 도움이 필요한 모든 아이들에게 중요한 도약의 계기가 됩니다.

학교에서 개인상담을 받았다고 하면 문제가 있나 보다 하고 혼자 고민하며 힘들어하지 마시고 일단 어떤 내용이었는지 물어보시는 것이 좋습니다. 대부분은 선생님이 보기에 학습적인 면, 정서적인 면, 교우관계에서 도움이 필요한 것으로 보이면 그 방법을 제시해 주고 함께 해결책을 모색하는 방향으로 진행이 되기 때문입니다.

개인상담을 한다고 해서 교사가 아이에게 모든 길을 알려 주지 못할 뿐 아니라 정답을 제시할 수도 없지만 아이들은 선생님이 조용한 장소에서 자신의 이야기를 들어 주는 것, 자신에게 관심을 갖고 있다는 것을 아는 것만으로도 가벼운 어려움 정도는 헤쳐 나가기도 합니다. 이렇게 초등학교에서는 1년에 한두 번의 개인상담이 이루어지며 그 외에도 가정에서 부모님이 자녀와의 관계가 어려울 때 교사에게 도움을 요청할 수도 있습니다.

아이들의 반항에 깊은 이해 없이 무조건 사춘기라는 말을 붙이는 것은 옳지 않다고 생각하지만 초등학교 재학 6년 중에 한 번쯤은 어떤 형태로든 감정이 급변화하는 시기가 옵니다. 아이의 변화는 가장 먼저 부모님이 알아차리실 것이고 다음은 교사와 친구들이 알게 될 텐데요. 이때 부모님에게 말하지 못하는 문제를 개인상담을 통해 교사에게 말하는 경우가 있고 필요하다면 교사는 비밀을 지키기 위해 부모님에게 조차 전달하지 못하는 사항도 있습니다.

세운이 사례에서도 아이의 의사를 물어 가족여행을 가고 싶은 것은 부모님께 전달을 했지만, 구체적으로 영재학교에 가서 무엇을 하고 싶은 저와 녀석의 비밀로 해 달라는 부탁을 받았기에 따로 말하지는 않았습니다.

이처럼 아이들의 감정이 급변화하는 시기를 놓치지 않고 학교와 가정에서 협력하여 슬기롭게 넘겼으면 하는 바람입니다. 적어도 초등에서만큼은 부모와 교사의 노력으로 아이의 흔들림을 바로잡아 줄 수 있는 확률이 높으니까요.

우리에게는 소통이 필요해,
쪽지로 마음 나누기

아이들에게 쪽지 건네기

아이들이 스물여덟 명이다. 눈에 다 들어오지 않아서 너무나 미안한 요즘이다. 간혹 있는 학부모 상담 때마다 오늘밤 나 대신 칭찬해 주실 거리를 말씀드리며 마무리를 한다. 아이들의 예쁜 눈을 들여다보며 하나하나 말해 주면 좋으련만……. 그렇게 자꾸 죄책감만 쌓이는 요즘이다. 고학년이면 일기를 제출하니까 거기에 몰래 사랑을 고백하면 되지만 1학년은 아직 아가들이라 1학기 중에 일기쓰기는 꿈도 못 꾸고 정말이지 사랑을 말할 방법이 하나도 없는 기분이었다.

게다가 오늘은 최고로 바쁜 날이었다. 5교시 수업에 아침부터 이어지는 상담 세 건까지. 나중에는 목이 메어서 말이 안 나오는데도 학기 시작한 지 한 달이 넘은 오늘, 내 마음이 사랑고백을 더 이상 미룰 수가 없다는 신호를 보낸다. 이렇게 칭찬과 사랑을 표현하지 않고 계속 시간만 보내기에는 아이들과 나 사이에 주어진 한정된 시간이 아쉽기만 하다. 오며가며 머리라도 한 번 쓰다듬어 주면 좋으련만 매번 칭찬해 준다는 것이 빠르고 간결한 "잘했어! 역시!" 이게 전부다.

급식실에서도 급식 지도를 하다 보면 아이들이 깨끗하게 먹고 와도 내 밥이 그대로니 다음 수업시간에 맞추기 위해서 바쁘게 숟가락질을 하며 밥을 밀어 넣기만 할 밖에. 그럴 때도 역시 입 안에 밥을 넣고 웃으며 고개를 끄덕여 주거나 "자알~했어!"로 끝내게 된다. 그렇게 요즘 나는 "잘했어!"의 뒤에 숨어서 직무유기를 하는 기분이었다.

1학년을 하면서는 자주 그런 느낌을 갖게 된다. 뭔가 사랑한다고 더 말해 줘야 할 것 같은데 시간은 허덕이지 목은 아프지 잘 챙겨야 할 정신까지 없다. 봐 줄 아이들이 많으니 한 시간 한 시간 무사히 보내기만을 바라는, 뭔가 '나'답지 않은 한 달을 보냈다. 아가들이 자신을 알아주기 바라고 칭찬해 주기를 바라는 것을 뻔히 알면서도 기대에 부응해 주지 못한다는 것은 괴로운 일이다. 그래서 도저히 안 되겠기에 오늘은 작정을 하고 쪽지로 사랑을 고백해야겠다고 생각했다.

교사의 일이 아닌 것 같은 학교 내 CCTV 보유대수 조사, 소방센터와의 합동소방훈련 계획 세우기, 아이들의 등하교길 안전을 책임진다는 안심알리미 신청 및 기기 배부하기와 같은 나의 올해 업무는 진짜 싫은데 이렇게 아이들에게 편지를 쓰거나 일기에 댓글을 달아 줄 때는 흔쾌하고, 기쁘며, 즐겁고, 행복해진다.

소연아, 언제나 차분하게 선생님의 말에 귀기울이고 잘 들어 줘서 고마워. 예쁘게 웃는 모습을 볼 때마다 선생님은 힘이 난단다. 친구들과도 잘 지내면서 무슨 일이든 꼼꼼하게 열심히 해 주니 선생님은 참 행복해. 사랑해.

태윤아, 항상 자기가 할 일을 잘 알고 열심히 해 줘서 고마워. 우리 태윤이가 가끔 와서 자기 이야기를 해 주고 가면 선생님도 기분이 좋더라. 급식시간에 밥과 반찬을 고루 먹도록 노력만 한다면 정말 멋진 태윤이가 될 것 같아. 앞으로도 잘 지내자. 사랑해.

스물여덟 명의 아이들을 생각하며 내가 좋아하는 어여쁜 연보라색 종이에 짧게나마 쪽지라도 쓰고 나니 마음이 좀 놓인다. 적어도 내일은 "잘했어!"에 기대지 않고 더 큰 마음을 담은 칭찬을 줄 수 있으니까. 내일 아침에 아가들이 오면 예쁘게 접어서 주머니에 넣어 줘야지. 녀석들이 주머니에서 빠뜨리나 말아야 할 텐데. 써 놓고도 괜히 걱정이다.

학부모님께 쪽지 건네기

나는 한 학기에 한 번 정도 생활기록부에 적을 수는 없으나 꼭 알려 드리고 싶은 내용을 담아 학부모님께 쪽지를 보낸다. 아이 각자에게 필요한 내용들을 적어 보내야 해서 꽤나 공이 들어가는 일이라 맨 밑에는 아주 작게 '학부모의 한 마디' 칸을 만들어 둔다. 이는 학부모님께 답장을 받으며 소통을 시도하고 나 또한 힘을 얻기 위해서인데 부담을 드리지 않기 위해 일부러 한두 문장만 적으시도록 작은 칸을 만들어 넣는데도 뒷장까지 답장을 적어 주시는 분이 많다.

그리고 대부분은 내가 쪽지를 통해 드리는 조언을 긍정적으로 받아들여 주시고 아이의 교육을 위해 학교와 더불어 힘써 주시겠다는 내용으로 답장이 온다. 덕분에 읽는 동안 참 행복해진다. 그러니 학부모님께 보내는 쪽지는 교사로서의 나를 북돋우기 위한 역할이 크다.

사실 모든 아이들은 장점이 없는 녀석들이 없다. 장점을 먼저 보고 고칠 점을 파악해 가정과 협력해 나간다면 모두 사랑스럽고 기특할 뿐이다. 나는 교사가 되기 전에도 아이를 좋아하지 않았고 지금도 그때와 다름없이 아이들을 그리 좋아하지 않는 사람이다. 그렇지만 항상 내 반 아이들만큼은 다르다. 그래서 우리 반 아이들은 안다. 담임 선생님이 자기들을 '내 새끼들'이라고 부르는 이유를. 그리고 '아드님, 따님'이라고 부르는 이유도.

김성주 학생 어머님께
매사에 성실하고 과제수행능력이 뛰어난 성주는 학업성취도가 매우 높으며 체육활동까지 잘해 내는 우리 반의 에이스입니다. 친구들 사이의 문제도 잘 조율해 내고 자신이 맡은 바를 완벽하게 해 내기에 선생님에게는 언제나 든든한 학생입니다. 특히 성주가 있어 우리 반의 체육활동이 더욱 재미있으며 열심히 뛰는 아이의 모습을 보다 보면 저 또한 신이 날 정도입니다. 우리 성주는 지금과 같이 착하고 성실하게만 성장해 주면 더할 나위가 없겠다는 생각이 듭니다. 앞으로 다가올 사춘기도 슬기롭게 보내는 성주가 되기를 바랍니다. 많이 칭찬해 주세요.

학부모의 한 마디 _____

박수연 학생 부모님께

언제나 독서를 즐기고 도서위원으로 즐겁게 활동하는 수연이. 책을 좋아하기에 때로는 수업 시작 시간을 잘 모르기도 했지만 지금은 스스로 시간을 잘 지키는 멋진 아이입니다. 특히 요즘에는 친구들과 어울리는 재미를 느껴 행복하고 즐거운 학교생활을 하고 있으며 다가오는 친구를 밀어내던 때와 사뭇 다른 교우관계 모습을 보여줍니다. 또한 생각이 깊고 성실한 기본 태도로 선생님의 신뢰를 받고 있기에 가정에서도 많이 칭찬해 주셨으면 합니다.

학부모의 한 마디 _____

이처럼 교사로서의 애정과 전문성을 바탕으로 아이의 고칠 점을 정확히 알아봐 주면 자녀를 지혜롭게 키우고자 노력하는 학부모님들은 참 고마워하신다. 알맹이 없는 칭찬만으로는 아이가 성장할 수 없음을 잘 알고 계시기 때문이다.

가슴이 두근두근, 교실로 걸려 온 전화

폭풍이 지나간 교실, 아이들을 하교시키고 내가 사랑하는 향기를 지닌 핸드워시를 쭉 짜서 몽글몽글한 거품을 낸다. 나름 성실하고 진지하게 손을 씻고는 자리에 앉는다. 교사는 아이들을 하교시킨 후가 더 바쁘니 일을 시작하기 전 마음의 준비가 필요하다.

'자아, 이제 수업 준비를 해 볼까?'

예쁜 향기가 나는 손을 코에 대고는 숨을 크게 들이마신 후 키보드에 가지런히 손을 얹는다.

뚜루루뚜루루. 하나도 안 반가운, 설레는 맛이라고는 하나도 없는 요란한 교실 전화벨 소리. 전화가 한 통 걸려 왔다. 일할 손도 자리를 잡았는데 이건 또 뭐람. 성의를 하나도 담지 않고 "5학년 4반입니다." 하니 전화기 너머로 굵직한 목소리가 들려온다.

"선생님, 안녕하세요."

광고 전화라고 생각하며 마음속으로 하아 한숨을 내쉬고는 "네에, 누구십니까?" 했다.

상대의 인사에 한껏 건조하게 대꾸했던 내가 "선생님, 저 조성현이에요. 기억하세요?"라는 반가운 말에 민망해지고 말았다.

알다마다. 너를 기억하다마다. 마음이 여리고 착한 아이, 통통하고 참으로 귀엽던 녀석이었지. 머릿속에 순식간에 열한 살, 4학년이던 아이의 모습이 그려진다.

"우리가 몇 년 전이었지?"

"7년 전이에요."

"지금은 몇 학년이니?"

"고3이에요. 선생님, 저 취업되었는데 생각나서 전화 드렸어요."

예의 그 굵직한 목소리가 마음을 울리고 곧이어 가슴이 두근두근 뛰기 시작한다. 너에게 내가 뭐라고 청년이 되어서도 잊지 않고 소식을 전해 오니? 눈물이 찔끔 난다.

이야기 중간에는 "선생님, 내일이 생신이시죠. 생신 축하드려요."라는 말도 잊지 않는다. 이 녀석. 내 생일을 잘못 알고 있구나. 학기 초부터 계속 생일을 가르쳐 달라는 아이들의 성화를 모른 척하고 겨울 방학 무렵에 지나가듯 말해 주었던 5월 3일을 5월 30일로 기억한 모양이다. 그래도 좋다. 생일 따위는 성현이 너의 말처럼 5월 30일로 옮겨 버릴 수도 있을 만큼 행복하니까.

4학년이었던 그 아이는 이제 고3이 되었다. 그동안 몇 번이고 나의 전화번호를 알아내려고 했는데 실패하고 교육청에 사정사정해서 내 교실번호를 겨우 받아 기쁜 마음에 전화를 걸었단다. 고마운 녀석. 기특한 녀석.

아이들은 알고 있는지 모르겠다. 매해 온 마음을 다해 가르쳤던 나를, 그리고 항상 부족했지만 노력하려 애쓴 나의 모습을. 아마 알고 있기에 이렇게 찾아 전화까지 해 준 것이겠지.

마음이 가득 차오른다. 여태껏 6학년 담임은 딱 두 번 해 본 것이 전부이고 5학년을 주로 맡아 왔다. 보통 선생님들도, 아이들도 초등 시절은 6학년일 때가 서로의 기억에 많이 남는다고들 하지만 나에게는 6학년 때 담임이 아니었음에도 연락해 오는 녀석들이 꽤 있다. 내가 잘해서라기보다는 서로 잘했기 때문일 터. 그렇게 정이 들기까지 그냥, 우리는 매년 마음을 다해 서로를 배려하고 사랑할 뿐이다. 그리고 오늘 전화를 해 준 성현이도 그 아이들 중 하나였다.

오늘은 한 주의 가운데인 수요일, 나는 책상에 앉아 수업지도안을 보고 있었으며 전화기는 늘 그 자리에 그대로 있었고 밖에는 보슬보슬 비가 내린다. 그리고 이제는 청년이 된 아이의 전화 한 통에 눈물이 날 것만 같은 내가 있다. 정말이지 모든 것이 딱 들어맞는 오후이다.

선생님은 아이들에게 연락이 오면 어떤 기분일까

요즘에는 선생님이 학기 초에 학생과 학부모에게 연락처를 가르쳐 주지 않는 한 개인정보보호 차원에서 교육청과 학교에서는 별도로 교사의 휴대전화 번호를 알려 주지 않습니다.

아이들이 6년의 학교생활을 하다 보면 그동안 전근을 가는 선생님이 생기고 시간이 지나서 저장해 둔 연락처를 지우기도 하니 꾸준히 연락을 하고 싶어도 마음뿐 쉽지 않을 때가 많습니다. 그리고 연락처를 안다고 해도 너무 오랜만이라 주저하기도 하고요.

그러나 선생님들은 아이들의 전화, 문자라면 언제나 반갑고 기쁜 사람들이랍니다. 몇 년이 지나 버려 어색하겠거니 하는 걱정은 하지 않아도 됩니다. 오랜 시간이 지난 제자들의 경우 이름만으로는 얼른 모든 기억을 되살릴 수 없는 경우도 있지만 기억을 더듬어 이야기를 나누다 보면 사랑스러웠던 그때의 모습이 도로 생생해지거든요.

이때 가정에서는 아이에게 기본적인 전화 매너를 가르쳐 주시는 것이 좋겠지요. 저는 아이들에게 가급적 저녁시간에는 연락을 하지 않는 것이 예의라고 지도합니다. 그 까닭은 시도 때도 없이 다음날의 숙제나 준비물을 묻는 일이 있고 어떤 아이들은 매번 확인을 받아야 안심하는 습관이 생기는 경우도 있기 때문입니다.

그러나 이미 졸업을 했거나 다음 학년으로 올려 보낸 아이들에게는 자유롭게 연락을 할 수 있다고 이야기해 줍니다. 녀석들은 숙제나 준비물을 묻지는 않으니까요. 하하.

어쨌거나 아이들은 언제 연락을 해도 반갑기만 합니다. 그러니 아이들에게 가르쳐 주세요. 한 해가 지나면 가볍게 문자 하나 정도 보내는 것은 어떠냐고 말이지요. 선생님들은 반갑게 답을 해 줄 테고 더러는 저처럼 눈물이 찔끔 날지도 모른답니다.

선생님처럼 좋은 선생님이 될래요,
제자가 보내 온 소식

학교에서도 집에서도 즐겁고 좋은 일이 많았지만 그로 인해 '너무'
라고밖에 말할 수 없을 정도로 바빴습니다. 좋지 않은 일이 한데 손을
잡고 몰려오는 것처럼 좋은 일도 그러한 모양이지요.

엊그제 여러 일들이 마무리되어 한가롭게 손을 들여다보니 엉망진
창입니다. 너덜너덜한 손거스러미를 정리하고 싶어서 오늘은 큰맘 먹
고 시간을 내어 집 앞 네일숍으로 향했습니다. 1년에 몇 번, 진짜 진짜
사치를 부리고 싶은 날이면 손톱에 색깔을 칠하고 싶어지니 신기하지
요. 그래서 가끔 그렇게 멋을 부리고 학교에 가면 아이들이 선생님 손
톱은 참 예쁘다고 말해 줍니다.

오늘도 아이들이 보여줄 반응을 기대하며 네일숍 의자에 앉았습니
다. 하아, 하고 한숨을 돌립니다. 정말이지 바쁘고 정신없던 시간들

이었으니까요. 케어를 받는 동안은 오롯이 내 시간이구나 하며 손을 맡깁니다. 그런데 옆에 둔 휴대전화가 자꾸 울립니다. 손을 움직일 수 없어 고개만 모로 돌려 화면을 슬쩍 봅니다. 어? 오래전에 가르친 제자입니다. 가슴이 두근두근하네요. 내맡긴 손을 얼른 거두고 싶습니다.

한 손이 끝났습니다. 얼른 휴대전화를 집어 듭니다. 두근두근, 내 강아지가 잊지 않고 연락을 준 것이 틀림없습니다. 한 손으로 더듬더듬 대화를 나눕니다.

"길에서 아영이 보면 선생님은 못 알아보겠다. 지금 몇 살이지?"

"스무 살이요. 선생님처럼 좋은 선생님이 되고 싶어서 교대 왔어요!"

"우와, 이런 기쁜 일이. 나에게도 드디어 교사가 되는 제자가 생겼구나. 영광이야."

"선생님 덕분이에요. 하하."

이런 행복한 일이. 세상에. 저에게도 이제 교사가 되는 제자가 생겼다네요. 그것도 저처럼 좋은 선생님이 되고 싶답니다.

별로 특별한 것 없이 녀석들에게 '선생先生(그냥 먼저 태어난 사람)' 노릇 한 건데 그래도 무엇인가 남았나 봅니다. 나에게서 배울 점이 하나라도 있다면 다행이다 싶은 교사 노릇인데 이렇게 고등학교에 입학하고, 대학에 가고, 취업이 되어 제자들이 잊지 않고 연락을 해 주면 막 여기저기 자랑을 하고 싶습니다.

작년 아이들도, 그 예전의 아이들도 소식을 전해 오는 것을 보면 나쁘지 않은 교사 노릇 중인가 보다고 위안을 삼곤 합니다. 기쁩니다. 아주 많이 행복합니다. 선선한 바람이 부는, 기분 좋은 저녁이네요.

여느 때와 다름없는 하루, 아이들은 점심시간이라고
자기들끼리 즐겁고 나는 나대로 책상에 앉아 일기 검사를 한다. 평범
한 일상을 담은 글 속에 내 마음을 철렁하게 만드는 문장 하나.

　나는 이번 달 말에 전학을 가야 된다. 친구들도 좋고 선생님도 좋은데
　정말 안 가고 싶다.

　우리 반의 예쁜 아이, 채민이가 전학을 간단다. 그 일기를 읽는 순간
눈물이 나려고 했지만 꾹 참았다. 아직 수업은 두 시간이나 더 남았으
니까. 가만히 채민이를 불러서 "양채민! 전학 가?" 그랬더니 눈물이 그
렁그렁해져서는 "아빠가, 일이 바빠지셔서…… 아빠가……." 더 이상
말을 잇지 못한다. 주책맞게 나도 눈물이 나려고 해서 일단 교재 연구

실로 따로 불렀는데 이건 뭐, 말도 제대로 못 하고 둘이 울기만 했다.

담임은 이게 싫다. 정들자 떠나는 녀석들이 있어서. 전에도 아빠 사업 때문에 어쩔 수 없이 서울로 전학을 가는 아이가 있었는데 둘이 손을 잡고 우느라 제대로 된 인사도 할 수 없었을 정도였다. 그러고 보니 그때 그 아이 광민이는 잘 지내려나? 선생님들이 5학년 내내 말썽쟁이에 덩치도 태산만 해서 위압감 느낀다고, 맨날 가만히 있는 친구들 건드리고 싸움질한다며 6학년 새 담임이 된 내 걱정을 하셨는데…… 광민이 녀석. 나랑 지낸 지 한 달 만에 교과담임 선생님들께 칭찬을 받기 시작해서 나를 기쁘게 했었다. 복도에서 의젓하게 인사를 잘 한다고, 눈빛이 선해졌다고, 대체 어떻게 지도한 거냐고.

"이광민, 선생님이 보기에 넌 원래부터 그런 아이가 아닌데." 하는 말만 해 주었을 뿐 달리 신경을 써준 것이 없었는데도 칭찬을 물어 와서 덕분에 참 많이 행복했는데.

오랜만에 학기 중에 전학 가는 아이가 생겼다. 둘이 손을 잡고 교재연구실에서 펑펑 울다가 "5학년 올라가면 가지……" 그랬더니 자기도 너무 그러고 싶어서 엄마, 아빠를 졸랐지만 겨우 허락받은 시간이 이달 말까지이고 그나마도 채민이가 사정사정해서 아빠만 먼저 가시고 남은 식구들은 몇 주 더 있다가 가기로 한 거란다. 즐겁게 일기 검사를 하다가 이게 무슨 일이람. 둘이 이제 그만 울기로 하고 콧물을 킁킁 푼 다음 교실로 들어갔다. 아무렇지 않은 척.

5교시 수업이 시작되었다. 채민이나 나나 눈이 빨갛지만 아이들은 무슨 이유냐고 묻지 못한다. 아무래도 같은 반 친구들이 미리 알아야 마음의 준비를 할 것 같아서 "채민이 전학간대." 하고 말을 꺼내는 순간 내 눈물이 펑 터져버린다. 뭔 청승인지 참말로. "너희 전학 가지 마라. 가려면 2월 말에 5학년 올라갈 때 가라." 하면서 눈물이 줄줄줄. 남자애들이고 여자애들이고 같이 침울해진 오후의 시작이라니.

담임이 이렇다. 교사는 이렇다. 죽을 둥 살 둥 서로의 감정 줄다리기가 너무나 어렵다 싶다가도 어느 새 들어버린 정에 이리도 힘들다. 깊이 든 정, 서로를 향한 마음, 엄격하고 틀에 박힌 학교생활 안에서도 진짜 사랑을 찾아낸 아이들과 나는 이렇게 헤어질 일이 두렵고 무섭다. 서른 명 가까운 아이들 중에서 겨우 한 명이 떠나는 아무것도 아닌 것 같은 일이지만 나는 예기치 않게 녀석들을 떠나보내는 것이 가슴 아프다. 누가 뭐라고 해도 1년 동안은 당연히 내 품에 있을 아이였으니까. 그렇게 서로 당연한 시간일 줄 알았으니까.

전학 보내는 날, 전학 절차는 어떻게 되나요

아이들과 함께 1년을 지내다 보면 전학을 보내거나 새로 전입해 오는 일이 생깁니다. 보통은 학교를 옮기는 아이들이 쉽게 적응할 수 있도록 학기 초와 말에 전학이 이루어집니다.

반에 새로운 학생이 전학을 오면 아이들은 호기심에 종일 흥분상태이고 때로는 옆 반 아이들까지 몰려와서 새로 온 친구를 내다보고 가기도 합니다. 반대로 함께 지내던 친구가 전학을 가면 편지를 써 주기도 하고 전화번호를 교환하며 눈물바다를 이루기도 하는데요. 이처럼 교사와 아이들의 평온하던 감정이 급변하는 큰 사건임에도 그 절차는 매우 간단하고 단순하기까지 합니다.

일단 이사를 하고 나서 새로운 동네의 주민센터에 방문하여 전입신고를 하면 해당 학군의 학교를 안내해 줍니다. 그것을 참고로 새로운 학교의 행정실에 들러 부모가 직접 전학 요청을 하면 됩니다. 여기까지가 바로 전학을 시키는 부모님께서 하셔야 할 일입니다.

그러면 행정실에서는 기존에 있던 반별 제적 수를 근거로 학생 수가 가장 적은 반에 전학 오는 아이를 배정하고 이를 학적 담당 교사에게 통보합니다. 연락을 받은 학적 담당 교사는 아이가 다니던 이전 학교로 서류 이관을 요청하고 그쪽에서 수락을 하게 되면 나이스(교육행정정보시스템)에서 자동으로 학생생활기록부 등을 포함한 학적 정보가 새 학교로 넘어오게 됩니다.

그전에 떠나는 학교에서 부모님이 해야 할 일은 이보다 더 간단해서 담임 교사에게 전학을 하겠다는 의사만 미리 밝히시면 별도의 절차 없이 아이들끼리 이별을 준비하는 정도로 마무리됩니다.

아프다. 자주 아프다. 몇 주 전부터 시작된 열감기는 코감기로, 몸살로, 무기력으로, 다시 목감기로……. 누가 봐도 아픈 사람처럼 근 한 달을 그렇게 하루하루 살아내고 있다. 10년 동안 고학년만 가르치다 보니 마음도 몸도 기운을 다한 모양이다. 아무래도 아이들이 느슨해지는 학기말이 되면 이런저런 일들이 많이 생기는데다가 학교를 옮길 준비를 하다 보니 결국 방전이 되고야 말았나 보다. 학교에 있는 동안 이렇게나 많이 아프고 오래 기력이 없던 적이 있었던가. 아이를 낳고 나서 하루에 서너 시간만 자며 커피 몇 잔으로 버티면서 수업을 해도 이럭저럭 살아졌는데…….

매일매일 친구들을 괴롭혀서 날마다 나와 상담한 아이 덕분에 하루하루가 살얼음판이었는데 어제는 교실에서 얼굴을 다치는 아이까지 생겼다. 연달아 터지는 일들로 인해 정신력으로 버티던 내 몸은 급기야 무너지고 말았다. 그렇게 무너진 정신은 몸에도 영향을 주어 근 스무 해 만에 참 많이 아프게 되었다. 무엇보다 내가 보고 있는 앞에서 아이가 얼굴을 다쳐 피를 뚝뚝 흘리던 모습이, 다른 녀석들이 놀랄까 봐 책상에 있던 내 수건으로 순식간에 지혈을 하던 순간이, 두 손으로는 다친 아이의 상처를 누르고 괜찮을 거라며 애써 웃어보이던 내 마음이, 녀석을 데리고 보건실까지 올라가던 그 계단들이, 어찌나 지혈을 세게 했던지 보건실에서는 이미 피가 멈춰 있던 상처가 고스란히 기억에 박혔다. 그렇게 나는 도저히 회복할 수 없을 것 같은 두려움을 안게 되었다. 내 교실인데, 우리의 공간인데…….

아픈 마음과 몸으로 겨우 하루하루를 버텼던 날들, 우리 반 아이들을 보내고 교실에 앉아서 이런저런 일들을 처리하고 있는데 졸업한 녀석들, 그러니까 중2 아들 셋이 찾아왔다. 컴퓨터를 들여다보고 있는데 누가 창문으로 빼꼼 내다본다. 나를 보며 이미 눈부터 웃고 있는 아들 셋. 아, 좋다. 하던 일을 멈추고 복도로 나간다. 설마 내가 힘든 것을 알고 왔으랴마는 이미 '내 생각대로 믿고 싶은 선생님'은 '이렇게 힘든 것을 이 녀석들이 어떻게 알았지?' 하면서 두근두근 반갑다.

오랜 병증으로 나오지도 않는 목소리를 큼큼 가다듬고 "아들, 오늘 무슨 날이야? 선생님을 보러와 주고." 했더니 다 큰 총각 목소리로 "선생님, 편찮으세요?" 이런다. 인사도 하기 전부터 내가 아픈 것부터 알아차려 주는 아이. 눈물이 나려고 한다.

'응응. 선생님은 많이 아프지. 연달아 터진 일들에.'

곧 터져 나올 듯 입 끝에 대롱대롱 매달린 말을 얼른 삼키고 웃으며 말했다.

"감기지 뭐. 사람이 너무 놀라고 그러면 몸이 아프더라야. 하하."

그런데 너희를 보니 왜 자꾸 눈물이 날까?

스산한 가을, 비가 올 것 같은 날이다. 나는 오늘 몇 번이고 울 것만 같았다. 미약한 정신과 몸은 마음을 요동하게 만들었지만 그럼에도 나는 아이들 앞에서 웃으며 허리를 딱 펴고 수업을 해냈다. '나는 괜찮아. 너희만 괜찮다면 나는 정말이지 괜찮아.' 하면서.

중2, 많이 큰 아이들. 몇 분의 만남 끝에 보내며 "자, 우리끼리 하는 인사 있지?" 하고 녀석들을 하나하나 안아주었다. 그 와중에도 자꾸 눈물이 나려고 해서 어서 가라 손을 흔들었다.

"선생님, 빨리 나으세요." 하는 녀석들의 말이 너무도 고마워서 교실에 들어와 기어이 울어 버렸지만 마음은 차오른다.

아이들 때문에 울고 아이들 덕분에 기쁘다. 아이들 때문에 가슴이 아프고 아이들 덕분에 가슴이 벅차오른다. 걱실걱실한 아들 셋의 방문 타이밍은 기가 막히게 절묘했고 나는 다시 아이들을 가르치고 보듬을 준비를 한다.

3월에 처음 만난 내 아이들은 무척 부정적이었고 타인을 배척하는 성향이 강했다. 가끔 이벤트처럼 하는 반 대항 운동경기에서 지면 그날은 불만이 가득한 표정으로 다른 반 아이들과 우리 반 친구들, 심판 탓을 하느라 이어지는 수업을 할 수 없을 정도였다. 사람인지라 모든 것에 긍정적일 수는 없다. 하물며 자신이 패한 경기에 너그러울 수는 없겠지만 그것이 1년 내내 되풀이된다면 아이들이 얻는 것은 없다. 나는 그럴 때 강하게 혼을 내기도 하고 편지를 써서 설득을 하기도 한다.

화내고 윽박지르면서 가르칠 수도 있었다. 하지만 6학년. 그것도 여섯 반 중에서 가장 성숙하다고 평가되는 우리 반 아이들에게는 결코 이롭지 못한 방법이기에 그해 여름 장문의 편지를 써 보았다.

아이들을 하교시키고 편지를 쓰는데 눈물이 주룩주룩 흘렀다. 이토록 사랑하는데 왜 교실에 부정적인 에너지가 흐르는 것일까? 나름 노력을 하고 다양한 방법을 사용하는데도 변화가 보이지 않으니 '이대로 2학기까지 보내고 서로 어긋난 채로 졸업을 시켜야만 하는 걸까?'라는 생각에 한편으로는 겁이 나면서 걱정이 태산과 같았다.

다행히 아이들은 내 편지를 받고 스스로 깨닫기 시작했다. 일기장에는 자기 태도를 반성하는 글과 친구들에 대한 미안함을 가득 담아 왔다. 시간이 좀 더 필요하긴 했지만 2학기에는 승부욕을 멋지게 발휘할 줄 알게 되었고 경기 중에 친구들을 배려하기도 하면서 꽤나 달라진 모습을 보여 주어 나를 보람 있게 했다.

세상의 어떤 직업이든 쉽지 않다는 생각을 한다. 하물며 사람을 키우는 교사들은 정말 쉽지 않은 노릇이다. 내가 교사로서 부족하다는 생각에 미칠 때면 교직을 천직으로 여기며 수많은 자기희생을 감내하는 선생님들이 우러러 보이기까지 한다. 어쨌거나 이 아이들을 만난 한 해 동안 나도 많은 생각을 해 보게 되었다. 아이들은 교사를 키우고, 교사는 아이들을 키운다. 우리는 서로, 그런 사이이다.

신체 및 건강증진 활동에 대한 이야기

학교에서는 다양한 체육활동을 합니다. 1, 2학년은 통합교과에 자연스럽게 녹아들어 있는 간단한 게임들이 주를 이루며, 3~6학년은 별도의 교과인 체육을 통해 기초체력 기르기부터 아이들이 가장 좋아하는 게임형 활동까지 다양하게 익힙니다.

아이들은 강당과 운동장 수업이 있는 날이면 아침부터 들뜬 기분으로 등교할 정도로 체육시간을 손꼽아 기다리는데요. 교사들도 아이들의 그런 마음을 알고 있기에 황사, 미세먼지, 폭염, 비와 눈 소식이 있는 날을 제외하고는 교육과정에 의거하여 최대한 시간을 확보해 주고자 노력합니다.

학교마다 특색이 있는 건강증진 활동을 하는 경우도 있는데 가볍게는 아침 건강 걷기와 줄넘기 급수제, 중간놀이 시간을 활용한 전통놀이 등을 진행하기도 합니다. 아침 건강 걷기는 학교 형편과 당일 날씨를 고려하여 아침 등교 시 운동장을 가볍게 몇 바퀴쯤 도는 정도로 하고 학교에 별도로 마련된 전통놀이장이 있다면 중간놀이 시간에 고리던지기, 투호, 비석치기 등을 자유롭게 즐기고 들어오는 곳도 있습니다.

일부 학교에서 실시하는 줄넘기 급수제는 급수증을 주는 곳도 있지만 학생들의 부담을 줄이기 위해 급수표만 제시할 뿐 연습은 학생 재량에 맡기는 학교도 있습니다. 지난 학교에서는 대부분 줄넘기 급수증을 수여했지만 올해 옮긴 학교에서는 따로 급수증을 주지 않고 학생이 자유롭게 실력을 측정하는 정도로 안내하고 있습니다.

줄넘기 급수의 기준에서 1, 2학년은 양발 모아 뛰기, 양발 번갈아 뛰기, 한 발 들고 뛰기 등이 포함되며 3학년부터는 뒤로 뛰기, 팔 엇걸어 풀며 뛰기, 이단 뛰기 등을 추가합니다.

1학년에 입학한 아이들의 절반 정도는 양발 모아 뛰기를 두세 개 정도 할 수 있는 수준이고 나머지 아이들은 손발과 눈의 협응이 잘 이루어지지 않아 하나 넘기도 어려워합니다. 그러니 너무 급하게 생각하지 마시고 일단 학교에 입학한 후 하나만 정확히 넘을 수 있도록 감을 잡을 때까지 부모님과 연습해 보는 것도 좋겠지요. 또한 저학년들은 달리기와 줄넘기 활동을 통해 자기들 중에 누가 운동을 잘 하는지 판단하곤 합니다.

3학년 이상의 아이들은 구기 종목에서 두각을 나타내면 운동을 잘하는 것으로 서로 인정해 주는 경향이 있습니다. 기본적으로 피구형 게임처럼 공을 잡고 던지며 피하는 종목이나 티볼, 야구형 게임처럼 잘 때리고 잘 받으며 잘 달려야 하는 종목, 축구형 게임과 같이 잘 차고 잘 달려야 하는 종목 중에서 골라 경기합니다.

학년 및 성별에 따라 선호하는 게임이 달라지는데 3, 4학년들은 주로 피구형 게임을, 5, 6학년 남자아이들은 야구형 게임과 축구형 게임을 좋아하는 양상을 보이며 여자아이들은 피구형, 축구형 게임을 선호하는 편입니다.

순발력, 지구력이 약한 아이들이라도 친구들과 함께 적극적으로 어울리고 규칙을 잘 지키며 팀원을 배려하는 모습을 보이면 언제든지 환영받을 수 있으니 교실에서도 이러한 부분을 특별히 지도하고 있으며 가정에서도 가르쳐 주시면 좋겠습니다.

한 아이를 공들여 키우기 위해,
학부모 상담주간

아이들을 보내고 오늘의 상담스케줄을 살핀다. 하루에 많게는 다섯 건, 적게는 한 건까지. 방과 후에 학부모님과 상담을 하고 나면 감정이입을 많이 하는 편이라 그런지 온몸의 기운이 빠져 바닥을 친다.

'그래도 오늘은 세 건이구나. 다행이다.'

내가 이렇게 상담을 성심성의껏 할 수밖에 없는 것은 단순히 교사의 직무여서가 아니라 아이를 키우는 부모가 굳건해야 아이들이 건강한 마음으로 학교생활을 잘 해내기 때문이다. 여러 육아서처럼 양육의 모든 것을 부모에게 전가하고 싶지는 않지만 아이들을 가르치다 보면 대부분의 문제가 가정에서 비롯되기에 학기 초에 부모님과 깊은 대화를 나누고 서로 소통하는 것이 필요하다.

학부모님들과 마음을 열고 상담을 하고 나면 그 다음부터는 교실에서 일어나는 일들에 대해 교사의 입장, 다른 친구들의 입장까지 폭넓게 받아들여 주신다. 그렇게 올해도 우리 반의 무탈한 한 해를 위해 상담을 한다.

매년 상담을 하다 보면 눈물을 떨구시는 어머님들이 몇 분 계신다.

"어머님. 많이 힘드시지요."

이 한마디면 어머님들의 눈에서 눈물이 주르륵 흐른다.

모든 것이 완벽해 보여서 참으로 탐나는 아이의 엄마도, 가진 능력은 많지만 둥글게 다듬어 줘야 할 아이의 엄마도, 무난하게 학교생활을 하는 듯 보이는 아이의 엄마도 "어머님, 제가 올 한 해 동안 놓지 않을게요."라는 말 한마디에 희망을 가지신다.

여자로서의 삶 그리고 엄마로서의 삶은 고단하다. 겉으로는 늘 강하고 멋진 엄마도 항상 그런 모습일 수만은 없으니 이야기를 들어줄 사람이 필요하다. 내 아이의 담임, 나보다 몇 살은 어린 선생님일지라도 아이를 두고 함께 이야기하며 다독이면서 위로받는다. 우린 여자니까. 그리고 엄마니까.

주환이 어머니 이야기

'가정에서 포기하지 않는다'는 전제 조건이 충족된다면 내가 놓아버릴 아이란 없다고 여긴다. 그동안 폭력적인 아이라고 과대해석된 채로 5학년이 되어 버린 주환이는 오히려 무서웠을 것이다. 스스로 그런 존재가 되기를 원치 않았지만 이미지가 정형화된 채로 개선의 기회도 없이 열두 살까지 버텼다. 아이가 우리 반이 되었다는 소식에 주변의 많은 선생님들이 내게 위로를 건넸던 기억이 생생하다.

"걔 맨날 친구들을 툭툭 건드리고 다니잖아요. 키도 덩치도 큰 아이가 그러니까 다른 아이들이 톡 나가 떨어져요. 상대방 학부모들이 줄을 지어 민원전화를 하는 통에 그 반 담임이 힘들어 하던데요."

"4학년 때 선생님도 엄청 고생하셨어요. 달래도 보고 혼내도 보고…… 그런데 이대로 5학년에 올라가네요. 선생님 1년간 고생하시겠어요."

그리고 새 학기 시작과 동시에 다른 아이들의 부모님들께도 전화가 오기 시작했다.

"선생님, 주환이랑 저희 민수가 짝꿍이라는데 걱정이 되네요. 다른 엄마들도 1년간 어떻게 같은 반으로 지낼 거냐고 겁을 주더라고요."

"어머님, 아직 일주일밖에 지나지 않았는걸요. 짝꿍을 때리지도 않았고 괴롭히지도 않았습니다. 불안한 마음은 알겠지만 제가 최대한 잘 살피고 가르칠게요. 두 달만 저와 주환이에게 기회를 주세요. 참, 그리고 민수가 주환이랑 짝꿍이 돼서 힘들다고 하던가요?"

"아니오. 아직 그런 말은 없었고 자기는 막상 같이 앉아 보니 괜찮다던데……."

"어머님, 그럼 저희에게 기회를 주세요. 부탁드립니다."

새 학기가 시작되자마자 폭력적이라는 소문의 중심에 서 있던 주환이. 그런 주환이의 엄마가 상담을 오셨다. 아이의 어머니께 말씀드렸다.

"어머님, 그동안 얼마나 힘이 드셨어요. 아마 주환이도 많이 힘들었을 거예요. 제가 보기에는 지금이 주환이가 저랑 노력해서 이미지를 개선할 수 있는 적기인 것 같아요. 가만히 보니 툭툭 건드리는 것도 폭력이라기보다는 크게 의식하지 못하고 하는 행동이고, 혼자 행동하는 것이 싫어서 꼭 친구와 같이 다니려고 하는 모습 때문에 친구들이 무서워했던 모양이에요. 아이는 지금 자기를 잡아 주고 변화시켜 줄 사람을 원하고 있어요. 그러니 저는 놓지 않습니다. 걱정 마세요."

가만히 듣고 계시던 주환이 어머니는 소리 내어 울었다.

우리는 1년간 이미지 쇄신을 위해 힘썼다. 학부모님도, 나도, 아이도. 1년이 지나 주환이를 6학년에 올려 보낼 때는 누구도 전과 같은 아이라 생각할 수 없을 정도로 차분하고 의젓해져서 나의 자랑이자 보람이 되어 주었다.

그리고 그 아이가 3년 뒤 중2가 되어 나를 찾아왔다.

"선생님, 저 이번에 전교회장선거에 나갔었어요."

보기 좋게 떨어졌다며 부끄러운 듯 웃으며 말하는 주환이. 얼마나 대단한가. 얼마나 자랑스러운 일인가. 비록 전교회장이 되지는 못했어도 나는 녀석이 무척 대견하다.

소라의 부모님 이야기

학부모 상담을 하면 대부분 어머님만 오시는 경우가 많다. 그런데 오늘 오신 소라네는 두 분이 모두 오셨다. 학교생활을 전반적으로 무난하게 해내는 아이라 가볍게 이런저런 이야기를 하던 중에 올해는 학생 수가 많아서 아이들에게 애정 표현을 덜해 주는 것 같아 미안하다고 했더니 아버님께서 그러신다.

"학생 수가 많으니 친구 많아서 좋네요. 선생님께서는 힘드시겠지만요."라고 하신다.

'아! 아이들에게는 학생 수가 많은 것이 나쁘지만은 않겠구나.'

늘 아이들이 한눈에 들어오지 않아 미안했는데 아버님의 말씀을 들으니 깨달음이 온다. 이렇게 교사도 학부모님에게 배우며 마음의 위안을 얻는다.

교사는 때로 '아이의 교사' 역할에 그치지 않고 '부모님의 교사'이기까지 할 때가 있다. 우리 반 아이들의 부모님께 교육이 줄 수 있는 건강한 희망을 드리고 싶다. 아무나 하는 김 선생, 이 선생, 유 선생 말고 우리 아이들에게는 진짜 스승이 되겠다는 다짐을 한다.

학부모 상담에 임하기 전 어떤 준비를 하면 좋을까요

3월에 있는 교육과정설명회(학부모총회)에 이어 개별적으로 내 아이를 놓고 이야기를 하게 되는 상담주간이면 학부모님들께서도 무척 긴장되시리라 생각합니다. 학교에서는 어떻게 생활하고 있을지, 잘못한 것이라도 있어서 선생님께 좋지 않은 말이라도 듣지는 않을까 미리부터 마음이 답답하기도 하실 텐데요.

1년에 두 번 정도 있는 상담주간은 미리 안내장 등을 통해 교사와 학부모가 스케줄을 맞춰서 진행하게 됩니다. 이때 학교방문 상담과 이메일 상담, 전화 상담 등 다양한 방법을 선택할 수 있게 하는 학교가 많습니다. 어려우시더라도 가급적 1년에 한 번은 학교방문 상담을 해 주시고 나머지 한 번은 편한 방법으로 하는 것이 내 아이를 놓고 담임 교사와 부모 사이에서 오해가 없는 1년을 보낼 수 있으리라 생각합니다. 다만 이 부분도 담임 교사에 따라 다르게 생각할 수 있으니 학기 초나 상담주간 전에 관련 안내문이 나온다면 잘 읽어 보시고 담임의 성향, 부모님의 필요에 맞추어 신청하시는 것이 좋습니다.

일단 입학을 해서 첫 상담이라면 내 아이의 이야기를 들려줄 준비를 하고 상담에 임하는 것이 좋답니다. 학교에 이미 적응을 해서 어느 정도 행동 특성이 금방 나타나는 재학생들과는 달리 1학년들은 꽤 오래도록 자신을 숨기고 모범적인 모습만을 보여 주려 애쓰기 때문입니다. 그렇기에 적응 기간이라 할 수 있는 한 달 안에 완벽하게 파악하기 힘든 담임 교사가 먼저 아이의 특성에 대해 물어올 수도 있으니 집에서 보여 주는 말과 행동, 성격과 기질 등에 대해 간단히 설명할 준비를 해 가시면 좋습니다.

그리고 모든 학년에 적용되는 부분으로 두어 가지 질문을 준비해 가시는 것도 좋겠습니다. 보통은 교우관계에 대해 가장 많이 물어보시고 다음으로는 학업성취도나 식습관 등 학교에서의 생활태도를 물어보시는 경우가 많습니다. 내 아이가 어떤 친구랑 자주 다툰다는 이야기를 하는데 이것이 우려할 만한 수준인지 아니면 선생님이 보시기에 교실에서 흔히 일어나는 일인지를 물어보는 것도 좋고, 집에서는 친구에 관한 이야기를 하지 않는데 학교에서는 어떤 아이들과 어울리는지도 물어볼 수 있겠지요.

그 외에도 급식시간에 편식은 하지 않는지, 수업시간에는 선생님 말씀에 귀를 기울이는지, 부족한 과목을 끌어올리려면 어떻게 하는 것이 좋은지 등을 물어보셔도 좋겠다는 생각이 듭니다. 공교육에 몸담고 있는 교사들이라 할지라도 자기 자녀를 키우면서 사교육과 각종 체험활동에까지 관심을 두고 정보를 수집하는 경우가 많기 때문에 기대하지 않은 유용한 정보를 얻으실 수 있을지 모릅니다.

일부 학부모님은 상담 중 자녀에 관한 이야기를 들을 때 자녀의 잘못을 방어하기에 급급하거나 단점에 관해서는 듣고 싶지 않아 하시는데요. 자기방어 대신에 "선생님, 저희 아이가 올 한 해 고쳐야 할 점이 있으면 말씀해 주세요. 집에서도 적극적으로 협조하겠습니다."라고 상담의 마지막 질문을 던진다면 교사에게 열린 마인드를 지닌 부모라는 이미지를 심어 줄 수 있습니다.

반면에 "저희 아이는 안 그러는데요. 집에서는 전혀 그렇지 않아요. 다른 친구 때문에 이렇게 된 것 같아요."라고 말하기 시작한 순간 담임 교사는 개선의 의욕을 잃게 됩니다. 그리고 아예 '조언을 듣지 않는 학부모'로 생각해서 교실에서 아주 큰 문제가 발생하기 전에는 가정에 통보하지 않기도 합니다. 그러면 장기적으로 봤을 때 내 아이의 성장 기회를 1년이나 놓치는 것이 되기 때문에 엄청난 손해가 아닐 수 없겠지요.

초등 6년에서 중요하지 않은 학년은 없습니다. 저학년은 아직 말랑

말랑해서 개선의 여지가 많고, 고학년은 사춘기라는 심리적 특성상 일이 커질 수 있기 때문에 부모님께서 6년 내내 마음을 열고 상담에 임해 주시면 좋습니다.

안 보고 안 들어야 되는데 말이다. 스승의 날 즈음의 읽고 나면 슬퍼지는 인터넷 기사와 댓글들을. 나는 스승의 날에 대해서 할 말이 참 많은 사람이다. 왜냐하면 개나 소나 다 하는 유 선생이 되고 싶은 사람이 아니기 때문이다. 그래서 나름 애써 가르치고 있지만 진짜배기 '스승'이 되려면 한참 멀었다고 생각하는 13년차 교사이다.

교직이 지닌 장점은 남들이 '꿀을 빤다'고 말하는 방학도, 철밥통이라 불리는 정년도 아니다. 그저 아이들을 가르치고 그 안에서 에너지를 얻을 수 있으며 녀석들의 성장을 격려할 수 있다는 것이다. 교사를 지치게 하는 각종 행정 업무와 언론의 질타 속에서도 내가 굳건히 교사 노릇을 할 수 있는 것은 아이들과 함께하는 수업시간과 여러 가지 활동들에서 얻는 힘 덕분이다. 녀석들이 지닌 특유의 밝은 에너지는 교사인 나를 살게 하는 원동력이며 아이들에게 좋은 말을 전해 들은 학부모들의 진심어린 응원은 초등교육 전문가로서의 나를 더욱 떳떳하게 만든다.

아이들이 주는 에너지, 아이들의 눈빛, '선생님 사랑해요~'라고 일기장에 써 주는 짧은 글. 바로 그런 것들이 가슴이 벅차도록 고맙고 사랑스러운 교직의 보람인 것이다.

"하이고, 이 선생 봐라. 무슨 교육학 책에 나오는 소리만 해. 세상천지에 너만 참교사냐." 할 수도 있겠지만 선생님의 마음을 헤아려 감사를 표현할 줄 아는 아이들을 가르친다는 것을 보람이 아니라 달리 무슨 말로 표현할 수 있을지는 모르겠다. 어쨌거나 세상의 부정과는 달리 우리끼리 보내는 스승의 날은 평화롭고 행복하며 즐겁다.

예전 제자들에게서 문자가 아침부터 이어지고 전화기가 제 역할을 하느라 바쁜 날, 지금 가르치고 있는 녀석들은 한껏 들떠서 오늘만큼은 선생님 말씀을 잘 들으리라 다짐하는 날.

"선생님, 저 건호예요. 이따 오후에 찾아 뵐게요. 시간 괜찮으세요?"

전화 너머로 의젓한 목소리가 들려온다. 잠깐잠깐. 네가 4년 전 5학년이었으니까 지금은 중2겠구나. 동그란 안경 너머로 들여다보이는 눈이 영민하게 빛나던 아이는 그 눈빛만큼이나 성실하고 영리했다.

타고난 머리가 좋은 것도 있었지만 그보다 바른 생활태도가 돋보였고 그런 아이에게 나는 영재교육원을 권했었다. 어머님께서는 그런 것은 정말 영재인 아이들이 받는 것이 아니냐며 뒷바라지할 자신이 없다고 주저하셨다. 나는 그런 어머님과 아이를 격려했다. 아이들마다 맞는 교육방식이 있는데 이 녀석은 사교육보다는 여행과 독서를 통한 교육으로 자란 녀석이었다. 그렇기에 만들어진 영재가 아니라 앞으로 충분히 두각을 나타낼 영재라 자신했다. 상담 내내 어머님께서는 자신의 교육관이 옳은지 많이 흔들리고 있었고 나는 그런 어머님을 지지해 드렸다.

"많은 사람들이 어머님처럼 키우고 싶어 하지만 현실적으로 어렵기도 하고 본인 스스로가 주변의 수많은 말들에 흔들리지 않을 수 없기 때문에 포기하는 것일 뿐이랍니다. 어머님, 정말 잘하고 계세요. 제가 알아 드릴게요." 했다. 그런 내 앞에서 어머님은 울고 또 우셨다.

그렇게 자란 건호는 4년이 지난 지금도 나를 찾아온다. 그리고 어머님께서는 가끔 문자로 소식을 전하신다. 내가 아이와 어머님을 잊지 못한 것처럼 이 둘도 나를 잊지 않은 모양이다. 녀석은 IT영재교육원에서 두각을 나타내어 정보올림피아드에 출전하는 등 자신의 진로를 열심히 개척하고 있다.

교사의 말을 믿고 따라 준 나의 학생과 학부모님에게 참 고마운 일이다. 이렇게 올해의 스승의 날도 행복하다. 눈 감고 귀를 닫으면 나와 아이들은 언제나 행복하다. 교실 안에서 복닥복닥. 우리는 그렇게 지낸다.

스승의 날, 정말 아무것도 보내지 않아도 될까요

정답부터 말씀드리자면 '정말 아무것도 보내지 않아도' 됩니다. 최근 김영란 법이 시행되면서 스승의 날 교실 속 모습이 달라졌습니다.

"선생님, 그냥 노래 불러드리고 저희가 먹을 거라도 케이크는 안 되는 거죠? 제가 직접 만든 쿠키는요?" 하며 자꾸 물어옵니다. 물론 대답은 "아무것도 안 돼!"로 정해졌고요. 그럼에도 불구하고 어떤 아이는 제 용돈으로 샀다고 일기 검사 잘해 줘서 고맙다며, 일부러 선생님이 좋아하는 보라색으로 골랐으니 앞으로도 댓글을 잘 써 달라는 말을 덧붙이며 볼펜 한 자루를 건넵니다. 마음만으로도 충분하다고 다독이며 돌려보내는데 아이의 얼굴에 실망한 표정이 가득합니다. 알지요. 그 마음을. 이렇게 아이들에게 미안한 마음이 들지언정 아무것도 오고가지 않는 요즘이 차라리 교사도, 학부모도 편한 것은 사실입니다.

그래도 스승의 날인데 큰 죄지은 마냥 빈손은 교사로서 조금은 서글프기도 합니다. 그래서 저는 스승의 날 1교시에 기어이 담임 선생님에게 감사편지를 쓰라며 편지지를 나누어 주고 편지를 받아내서는 몇 날 며칠을 읽어 보며 흐뭇해하는 웃기는 교사입니다.

그러니 혹여 교사에게 힘을 주고 싶은 학부모님이라면 아이에게 카드 한 장 써 보라고 권해 주시면 어떨까요? 거창하고 예쁜 카드 말고 아이들이 고른 깨끗한 엽서 한 장에 고마움을 담아 몇 문장만 써 준다면 선생님들도 부담이 없고 마음도 표현할 수 있는 좋은 아이템이 된답니다. 그도 저도 아니라면 아이들이 보내는 가벼운 문자 하나로도 고마운 마음을 전달받기에 충분하답니다.

아이들을 보낸 교실이 고요하다. 요즘 나는 찰리 푸스charlie puth의 음악에 빠져 있다. 오늘의 오후 일과에는 음악이 반드시 필요하다. 책상 앞에 차분히 앉아 저장해 둔 파일을 여니 '학부모님께 드리는 편지'라는 제목이 먼저 들어온다.

나는 올해도 어김없이 매달 한 번씩 학부모님께 편지를 보낸다. 단순히 말하면 A4 용지 2~4페이지 정도로 한 달의 소식을 전하고 다음 달의 행사를 안내하며 한 달 동안 아이들과 지내며 느낀 점, 자녀교육 관련 정보 등을 알려드리는 것이다. 하지만 그뿐만 아니라 아이들과 함께하는 일상에서 느끼는 나의 생각과 감정을 함께 담아 보내 학부모님과의 소통을 시도하는 일이기도 하다.

아이를 학교에 보낸 부모님들은 대체적으로 교사를 신뢰하지만 때로는 아이의 변화에 당황하며 흔들리는 모습을 보인다. 그러니 담임은 나름의 방법을 활용해 '그렇게까지 친절할 필요가 있어?' 하는 생각이 들 정도로 학교생활을 자세하게 설명해 주는 기회를 마련할 필요가 있다.

예전에는 감정에 호소하는 듯한 '학교 엄마'라는 말이 참 싫었다. 나는 보육을 하는 사람이 아니라 교육을 하는 '교사'라고 생각했고 지금도 기본적으로는 초등교육의 전문가라는 직업관을 갖고 있으니까. 게다가 고학년을 주로 하다 보면 선생님이 엄마일 필요가 없다. 녀석들에게 선생님은 언제나 자신을 믿어 주고 격려해 주는 든든하고 믿음직한 어른이면 되는 것이니까.

하지만 올해 저학년을 해 보니 녀석들을 가르칠 때는 좀 달라져야한다는 생각을 하게 되었다. 토한 것을 치워 줘야 하고 쉬한 옷도 갈아입혀 주어야 하며 가끔은 생선 가시도 발라 주어야 하니까 '학교 엄마'가 아니면 무엇이랴 싶기도 하다. 그래서 요즘은 아예 '교사면 어떻고 학교 엄마면 어떠랴. 그냥 우리끼리 사랑하면 되는 것을.' 하고 내 직업관의 경계를 넓혀 버렸다.

어쨌거나 학교 엄마와 진짜 엄마 사이에는 소통이 필요하다. 그렇지 않으면 아이를 가운데 두고 중요한 목적을 잃고 애매하게 불편한 사이가 될 수 있으니까. 아, 'One Call Away' 내가 좋아하는 곡이다. 본격적으로 편지를 쓸 시간이다. 이번 달에는 우리 반의 어떤 이야기를 들려드릴까?

학교 교육에서 가장 바람직한 모습은 아이와 교사가 서로 신뢰하는 가운데 학부모가 더불어 믿어 주는 방향으로 교육이 이루어지는 것이라 생각합니다. 결국 교사는 학급의 아이들에게 최선을 다하는 모습을 보여야 하고 그것을 아이들이 가정으로 전달하면서 자연스럽게 학부모가 알 수 있도록 하는 것이 기본이겠지요. 그것만으로 충분하다면 제가 보내는 학부모편지 같은 것은 하나의 형식일 뿐 그리 중요한 것이 아니라 생각합니다.

그럼에도 불구하고 제가 매달 학부모님께 편지를 보내는 까닭은 학급에서 일어나는 일과 아이들의 분위기, 교사의 감정을 전달하면서 교사의 교육관을 좀 더 믿어 주십사 하는 저의 욕심 때문이랍니다. 아이들을 이해하려 노력하다 보면 자연스럽게 가정과 학교의 소통이 필요할 때가 있고 이때 학교생활에 대해 담임 교사가 평소에 다양한 방법으로 알려 주고 있다면 생활지도 등에서 협조를 구하기가 쉬워집니다.

모든 교사가 소통의 방법을 이렇게 정할 필요도 없고 제가 하는 방법이 정답이 아니기에 다른 분들의 방식들도 소개해드리고자 합니다.

최근에는 밴드, 클래스팅과 같은 앱을 통해 소통을 시도하는 교사들도 있고 학교 홈페이지에 알림장, 사진을 올리는 방법을 활용하는 분들도 있는데요. 이런 것들은 교사의 성향에 따라 좌우되는 것이라 모든 교사가 같은 방법을 취할 수는 없습니다.

저희 학교에서는 올해 초, 학급별 밴드를 운영하면 어떻겠느냐는 의견이 있었지만 선생님들마다 원하는 방식이 달라서 통일하지는 않기로 결정했습니다. 당시 저의 입장 또한 이미 매달 학부모님께 편지를 보내고 있고 안심알리미 안내로 학급에서 필요한 것들을 전달하고 있는데 나에게 익숙하지도 않은 밴드를 꼭 운영해야 하느냐는 쪽이었거든요. 어떤 교사는 학급 사진을 많이 찍어 올리는 방법을 선호하고, 저 같은 교사는 글로 소통하는 방법을 선호하기에 이런 것들은 통일할 수 없거니와 받아들이는 학부모님들께서도 교사마다 다를 수 있는 부분이라고 이해해 주시기를 부탁드립니다.

저도 때로는 잦은 안내가 학부모님들을 불편하게 할까 걱정이 되는지라 방법과 형식, 횟수에 대해 늘 고민하고 있답니다. 또한 초등학교에서는 가정에 연락이 가지 않는 것이 내 아이가 잘 다니고 있는 것이라 믿어 주시면 되고, 교사들도 교실에서 큰일이 있거나 앞으로 우려되는 사항이 아니라면 담임 선에서 생활지도 등을 하는 것으로 마무리한답니다.

학부모님께 드리는 편지

많은 선생님들만큼이나 학부모님과 소통하는 방법은 참 다양합니다. 어떤 분은 학교 홈페이지에 알림장과 사진을 올리는 것이 편하다고 여기고, 또 다른 분은 밴드, 클래스팅과 같은 앱을 활용하는 것이 효율적이라고 생각합니다. 학부모님과 소통하는 목적은 오로지 '우리 반 아이들의 성장'을 위함이기 때문에 교사는 지속가능한 방법을 찾아 꾸준히 활용하게 됩니다.

저는 이러한 소통의 수단으로 단체 문자와 편지를 활용하는 편입니다. 특히 교사의 생각을 자세하게 전달할 수 있는 장점이 있는 편지는 매달 마지막 날에 발송하며 그 달의 행사와 교실에서 있었던 일, 다음 달의 행사와 여러 생각들을 담아 자녀의 학교생활을 이해하는 데 도움이 되도록 합니다.

6학년 1반 학부모님께

1. 들어가는 말

초겨울 바람에 몸은 움츠러들지만 들뜬 기분으로 맞이하는 12월입니다. 잘 지내셨는지요? 같은 겨울이지만 12월은 1, 2월과는 다르게 겨울 방학을 시작하고 크리스마스도 있고……. 이런 것들에 아이들의 마음이 설레는 듯합니다. 물론 녀석들에게는 다소 부담이 되는 학기말 성취도평가도 있지요. 하하.

요즘은 수업 외 각종 업무를 하며 바쁜 와중에도 우리 반 예쁜 녀석들과 함께할 날이 이제 한 달 정도밖에 남지 않았다는 것에 몹시도 서운하다는 생각이 듭니다. 학부모님들께서도 담임 교사의 편지를 기다려 주셨기를 바라며 12월의 글을 시작합니다.

2. 11월에 있었던 일

- 4일에 학예발표회가 강당에서 있었습니다. 전체 학생들이 모두 한 번 이상 무대에 오르는 경험을 했고 준비하는 과정 속에서 인내를 배웠으며 부모님들의 박수 덕분에 스스로를 자랑스럽게 생각하는 계기가 되었습니다.
- 15일에 역사학습이 있었습니다. 외부강사를 초청하여 우리나라 독립에 관한 이야기를 들어보았습니다.

3. 12~2월에 있을 일

- 6일 중간놀이 시간에 소방훈련이 있습니다. 1년에 4회 이상 의무적으로 하게 되어 있으며 아마 마지막 훈련이 되지 않을까 싶습니다.
- 16일에 학기말 성취도평가를 실시합니다. 5교시까지 시험을 치르고 6교시 없이 하교합니다. 6학년의 마지막 시험에 대비하여 열심히 공부하고

있는 우리 반 아이들에게 박수를 보냅니다. 유종의 미를 거둘 수 있도록 가정에서도 관심 있게 지켜봐 주시기 바라며 학교에서도 더욱 신경써 지도하도록 하겠습니다.

• 30일은 겨울 방학식을 하는 날입니다. 4교시 실시 후 급식을 먹고 하교합니다. 2학기 내내 여러 활동을 하느라 열심히 노력하고 고생한 만큼 중학교에 올라가기 전 마지막 방학을 여유롭게 즐겼으면 하는 바람입니다. 어느 정도의 선행학습도 중요하지만 실질적으로 독서를 마음놓고 할 수 있는 몇 번 남지 않은 방학이므로 독서환경 조성에 힘써 주시기 부탁드립니다.

개인적인 의견이지만 학교에서 12년 째 근무하다 보니 결국은 독서력이 강한 친구가 다방면으로 우수한 경우가 많다는 점을 알게 되었습니다(물론 독서가 정답은 아니지만요). 잘 아시다시피 중학교에 입학하면 독서할 시간이 지금보다는 많이 부족하게 됩니다.

고등학교 3학년 때 정말로 책이 읽고 싶은데 도저히 시간이 나지 않아 기숙사에서 밤을 새워 책을 읽었습니다. 그러고 난 다음날과 그 이튿날까지 후유증 때문에 골골댔던 슬픈 기억이 나네요. 어른이 된 지금도 활자를 좋아하는지라 한 달에 4~5권 정도의 책을 읽고 있지만(아이 낳고는 책 읽는 시간이 너무나도 부족합니다. 흑.) 책읽기가 가장 즐거웠던 때는 초등학교 시기였던 것 같습니다. 우리 반 아이들도 그런 즐거움을 느끼는 겨울 방학을 보냈으면 합니다.

• 2월 2일은 중학교 배정 발표일이며 시교육청 홈페이지에서 오전 10시부터 확인하실 수 있습니다.
• 2월 8일은 중학교 예비소집이 있습니다. 방학 중이지만 교실로 와서 교사와 함께 중학교를 방문합니다. 자세한 사항은 추후 안내해드리겠습니다.
• 2월 13일은 개학날이며 2월 17일에는 졸업식을 합니다. 어떻게 하면 녀석들

을 울지 않고 떠나보낼 수 있을지 벌써부터 걱정이 됩니다.

- 법정 수업시수 및 본교 교육과정에 의거하여 다음과 같이 단축수업을 실시하오니 오후 시간을 활용하는 데 참고하시기 바랍니다.
  - 12월 16일, 12월 26일 : 5교시(13시 50분 하교)
  - 12월 27일, 12월 28일, 12월 29일 : 4교시(급식 후 13시 10분 하교)
  - 2월 14일, 2월 15일, 2월 16일 : 4교시(급식 후 13시 10분 하교)

4. 맺는말

어느 새 한 해가 마무리되는 12월이 되었습니다. 1년간 무탈하게 지낼 수 있도록 마음으로, 행동으로 도와주신 6학년 1반 학부모님들께 진심으로 감사드립니다. 아이들과 좋은 기억만 남길 수 있게 저 또한 마지막까지 노력하는 모습을 보여드리겠습니다. 전에도 말씀드렸다시피 제가 무슨 복이 이리 많아 점잖으신 학부모님들을 만나게 되었는지 감사할 따름입니다. 날씨가 추워집니다. 건강에 유의하시고 행복한 날들 보내시기 바랍니다.

2016년 11월 30일 이렇게 또 한 해가 가는구나 싶은,
담임 교사 유진영 올림

1학년은 아직 자기주도 학습이 어려울 수밖에 없는 나이이고 준비물이나 숙제를 스스로 챙기기도 '당연히' 힘들다. 그런 아이에게 스스로 해 보라며 재촉하거나 그냥 놔두는 것은 부모로서 직무유기이자 방임이라 생각한다.

그런데 우리 반에는 늘 준비물을 갖고 오지 않는 아이가 있다. 가정 형편이 어렵거나 부모에게 지적인 문제가 있다면 교사가 얼마든지 도와주고 아이들 모르게 준비해 줄 수 있는데 이 아이의 부모는 너무나 정상적인 사람들이다.

오늘은 집에서 가져온 간식을 젓가락으로 먹으며 쇠젓가락질 연습을 하는 날이다. 준비물이 없으면 아이가 위축될 수 있는 활동이기에 알림장, 학교 홈페이지, 안심알리미 메신저까지 총동원해서 안내했었다. 그래도 그 아이는 여전히 빈손이다. 부랴부랴 다른 아이들의 간식을 조금씩 얻어 아이의 앞에 놓아주었다. 친구에게 나누어 주고 싶다고 "제 것도요!" 하며 기꺼이 내어놓는 아이들과 무언가 덥석 받기 민망한 표정의 아이. 여덟 살, 어린 녀석의 민망함은 어디서 기인한 것인가. 속상하다. 많이.

이 학부모는 사실 스승의 날에 나에게 전화를 해서 아이가 맞고 다니는 것 같다며 전화기 너머로 악을 쓴 부모이다. 자기 아이가 맞을 동안 선생님은 대체 무얼 했느냐고 소리를 지르기에 "어머님, 자초지종을 아이에게 먼저 물어보셨어요? 3일 전의 일이었고 교실에서 흔히 일어나는 정도의 다툼이었습니다. 다친 아이도 없었고 제가 전후 사정을 다 알았기 때문에 혼낼 부분은 혼을 내고 사과할 부분은 사과하게 했습니다. 어머님의 말씀을 듣고 있자니 제가 교사로서 직무유기를 한 것같이 들리네요. 게다가 아이들은 심각한 학교폭력을 일으킨 것같고요." 하고 차분하게 말을 했다.

정작 그 아이 또한 평소에는 다른 아이들에게 꽤나 위협적으로 대응하고 말도 곱게 하지 않는데 부모는 그저 집에서 본 모습만으로 너무 유순해서 걱정이란다. 한숨이 나온다. 교직 경력 13년 만에 처음으로 만난 황당한 학부모. 앞으로도 영원히 잊을 수가 없을 것 같은 이유는 많은 학부모님들과 제자들에게 감사의 인사를 받는, 하필 그날이 '스승의 날'이었기 때문인지도 모른다.

"어머님, 불쾌합니다. 지금 제가 교사로서 책임을 다하고 있지 않다고 생각하시는 건가요?"라고 말하고 애써 덮어두었지만 그날 이후 나의 교육활동에는 상당한 위축이 있었다.

부모라고 다 같은 부모가 아니고 아이를 낳았다고 절로 부모가 되는 것이 아님을 1학년 담임을 하며 다시금 깨닫는 계기가 된 사건이었다.

나는 학부모가 믿어 주지 않으면 순식간에 무기력해지는 교사이다. 그리고 그것이 뭐 대단한 것이라고 기어이 그 무기력을 안고 밤에 잠을 이루지 못한다. 그 일로 나는 몇 날 며칠 잠을 설쳤다.

'내가 당신네 아이한테 들이는 공이 얼마인데 그래. 내일부터는 신경 쓰지 말아야지. 그 노력을 다른 아이한테 쏟으면 감사하다는 말이라도 들을 테니까. 좋아! 내일부터는 아이에게 기본만 해야지. 그 이상은 절대 애정을 쏟지 않겠어!' 하고 유치하고 옹졸하며 미성숙한 다짐을 하고서야 잠이 든다. 그래 놓고도 부족한 어떤 날에는 잠자리에 누워 '하느님, 저 미치겠어요. 어떻게 좀 해 주세요. 하느님, 저 죽겠어요. 어떻게 좀 해 주세요. 제가 무엇을 잘못했어요? 교실에서 아이를 볼 때마다 마음이 불편해요. 차라리 깊은 정을 주지 말아버릴까요?'를 수십 번 하고 잠든 날도 있었다.

그렇게 깊은 잠을 이루지 못한 다음날, 교실에서 아이를 본다.

"안녕하세요." 하고 내 앞으로 와서 인사하는 아이에게 만면에 미소를 띠고 "안녕, 우리 형민이!"라고 답해 준다. '아, 어제 내가 다짐했는데 벌써 흔들리면 안 되지.'

국어시간, 발표를 하겠다며 서로 손을 드는 아이들 속에서 녀석의 반짝이는 눈동자가 나에게 콰악 꽂힌다.

"그래! 형민이가 해 보자!" 해 놓고는 녀석의 내답에 귀기울인다. 아이가 의기양양하게 답을 하고 앉자마자 "역시! 우리 형민이 목소리가 젤로 크네!" 하고 칭찬한다.

'아, 또 흔들렸다. 그냥 건조하게 한마디 해 주고 말 것을.'

쉬는 시간, 안내장을 못 냈다며 "아빠가 안 챙겨줬어요. 엄마가 안 챙겨줬어요."라고 말하는 형민이에게 "괜찮아, 내일 가져오면 되지. 신경 쓰지 말고 친구들이랑 놀아." 하고 다독다독 달래 주었다.

아, 네 잘못이 아닌 것을, 네가 미울 일이 아닌 것을, 아무래도 아이에게 가는 내 마음을 막을 수가 없는 것을.

아아, 그렇게 나의 어젯밤 다짐처럼 아이를 교육서비스의 마인드로 대할 수가 없다. 아이를 만나는 아침부터 나는 사랑한다, 사랑하고 또 사랑한다. 너는 예쁘다, 예쁘고 또 예쁘다. 나는 좋아한다, 좋아하고 또 좋아한다. 결국 우리끼리는 그러고야 만다.

아이에게 문제가 생긴 것 같다면 어떻게 대처해야 할까

교직에 있다 보면 제 일이 아니더라도 옆 반에서 들려오는 소식들 때문에 두려워질 때가 있습니다. 4년차 때는 동기 선생님이 학습부진 학생을 남겨 나머지 공부를 시켰는데 본인 아이를 바보 취급해서 벌을 세우느라 그렇다며 아이의 아버지가 술을 마시고 학교로 찾아온 일이 있었습니다. 스물여섯, 누가 보아도 성실하고 열정적인 교사였던 담임을 나쁜 교사로 매도하며 어깨를 잡고 질질 끌고 나가서 그것을 말리던 선생님들까지 멱살이 잡혔던 일은 아직도 트라우마로 남아 있습니다.

그리고 1학년을 맡고 나서 저 또한 비슷한 전화를 받아 큰 상처로 남을 듯합니다. 상황을 아이에게 물어보기나 해 주면 좋았으련만 아니면 그저 저에게 전화해서 "선생님, 저희 아이가 친구에게 맞았다고 하는데 혹시 상황을 알고 계시나 싶어 전화를 드렸어요." 하면 얼마든지 설명을 해드릴 수 있는 문제였건만 그런 것이 전혀 없었기에 너무도 서운하고 마음이 아픈 사건이었습니다.

키우다 보면 내 아이가 억울한 상황에 놓일까 봐, 혹여 친구들에게 당하고만 있지는 않을까, 담임 선생님에게 관심을 받지 못하는 것은 아닌가, 상담을 요청해도 자초지종을 자세히 들을 수 없을까 봐 답답하고 화가 날 때가 있습니다. 이때 대부분의 학부모님들은 이렇게 생각합니다. '뭔가 이유가 있었겠지. 내 아이 말만 듣고 판단하면 되나. 일단 아이한테 자세히 물어봐야지. 그래도 안 되면 선생님께 여쭤 봐야겠네.'라고요.

사실 이 정도의 판단을 할 수 있는 어른, 부모라면 자기 아이만 생각하며 학교에 항의를 해 오지 않습니다. 문제는 그것이 되지 않는 사람들이지요. 저에게 전화를 해서 소리를 지른 학부모님도 혼자 이 생각 저 생각 하시다가 머릿속에서 엄청나게 큰일처럼 재구성이 된 채로 저에게 전화를 하신 것이었고 나중에는 미안하다고 사과를 하셨지만 본인도, 저도 얼마나 민망한 일이었겠습니까?

이렇게 학교에서 아이에게 어떤 일이 발생하면 일단 담임 교사에게 상담을 요청하시는 것이 좋습니다. 그리고 먼저 생각하실 점은 특별한 이상 징후가 발견되지 않는 일들이라면 학교에서 담임 교사와 이미 해결이 되어 가정에 알릴 필요가 없는 일일 확률이 높다는 것입니다.

자녀를 처음으로 학교에 보낸 1학년의 일부 학부모님은 아주 사소한 상황에 대해서도 교사의 설명을 요구하지만 고학년이 될수록 학교에서 전화가 오지 않는 것이 내 아이가 잘 다니고 있는 것이라며 오히려 전화를 달가워하지 않는 쪽으로 바뀝니다. 이것은 역시 경험의 차이가 아닌가 싶습니다. 학교에서 일어나는 대부분의 일들은 아이들과 교사가 서로 가르치고 배우며 해결되는 일들이 많고 이런 것들에 대해 교사는 일일이 학부모님께 연락을 드리지 않으니까요.

최근에는 학부모교육과 가족 상담이 필요해 보이는 경우가 자주 관찰됩니다. 그러나 교사는 모든 학부모님께 상담을 권하지 못합니다. 그나마 평소에 아이의 일을 이야기했을 때 열린 마음으로 받아들이고 바른 길로 성장시키기 위해 담임을 믿어 준 분들께만 조심스레 말씀드릴 수 있는 부분입니다. 담임 교사를 믿지 못하는 분께 섣불리 가족 상담이나 병원 방문을 권하면 내 아이를 어떻게 보는 것이냐, 우리 집을 어떻게 보는 것이냐는 오해를 살 수 있기 때문에 아무래도 몸을 사리게 되는 것이지요.

즉, 평소에 담임을 믿어 주셔야 심각한 문제가 발견될 경우 아이가 나아질 수 있도록 교사가 두려움 없이 진심을 다해 다양한 방법을 권할 수 있다는 말이 됩니다. 치료와 상담의 적기를 놓치면 결국 힘든 것은 1년만 만나면 되는 교사가 아니라 평생을 함께해야 하는 부모가 되니 서로 협력해서 바람직한 방향으로 아이를 성장시킨다는 마음을 지녀 주신다면 교사 입장에서도 감사한 마음이 든답니다.

우리 반에는 자폐증인 학생이 있다. 은혁이는 5학년이지만 1년 늦게 학교에 입학해서 열세 살이다. 덩치가 우리 반에서 제일 큰데 마음은 얼마나 순수한지 모른다.

"선생님, 은혁이 아침에 일어났어요. 선생님, 은혁이 밥 먹었어요." 하며 나에게 가끔 자기에게 있었던 일을 이야기하기도 하고 자기가 그린 추상화 같은 그림을 아무 말 없이 건네고 휙 돌아서기도 한다.

친구들은 그런 은혁이를 서로 나서서 돕는데 가만히 보니 은혁이는 보고 쓰기와 글 읽기가 되는데도 우리 반 아이들이 자꾸 알림장을 대신 써 주고 싶다고 하는 것이었다.

"얘들아, 올해는 은혁이가 스스로 할 수 있는 것은 우리가 도와주지 말자. 대신 우리는 다른 반 친구들에게 은혁이가 놀림을 받거나 괴롭힘을 당하면 도와주는 수호천사가 되는 것이 더 중요할 것 같아." 했더니 여기저기서 "맞아요. 선생님. 은혁이 글씨 잘 써요.", "화장실 같은 곳에서 은혁이가 놀림 받으면 저희가 꼭 도와줄게요!" 하며 각오를 다 진다. 기특한 녀석들. 어떤 아이들은 같은 반에 특수교육을 받는 친구 가 있으면 놀림의 대상으로 삼거나 같이 앉기도 꺼린다는데 아무래도 올해 우리 반 아이들은 내가 가르치기 전부터 배려와 존중을 배우고 온 것 같다.

며칠 후 은혁이 어머니와 상담을 했다. 어머님은 참 긍정적이셨다.

"선생님, 저희 아이는 음식을 잘해요. 라면도 끓일 줄 알고 볶음밥도 하고요." 하며 활짝 웃으시는데 내 마음이 둥실 떠오른다.

"맞아요, 어머님. 은혁이가 학교에서 자기 할 일은 요즘 거의 스스로 해요. 아이들 말로는 작년보다 의사표현이 더 늘었대요. 진짜 기특하 지요." 하며 아이의 성장을 두고 신이 나서 함께 이야기를 했다.

우리는 특수교육을 받는 아이들을 볼 때 얼마나 안쓰러운 눈으로 보는가. 그리고 그것이 아이와 부모에게 얼마나 이기적으로 느껴지고 상처가 되는 일인가. 그저 이 녀석 하나만을 놓고 보면 계속 성장하고 있는 것을. 그리고 그 속에서 부모가 얼마나 큰 기쁨을 느끼고 사는지 를 생각하지도 못하면서. 감히 부모가 아닌 사람들이 함부로 안타깝다 는 듯 바라보며 어줍지 않은 위로를 건네서는 안 된다는 생각이 들었 다. 우리 은혁이는 학교에서도 집에서도 제 나름 잘 자라고 있으니까.

가을비가 쏟아지는 어느 날, 여름이 지난 지 오래인데 천둥과 번개 가 요란도 하다. 바깥 날씨를 모른 척하며 우리끼리 열심히 공부를 하 고 있는데 은혁이가 갑자기 일어난다.

"선생님, 무서워요. 선생님, 무서워요." 하며 에어컨 뒤로 큰 몸을 숨긴다. 내가 "은혁아, 괜찮아."라고 말하기도 전에 짝꿍인 민지가 나와서 아이를 달랜다.

"은혁아, 저거 아무것도 아니야. 그냥 하늘에서 비 오려고 쾅 하는 건데 여기까지 오지도 않아." 등을 토닥토닥하면서 가만히 은혁이의 손을 잡아 준다. 자리에 앉아 있던 다른 아이들은 은혁이가 놀라지 않게 가만히 지켜본다.

은혁이와 아이들 사이에는 내가 끼어들 자리가 없다. 우리 반 아이들은 나보다 다정하고 현명하다. 선생님은 그저 감격한 눈으로 이 아이들을 바라볼 뿐이다.

'좋은 아이들을 주셔서 감사합니다. 잘 가르쳐서 올려 보낼게요.'

나는 은혁이의 손을 잡아 이끄는 대신 누구에게 하는지 모를 감사 인사를 올린다.

특수학생 통합교육, 아이들은 어떻게 함께 지낼까

모든 학교에 해당하는 것은 아니지만 특수학생이 한 명이라도 다니는 곳에는 학습도움실이 있습니다. 물론 예산에 따라 몇 개 학교를 묶어 한 반을 개설하기도 하지만 예전에 비해 학습도움실이 많이 늘어난 것은 사실이지요. 이 학생들은 장애등급을 받아 학교에 입학하는 경우가 많지만 경계에 속해 장애 판정을 받지 않아도 교육청의 심사를 통과하면 입급이 가능하기도 합니다.

처음 제가 장애학생을 맡았을 때는 특수교육에 대한 인식이 좋지 않아서 완전통합으로 일반 교실에서만 하루 종일 생활하기를 바라는 학부모님이 많았어요. 하지만 요즘에는 학습도움실이 있는 학교에 다닌다면 특수 교사가 체계적으로 구성한 커리큘럼에 따라 두 시간 정도는 그곳에서 공부를 하고 나머지 시간은 일반 학급에서 지내는 경우가 많아졌답니다. 그 또한 학생이 지닌 장애의 경중, 치료와 교육의 필요에 따라 시간이 다르고 활동도 다르니 어느 정도는 개별화 수업이 가능하게 되었습니다.

저는 교직에 있는 동안 두 명의 장애학생을 만났어요. 한 명은 의사소통이 어려운 자폐증 아동이었고, 다른 한 명은 4학년이지만 지적장애가 있어 세 살 정도의 발달 수준을 보이는 아이였답니다.

내 아이와 같은 반에 장애학생이 있다는 말을 들으면 어떤 생각이 먼저 드시는지요? 혹시 괜히 싫은 마음이 들지는 않으실지 모르겠습니다만 실상은 자꾸 그 친구를 돕느라 내 아이가 자기 할 일을 못할까 봐 걱정인 학부모가 몇 명 있었을 뿐 대부분은 당연하게 받아들여 주신답니다.

반에 장애아동이 있으면 교사로서는 그 아이만을 위해 별도의 활동을 마련해야 하고 때로는 다른 많은 아이들을 챙기느라 그 아이를 놓치는 경우가 있어 미안한 일도 생기지만 그래도 전체적인 반 분위기에는 무척 도움이 되는 고마운 존재입니다. 장애아동을 중심으로 아이들이 똘똘 뭉쳐 서로 돕고 배려하는 분위기가 교실에 따뜻하게 흐르고 타인을 먼저 생각하는 흔치 않은 계기가 되다 보니 아이들의 정서적인 성장에도 큰 도움이 됩니다.

그래서 개인적으로는 장애학생이 있는 통합학급은 교사와 나머지 학생들에게 힘든 부분이 많겠지만 얻는 것도 있다는 생각을 합니다.

다만 이런 바람직한 교실 상황은 장애아동이 폭력성과 타인을 괴롭히는 특성을 지니지 않았다는 것을 전제로 하고 학부모님이 적극적으로 교사에게 협조를 하는 경우에만 해당합니다. 사실 장애아동뿐만 아니라 다른 아이들 경우에도 폭력성이 있으면 학급에서 일어나는 모든 분란의 중심에 그 아이가 있게 마련이거든요. 폭력적인 아이가 있는 학급에서는 교사는 물론이거니와 같은 반 친구들이 여러모로 피해를 입을 수밖에 없습니다. 그렇기에 친구를 때리거나 심한 욕설을 하는 것은 1년 내내 지도해야 하고 가정에서도 협력해야 하는 문제인데요. 이러한 경우를 제외한다면 내 아이의 반에 장애학생이 있다고 해서 무조건 거부하고 꺼릴 일은 아니라는 말씀을 드립니다.

그리고 통합학급을 운영하다 보면 장애학생의 컨디션에 따라 학급의 분위기가 좌지우지되는 경우가 많습니다. 친구들도, 교사도 모두 장애아동을 이해하고 배려하지만 매일 좋기만 할 수는 없답니다.

장애아동을 학교에 보내는 부모님께서는 혹여 학교생활에서 서운한 점이 생기더라도 다른 아이들이나 교사를 먼저 탓하지 마시고 상담을 통해 자세한 사항을 확인하고 함께 해결하면서 좋은 방향으로 아이를 성장시키는 계기라고 생각하시기를 바랍니다. 실제로 통합학급 내에서는 친구들도, 담임 교사와 특수 교사도 학급생활의 중심에 장애아동을 놓고 생각할 수밖에 없거든요. 그렇게 열린 마음의 학부모, 열정을 지닌 담임 교사와 특수 교사, 배려할 줄 아는 학급 아이들이 만나면 1년간 장애아동들도, 함께 생활하는 학급 친구들도 나름의 멋진 성장을 이루어낸답니다.

중간놀이 시간, 열심히 놀고 있는 아이들을 가만히 보다가 문득 오늘 보고해야 할 공문이 떠올랐다. 녀석들의 소리를 들으며 교실 앞에 앉아 키보드를 탁탁 두들긴다. 아이들은 소란스러운 중에도 친구들과 즐거운 한때를 보낸다.

아이들에게서 시선을 거두고 다시 일을 하기 시작한 순간 "쿵! 아야!" 하는 요란한 소리가 들린다. 벌떡 일어나 소리가 난 쪽으로 가니 당황한 표정으로 서 있는 윤우와 잔뜩 인상을 쓰며 입을 가리고 있는 태현이가 보인다.

"무슨 일이야? 왜 그래? 잘 놀다가?" 하고 물으니 둘이서 신나게 장난을 치다가 태현이가 윤우를 먼저 밀었고 자기도 앙갚음하겠다고 윤우가 다시 태현이를 밀었는데 하필이면 의자에 입을 부딪친 것이었다.

입술이나 잇몸에서 피는 나지 않았지만 태현이의 표현대로라면 앞니 사이로 바람이 통하는 느낌이란다. 바람이 통하는 느낌이라니…….

좋지 않다. 바람이 통한다는 것은 시리다는 것인데 그렇다면 금이 간

것이거나 흔들려 빠질 징조가 아닌가? 큰일이다. 이를 어쩌나. 4학년이

면 이미 영구치가 나 있기 때문에 이만저만 큰일이 아닐 수 없다.

곧바로 보건실에 가 보도록 했는데 보건 선생님께서 약간의 흔들림

이 있다고 치과에 가 봐야겠다고 하신다. 아이들을 잠시 조용히 시켜

놓고 태현이 어머님께 전화를 드린다.

담임이 교실 앞에서 지키고 있었음에도 이런 사고가 일어나서 송구

하다고 말씀드리니 선생님께서 놀라셨겠다며 오히려 위로를 해 주신

다. 곧이어 윤우 어머님께도 전화를 드렸다. 상황을 곡해 없이 받아들

이시고 너무 미안하다시며 태현이 어머님께 바로 전화를 하고 조치를

취하겠다고 해 주셨다.

그날 밤, 태현이 어머님께 전화를 드리니 앞니에 금이 갔다는 진

단을 받았다고 하신다. 아무래도 장기적인 치료가 필요할 것 같은

데…….전화를 끊고 나니 마음이 답답하다.

다음날, 아침부터 윤우와 태현이는 무슨 일이 있었냐는 듯 둘이 희

희낙락이다. 둘을 불러다가 벌써 화해했느냐고 물었더니 씨익 웃으면

서 "미안하다고 하고 끝냈는데요. 근데 제 앞니 오랫동안 치료해야 된

대요." 하면서 이미 자기들은 다친 앞니는 안중에도 없다는 식이다. 하

긴 평소에도 유난히 친했던 둘이었다. 우악스럽게 장난을 하는 것도

아니었고 여느 남자아이들처럼 툭툭 건드리면서 농담 따먹기를 하며

그렇게 놀던 녀석들이었다. 둘 사이는 이상 없음. 안심이다.

며칠이 지났다. 저녁 식사를 끝내고 설거지를 하려는데 전화벨이 울린다. 윤우 어머님이시다.

"선생님, 저희끼리 해결하고 싶었는데 너무 답답해서 연락드렸어요. 솔직히 저희 윤우가 먼저 시작한 것도 아니었잖아요. 그런데 언제까지 치료비를 해 줘야 하는 건지. 태현이 엄마가 고등학생이 될 때까지 당연히 해 줘야 한다는데 너무 많이 바라는 것 같아요."

헉, 해결이 안된 것이었구나. 일단은 차분하게 들어드리고 위로해드리는 수밖에 없었다. 그리고 나도 학교에서 할 수 있는 일이 있는지 알아봐드리기로 했다.

다음날이다. 윤우와 태현이는 매일매일 신이 난다. 마음에 맞는 친구끼리 모둠을 짜서 조사 숙제를 하라고 했더니 자기 둘은 당연히 같이한다며 나머지 친구들을 끌어모은다. 간단히 주제를 잡고 역할을 나누는 시간일 뿐인데도 둘은 아주 즐거워 보인다. 교실에서 사이좋은 두 녀석을 볼 때마다 마음이 답답하다.

'너희는 이미 화해했는데 부모님들은 아직 진행 중이시구나.' 싶다. 그러거나 말거나 두 아이는 요즘 최고로 친하고 매사가 즐겁다.

그날 밤, 이번에는 태현이 어머님께 전화가 왔다.

"선생님, 저희 태현이는요. 고등학생 때까지 정기적으로 치과 치료랑 검진을 받아야 한다는데 그 앞니에 힘을 많이 실으면 안 된대요. 다친 것도 속상하고 앞으로 치료받으러 다니면서 마음고생 몸 고생 하는 것도 힘든데 윤우 엄마는 치료비를 다 못해 주겠다고 그래요."

그래, 태현이 어머님 말씀도 맞다. 다친 것도 속상한데 치료비까지

내자니 억울하실 테지. 하지만 윤우 어머님 말씀도 틀린 말은 아니다. 먼저 민 것은 태현이었으니까.

가운데서 양쪽의 말을 들어드리는 수밖에 없다. 담임이 치료비를 이렇게 해라, 저렇게 해라 말할 수는 없으니까. 그리고 두 분 모두 계속 "선생님, 저희끼리 해결할 일이잖아요. 그냥 들어만 주세요."라고 하신다. 내 반에서 일어난 일이라 어떻게든 책임을 져야 하는데 딱히 담임이 해 줄 수 있는 것이 없어 답답하다.

며칠이 지나도 해결의 기미는 보이지 않는다. 나는 매일 저녁 양쪽의 이야기를 들어드렸다. 급기야는 아버지들까지 나서고 경찰에 신고하겠다는 이야기까지 나왔다고 한다. 아이들은 교실에서 서로 아무렇지 않은데 부모들은 극단으로 치닫는다. 태현이와 윤우가 같이 놀다가 사고가 난 것이고 어느 정도 각자의 책임이 있기 때문에 담임 입장에서는 조금씩 양보하면 좋으련만 조금도 손해를 볼 수 없다는 생각이신가 보다. 결국에는 교실에서 두 아이를 보면 한숨이 절로 나는 지경에 이르렀다.

그러던 중 "선생님, 아무래도 안 되겠어요. 경찰에 사안 접수하려고 합니다." 하는 태현이 어머님의 전화를 받고는 심장이 발바닥까지 떨어지는 기분이다.

"어머님, 잠시만요. 그렇게 되면 윤우는 처벌을 받지는 않아도 경찰서에서 조사를 받았다는 기록은 남을 거예요. 그건 누구에게도 좋은 일이 아니지 않을까요?"

"선생님, 그러거나 말거나 일단 괘씸해서라도 신고를 해야겠어요."

176

"어머님, 안 그래도 속상하신데 치료비까지 끝이 없으니 그것 때문에 그러신 거죠?"

"네, 게다가 그쪽에서 저더러 자식 일로 돈 벌려고 하는 사람 취급을 하니 속이 상해서요. 선생님, 저 이제 치료비 안 받아도 되니까 마음대로 하려고요."

난리가 났다. 학교안전공제회에서 처리가 되면 내가 해 주기라도 할 텐데 이렇게 상대가 있는 경우는 처리가 되지 않는다. 막막했다.

그런데 허망하게도 이 난리통은 생각보다 간단하게 정리되었다. 바로 윤우 앞으로 들어 놓은 상해보험 덕분이었다. 윤우가 타인에게 상해를 입히거나 남의 물건을 망가뜨리면 보험회사에서 그 비용을 주는 특약이 있었는데 어머님께서 그 부분에 대해서는 모르고 계셨던 모양이었다. 나도 답답한 마음에 혹시나 하고 개인보험에 관해 여쭤 보았고 어머님께서 알아보신 결과 그 부분도 해당이 된다는 것을 확인하셨단다.

결국 태현이는 윤우에게서 쭉 치료비를 받을 수 있게 되었고 아이들의 가벼운 장난으로 비롯된 일은 이렇게 마무리될 수 있었다. 덕분에 아이들은 완벽하게 우정을 되찾았고 부모님들과 나는 몇 주 만에 두 다리 뻗고 잠을 잘 수 있게 되었으니 참으로 다행이다 싶지만 이리저리 구르며 엄청 커다랗게 뭉쳐진 눈덩이가 무섭게 우리를 향해 오다가 뚝 제자리에 멈춘 느낌이다. 순식간에. 거짓말처럼.

학교에서는 참 다양한 사고들이 일어납니다.

먼저 교구 때문에 일어나는 사고 유형입니다. 제가 초임 교사일 때까지만 해도 학교에 커터칼을 가지고 다니는 학생이 있었습니다. 실제로 도구를 바르게 사용한다면 유용하기 그지없지만 아이들의 손에 있을 때는 무기로 변할 때가 종종 있는데요. 연필도 그렇고 자도 그런 물건 중 하나입니다. 저희들끼리 잘 놀다가도 이런 학용품으로 서로를 위협하거나 화가 나면 찔러 버린다는 말을 하는 아이들이 종종 보이면서 초등학교 현장에서는 언젠가부터 자연스럽게 필통에 칼을 가지고 다니는 것이 금기시되고 있습니다. 대신 선생님들이 각종 자료를 잘라서 분배하거나 하나의 바구니에 칼을 모아두었다가 잠깐만 사용하고 다시 거두는 등 다양한 방법을 활용해서 사고를 줄입니다.

또한 커터칼처럼 날카로운 부분이 있는 가위의 경우는 저학년들이 주로 다치곤 합니다. 특히 1학년에게 많이 발생하는데 새 학년이라 날이 잘 선 새 가위를 가지고 와서 손가락을 살짝 찝어 생기는 사고가 가장 많습니다. 이는 도구의 사용법을 학교에서 배운 후 익숙해지면 저절로 줄어드는 일이라 너무 걱정하실 필요는 없겠습니다.

다음 유형은 학교 시설에 의해 일어나는 사고입니다. 어릴 적 교실에서 유리창이 한 번 깨지면 온 교실에 파편이 튀고 옆 반 아이들까지 우루루 몰려와 구경을 하던 기억이 있을 겁니다. 요즘에는 강당 등 깨지기 쉬운 곳의 유리창 앞에는 철망을 설치하기 때문에 그런 일이 드물지만 교실에서는 아직도 가끔 창문이 깨지는 일이 있습니다. 그러나 유리창 근처에서 밀고 당기는 등의 장난만 하지 않는다면 빈도가 낮은 일이기도 합니다.

특히 학교 시설 중 어른들이 보기에 별것 아닌 복도와 계단에서는 저학년들이 많이 다칩니다. 학교에서 우측통행과 바른 자세로 통행하는 방법을 지도하지만 아이들은 넓고 긴 공간에서 일단 뛰고 보는 습성이 있어 넘어지고 다치는 사고가 발생합니다. 타일러도 보고 혼을 내 보아도 꾸준하게 열심히 뛰는데요.

'그래. 아이들은 안 뛰는 것이 이상하다고 했지. 안 뛰는 아이들은 아픈 것이랬어.' 하며 예전 선배님의 말씀을 다시 한 번 새겨 볼 정도로 아이들은 본능적으로 넓은 공간에서 뛰고 싶어합니다. 게다가 계단을 여러 칸 뛰는 것이 모험이라도 되는 양 선생님이 볼 수 없는 곳이라면 어김없이 몇 명의 아이들이 네댓 칸씩 뛰어내리기 놀이를 하다 혼이 나기도 하지요. 이를 방지하기 위해 다 같이 이동하는 시간에는 교사들이 맨 앞에 서서 속도를 조절해 주고 수시로 알림장에 적어 주는 등의 노력을 한답니다.

마지막으로는 학년에 구분 없이 수업과 쉬는 시간에 교실, 운동장 등에서 발생하는 유형의 사고입니다. 아무래도 신체조절 능력이 떨어지는 아이들이나 몸으로 장난을 하고 놀다가 밀려서 부딪히는 아이들이 가구 모서리에 많이 다치곤 합니다. 그래서 교사들은 모서리 보호대를 붙여 놓는데 이마저도 가끔은 떼어져서 바닥에 돌아다니는지라 수시로 교실 안에서 심한 장난을 하지 않도록 지도합니다.

또한 다양한 동영상 자료 등을 활용하여 주간 안전의 날, 매월 안전 점검의 날에 사고 예방법을 배우는 시간을 갖고 있습니다.

이처럼 학교는 많은 아이들이 한 공간에서 부대끼는 일이 많아 다양한 사고들이 일어납니다. 학급 아이들이 다치면 교사들은 교육활동에 위축이 될 뿐만 아니라 학급의 분위기에도 부정적인 영향을 미치기 때문에 미연에 방지하기 위해 다양한 형태의 안전교육을 실시합니다. 단순히 학교 시설을 이용하다가 생기는 사고에 대한 교육도 중요하지만 최근에는 아이들이 지닌 정서적인 어려움으로 인해 비롯되는 사고도 많기에 교우관계, 친구들끼리 지켜야 할 일, 언어예절 등에 대해서도 가정과 학교가 협력하여 꾸준히 가르쳐야 합니다.

그럼에도 불구하고 학교 시설 등에 의해 사고가 발생할 경우 담임교사(최종 결재권자는 학교장)가 학교안전공제회에 사안을 접수하고 이것이 승인되면 치료비의 일부를 지원해 주는 제도가 있습니다. 이는 학생 교육 중에 발생한 사고에 한하며 가해한 자가 있거나 쌍방의 잘못이 있는 경우 등에는 청구가 기각될 수 있어 학교에서 발생하는 모든 사건과 사고를 해결해 주지는 않으니 참고하시기 바랍니다.

어여쁜 나의 멜로디, 선율이가 다섯 살이 된 해였다.
"아아, 이만하면 많이 키웠네."라고 말하고 나니 문득 힘들었던 지난
몇 년이 떠올랐다. 15개월까지 이어진 혼합수유와 밤에 네 시간 이상
을 잘 수 없었던 만 3년. 그리고 끝을 예정하지 않은 주말부부 생활.

그래도 매일매일 아픈 날갯죽지를 주물러가며 무릎까지 내려온 다
크서클을 친구삼아 열심히 우리 반 아이들도, 내 아이도 최선을 다해
키워냈다고 생각했다. 토닥토닥. 세상천지 나 혼자만 아이를 키운 것
처럼 스스로 뿌듯했다. 우습게도.

이제 내 아이도 좀 키웠겠다 한 해 동안 나와 잘 맞는 아이들을 만났
으니 창의, 인성을 주제로 연구를 좀 해 봐도 좋겠다고 생각했다. 덕분
에 우리 반 아이들과 다양한 활동을 해 볼 수 있겠구나 싶었고 나름대
로 체계를 세워 한 해를 정리해 보자며 굳은 의지를 가지고 3월에 연

구계획서를 하나 제출했다. 그리고 11월이 된 오늘, 나는 지금 몹시 후회 중이다. 아이가 없을 때의 스무 페이지짜리 보고서는 아이가 있을 때의 그것과 마음의 부담부터 같지 않았다.

그때는 그냥 하고 싶을 때까지 일했고 하고자 하는 만큼 양껏 일했다. 신규 교사 시절 연구학교에 있을 때는 선배 선생님들과 학교에 남아 밤 11시까지 일을 해도 마음이 편했다. 집에서 온 마음을 다해 나를 간절히 기다리는 사람이 없었으니까. 새로 맡은 업무에 능숙하지 않던 어떤 해에는 일감을 집으로 바리바리 싸 들고 와 자기 직전까지 일을 해도 좋았다. 내 성질만큼 일을 했고 거리낄 것이 없었다. 그저 일을 해냈다는 성취감이 더 컸던 시절이었다. 물론 아이를 낳기 전까지는.

그런데 지금은 일단 집에서는 컴퓨터 앞에 앉을 수가 없다. 내가 없는 동안 친정 엄마는 내내 아이를 보느라 쉬지 못하셨을 텐데 딸이 퇴근해서까지 집안일을 맡겨 종종걸음하게 할 수는 없으니까. 사람의 탈을 쓰고 양심이 있지. 혼자 집에서 아이를 보는 것이 얼마나 힘들고 지치며 쉬이 가지 않는 시간임을 알면서 그리 할 수는 없다.

그리고 하루 종일 엄마를 기다리다가 반갑게 만나서는 "놀아주세요. 엄마, 나 좀 봐요."를 줄기차게 외치는 아이에게 미안해서도 그렇고. 일단 모든 것을 차치하고라도 내 스스로가 보고서를 쓰는지 뭘 쓰는지 모르게 당최 집중이 안 되고 있으니 아무래도 뇌가 늙었나 보다. 그냥 그래서 그런가 보다 싶다.

여전히 근무 중에도 퇴근 후에 집에서 할 일이 줄줄이 떠오르고 머릿속으로는 시간을 쪼개고 있으며 손은 눈앞의 일을 하고 있지만 그래도 잠을 못 자던 떡아가 시절을 생각하면 지금은 비할 바가 못 된다.

그렇게 나는 오만가지 생각을 하면서 꼴랑 스무 페이지짜리 보고서를 쓴다고 2주 내내 스트레스를 받고 있다. 예전 같으면 이렇게 스트레스를 받을 때 해소하는 유일한 방법은 일을 끝마치는 것이라며 몇 시간이고 한 자리에 앉아 몰입 후 깔끔하게 마무리 지을 수 있었는데. 지금의 상황에서는 학교에서 두어 시간 일을 더하고 가는 것이 그나마 나은 방법이라 가끔은 그리하면서도 괜히 마음이 불안불안하다. 어두워지면 "엄마는 언제 오시지요?"를 연발하는 나의 아이가 있으니까.

일에 진척도 없고 무엇보다도 글이 생명인 연구보고서에 대체 뭘 쓰고 있는 건지도 모르겠고 어떤 문장을 쓰던지 두서가 없을 수밖에 없는 정신 상태라니. 나는 아이를 낳기 전 몰입해서 일하던 모습을 떠올리며 자꾸 그때를 그리워만 하고 있는 미련한 사람이다.

파트타임 엄마는 세상에 없는데도 아이가 자라면 그것이 가능할 것이라 착각했다. 전업주부도 워킹맘도 아이를 낳는 순간부터 아이를 향한 생각을 멈추지 못한다. 그래도 아이가 다섯 살쯤 되면 일은 일대로, 육아는 육아대로 스위치를 전환하는 것이 쉽게 될 줄 알았는데.

아, 물론 그렇다고 행복하지 않은 것은 아니다. 그냥 어서 이 보고서를 끝내고 싶고 기왕 끝내는 것 제대로 쓰고 싶으며 개운한 마음으로 내 아이와 함께 퇴근 이후 시간을 보내고 싶을 뿐이다. 마음이 하수상하여 에잇! 하고 때려치우고 싶다가 그런 나에게 종알종알 말을 거는 듯한 아이 사진을 보면서 헤실헤실 웃다가 쓰다만 보고서를 들여다보며 한숨을 푸욱 내쉬었다가 하는 웃기는 엄마이다.

처음 선배들이 저더러 "아이를 낳아 키워 보면 내 반 아이들을 대할 때 마음부터 달라지더라고." 하셨을 때 겉으로는 "그럴 것 같아요. 경험이라는 것을 무시할 수 없잖아요."라고 말해 놓고서는 '나는 아이 안 낳아도 교사로서 최선을 다할 거야. 세상 천지에 경험만으로 되는 것이 어디 있어. 그깟 알량한 경험, 부족한 만큼 공부하면 되지.' 하는 건방진 생각을 했더랍니다.

물론 아이를 낳지 않고 근무했던 7년간 제가 최선을 다하지 않았던 것은 아니었습니다. 지금 막 발령받은 신규 교사들, 사정상 아이를 낳지 못하거나 선택적으로 갖지 않고 있는 많은 교사들……. 그분들은 모두 '아이를 낳아 보면 달라진다'는 말을 들으면 조금 분노하는 마음이 들지도 모릅니다. 예전의 저처럼요. 제 주변에서 만날 수 있는 많은 후배 교사들, 단순히 말하면 '미혼 교사들'을 보면 수업에 대한 끊임없는 연구와 자기 계발로 제가 받아가기만 해도 바쁠 정도로 본받을 만한 점이 많습니다. 저 또한 당시에는 아이를 낳아 기르는 경험이 없어도 그만큼 충분히 연구했고 아이들에게 많은 것을 주고자 노력했으니 경험만큼이나 중요한 것은 초등교육 전문가로서의 자기 계발 그리고 연구라 생각합니다.

제가 미혼일 때 "선생님은 아직 결혼도 안 해 보고 아이도 안 낳아 보셔서 모르시겠지만……."이라는 말로 상담을 시작하시던 학부모님이 계셨습니다. 그때 저는 굉장히 무례하다는 생각이 들었습니다. 그 학부모님께서는 상담 도중 저에게서 받은 위로와 초등교육에 관한 전문가적 조언을 듣고 고개를 끄덕이며 앞으로 저의 교육관을 믿고 따르겠노라 하셨지만 상담이 끝나고도 내내 씁쓸한 마음이 드는 것은 어쩔 수 없었습니다.

나는 아이를 키워 봤다, 그리고 내 아이를 잘 안다고 자신하는 학부모님들을 가끔 봅니다만 실제로는 그 아이들이 지닌 여러 고민의 순간에 담임 교사(미혼일지도 모르는)의 도움이 얼마나 결정적인지를 안다면 '아이를 키워 보지 않아서'라는 말로 선생님의 그동안의 노력을 폄하할 수는 없겠지요.

물론 아이를 키워 보니 우리 반 학생 하나하나가 가정에서 얼마나 소중한 존재일지 굳이 노력하지 않아도 쉽게 짐작이 되곤 합니다. '말로만 소중한 아이'가 아니라 정말 '내 아이만큼 각각의 가정에서는 귀한 아이'라는 마음이 생깁니다. 그러니 학교에서 이 녀석들을 더욱 최선을 다해 가르쳐야겠다는 목적의식이 확고해지기도 하고 말썽쟁이 아이가 있다면 동병상련으로 녀석의 부모님이 진심으로 걱정되니 함께 고민해 주고 싶은 마음이 들게 되었습니다. 저는 이렇게 아이를 낳기 전과 후 학부모의 마음을 굳이 애써 노력하지 않아도 쉽게 이해하게 되었다는 것이 가장 큰 차이점이었습니다.

초등 교사는 최소 4년의 대학생활 동안 초등교육에 관해 배우고 익히며 몇 차례의 실습까지 거쳐 양성된 전문가입니다.(교육대학교의 시간표를 보면 깜짝 놀라실지도 모릅니다. 오로지 초등교육을 주제로 4년 내내 수업이 짜여 있음은 당연하고 전 학년 교과서 분석부터 수업 시연과 분석까지 방대한 양의 교육이 이루어지거든요.) 그리고 필요하다면 발령을 받은 후 대학원에 진학해서 몇 년의 연구를 더하게 되지요. 거기에 학교를 한 번 옮길 정도인 4~5년의 경력이 더해지면 10년이 가까워집니다. 다른 직종에서는 한 분야에서 10년을 일하면 전문가의 영역에 들어간다는데 초등 교사도 비슷하지 않을까 생각해 봅니다.

학부모로서 이제 막 발령받은 내 아이의 담임 교사를 만나면 '젊은 애가 무슨 사명감이 있겠어. 아이구, 어리다 어려. 우리 아이 마음은 이해할까? 부모들 마음은 또 어떻고.' 싶으실지 모르겠습니다. 그런데 학교 안에서 제가 보는 후배들은 아이를 낳은 경험이 없어도 좋은 학급 경영을 해내는 사람이 많습니다. 그래서 괜히 학부모님들께 대신 변명을 해 주고 싶었습니다. 아이를 낳아 키우고 있지 않아도 초등교육에서는 나름 열심히 공부하고 연구한 전문가들이라고 말이지요.

내 아이의 담임 교사가 아이를 낳아 키운 교사라면 경험에서 주는 넉넉함을 봐 주시고 그렇지 않은 교사라면 다양한 이론을 토대로 한 초심의 열정을 어여삐 봐 주셨으면 합니다.

Q. 오후에 아이가 하교한 뒤 학교생활의 이야기를 듣다 보면 문득 선생님과 전화 상담을 해야겠다는 생각이 들 때가 있습니다. 그런데 바쁘실까 봐 너무 조심스럽더라고요. 선생님과 상담 타이밍을 잡으려면 어떻게 해야 할까요?

A. 학부모님들께서 아이의 학교생활을 전해 들을 때는 하교 이후 모든 일정이 끝나는 오후 또는 부모님께서 퇴근하신 저녁시간이 될 것입니다. 그런데 교사들도 퇴근시간 이후에는 나름의 일정, 가정에서의 할 일 등이 있기 때문에 너무 늦은 저녁은 피해 주시는 것이 좋습니다. 물론 아이의 신변에 심각한 일이 발생했을 때는 늦게라도 연락을 해 주시는 것이 좋지만 그 외에는 다음날 아이가 등교하고 난 이후부터 1교시 수업시간 전이나 방과 후부터 퇴근 전까지가 교사로서는 상담에 집중할 수 있는 시간이니 그때를 활용하시기 바랍니다.

제가 근무하는 학교에서는 1~4학년은 오전 8시 40분부터 9시, 오후

2시부터 5시까지 가능하고 5~6학년은 오전 8시 40분부터 9시, 오후 3시부터 5시까지 상담하기 좋은 시간입니다.

학부모님과 교사 모두 여유롭게 상담에 임하고자 한다면 가급적 수업이 끝난 이후에 요청하시는 것이 좋습니다. 방문 상담은 미리 문자, 전화 등으로 시간을 협의한 후 진행하시는 것이 바람직하고 전화 상담은 교사가 전화를 받을 수 있는 상황만 된다면 특별한 사전 조율 없이도 가능합니다. 교사는 아이들 하교 후에 업무 처리, 수업 준비, 회의 등을 하는데 부모님의 상담 요청이 있을 경우 우선순위에 두고 임하니 참고해 주시기 바랍니다.

Q. 가정실태조사서의 맨 마지막 칸인 '담임 교사에게 하고 싶은 말'에 매년 무슨 말을 써야 할지 고민이 됩니다. 어떤 내용을 쓰는 것이 좋을까요?

A. 가정실태조사서를 술술 작성하다가도 마지막 칸에 이르면 어떤 말을 써야 할지 고민을 하는 분들이 계십니다. '내 아이 잘 좀 봐 주세요.'라고 쓰고 싶지만 그렇게는 할 수 없고 그렇다고 '선생님 1년 동안 잘해 주십시오.' 하고 격려를 하자니 뭔가 처음부터 도를 넘나 싶기도 하지요. 그래서 어떤 분들은 고민 끝에 아예 빈칸으로 제출하기도 하는데 일단 빈칸은 지양하셨으면 합니다. 1년간 내 아이를 맡기는데 한마디 말도 없는 것은 교사들이 보기에 썩 좋지 않기 때문입니다.

또한 '저희 아이는 김치 먹는 것을 싫어합니다. 급식시간에 먹지 않아도 이해해 주세요.', '저희 아이는 땀나는 것을 싫어하니 체육시간에는 가볍게 활동할 수 있도록 해 주세요.'와 같이 교사의 교육관에 위배되는 부탁이나 학급규칙을 어기게 되는 부탁은 당연히 쓰지 않으셔야 하겠지요.

그렇다면 어떤 말을 쓰는 것이 좋을까요?

첫 번째로는 아이가 지닌 특이사항을 적는 것입니다. '1년 조기입학을 해서 걱정이 됩니다.'라던가 '얼굴에 아토피 피부염이 심해서 친구들에게 놀림을 받을까 봐 걱정입니다.', '틱이 있어 긴장을 하면 눈을 많이 깜박입니다.'와 같은 내용입니다. 3월 초에는 교사들도 아이를 관찰한 시간이 짧고 곧바로 학부모 상담주간이 이어지는 것도 아니라 중요한 신체, 정서적 발달 사항을 놓치는 경우가 있습니다. 그러므로 이런 부분을 써 주시면 지도하는 데 도움이 되며 아이의 긴장되는 마음을 다독여 줄 수 있을 뿐 아니라 학급에서 서로 배려하는 태도를 갖도록 좀 더 신경 써서 가르칠 수 있습니다.

두 번째로는 교사의 교육관을 존중하며 믿고 따른다는 내용입니다. 13년 동안 매년 받아온 가정실태조사서에서 가장 인상적이었던 말은 '집에서의 아이와 학교에서의 아이가 다르다는 점을 잘 알고 있습니다. 앞으로 선생님의 교육관을 믿고 따르겠습니다.'라고 적힌 문장이었습니다. 보통 1년 동안 잘 부탁드린다거나 예쁘게 봐 달라는 내용이 가장 많은데 교사가 가장 중요하게 생각하는 부분까지 존중해 주신다는 분은 처음이어서 지금도 기억에 남습니다.

저 또한 우리 아이 선생님께 학기 초에 꼭 해드리는 말이기도 하며, 실제로 부모님께서 믿으시는 만큼 아이들은 학교에서 교사를 따르고 배워 오니 여러모로 좋은 말이라는 생각이 듭니다. 그러나 이런 말이 왠지 부담스럽게 느껴지고 본인의 진심이 아니라면 차라리 한두 문장으로 간단히 1년간 잘 부탁드린다는 내용을 담는 정도가 좋습니다.

Q. 새 학기가 시작한 지 얼마 되지 않았는데 선생님에게 전화가 왔습니다. 어떻게 대처해야 할까요?

A. 담임 교사의 전화를 받았을 때는 "선생님, 그런 문제가 있었나 보네요. 가정에서 어떻게 지도하면 될까요?" 하고 솔직하게 조언을 구하세요. 협조하는 학부모의 자녀는 학교에서도 한 번 더 살펴봐 주게 됩니다. 부모가 잘 키우려고 도움을 요청하면 교사도 사람인지라 좀 더 도와주고 싶어지거든요.

새 학기, 이제 막 시작인 아이들이다 보니 힘들더라도 받아들일 것을 받아들이고 변화의 계기로 삼아야지 자녀의 잘못을 가리려고 방어를 해 주기 시작하면 담임들도 "그 학부모랑은 말이 안 통해." 하며 문제가 커질 때까지 가정에 알리지 않는 경우도 있답니다. 동료 선생님들의 말씀을 들어 보면 담임은 교실 안에서 많은 아이들을 보고 있기 때문에 정말 심각하게 여겨 전화를 드리는데 오히려 대수롭지 않게 생각하거나 아이를 미워해서 그런 것 아니냐고 오해를 하는 부모님들이 계셔서 답답할 때가 많다고들 하시거든요.

솔직히 말씀드리면 저라도 다른 아이 평계, 담임 평계, 학교 교육 평계대면 걱정스럽고 심각한 마음이다가도 확 식어버립니다. 물론 처음에는 한두 번 교사를 믿어 주십사 하고 설득을 해 보지만 그래도 변화의 조짐이 없는 분은 '그래, 당신 아이는 당신이 알아서 잘 키우십시오.' 하는 마음도 들어버립니다. 다행히 13년간 저희 반에는 1년 내내 변화가 없었던 부모님은 안 계셨지만 주변 선생님들에게 심심찮게 들을 수 있는 이야기이니 아주 없는 일은 아닌 모양이지요. 어쨌거나 아이가 학교에서 어떠한 문제를 보인다면 담임 교사의 말을 귀기울여 듣는 것이 바람직합니다.

이와 같이 아이에게 문제가 있다는 말을 들으면 부모는 1차적으로 당연히 화가 나고 슬퍼집니다. 아이를 잡을 수도 있고 상대 아이를 탓할 수도 있습니다. 학교 현실을 탓할 수도 있고 못 미더운 담임을 원망할 수도 있겠지요. 하지만 가정에서 학교와 협력하여 해결하면 일이 커지지 않게 된다는 열린 마음으로 접근했으면 합니다.

4부

아이 성장에 밑거름이 되는
학교 수업과 학습

덩실덩실 흥이 넘치는 아이들, 1학년의 하루

　　　　　아들 하나가 아침에 오자마자 교실을 휙 둘러보더니 엄청 신나는 목소리로 "아직 자리가 가득차지는 않았네?" 한다. 우리 반에서 가장 키가 작아 귀여운 이 녀석은 매일매일 아침마다 이렇게 등장한다.

　녀석이 갑자기 "선생님, 방학은 언제 와요?"라고 묻는다. 내가 웃으며 "입학한 지 얼마 안 되었잖아. 백 밤도 넘게 자야지. 하하." 그랬더니 옆에 있던 다른 아이들도 같이 웃으며 말한다.

　"야, 지금은 너무 빨라. 하하하."

　입학한 지 3주 만에 방학을 찾으면 어쩌냐. 요 녀석.

　중간놀이 시간이면 내 손이 분주해진다. 녀석들이 먹을 우유 팩을 열어 줘야 하니까. 많은 아이들이 스스로 할 수 있다고 자신하지만 아직 서투르다 보니 처음에 잘못 까면 뭉개져서 결국 내게 들고 오는 것이 열 개 남짓이라 그 수가 적지는 않다.

그런데 아이쿠야, 손때 묻은 우유 팩이 대부분이네. 자기 손때를 묻혀 가며 열심히 씨름을 하다가 안 되니까 친구에게 "내 것 좀 열어 줘!" 했을 테고 그러면 주변 아이들이 덤벼들어 "나 할 수 있어! 내가 해 줄게!" 큰 소리로 말하며 호기롭게 넘겨받았겠지. 그렇게 짝꿍부터 시작해 친구들의 손때를 묻혀 가며 결국 나에게로 온 우유 팩. 내 손때까지 묻히고서야 목적을 달성하고 자리로 들어간다.

자꾸 나한테 잃어버린 물건의 행방을 물어본다. 그것도 엄청 당황스러운 표정 혹은 슬픈 표정으로.

"선생님, 풀 뚜껑이 없어졌어요."(개가 어딜 가겠니? 네 주변에 있겠지.)

"선생님, 검정색 사인펜이 없어요."(네 팔꿈치에 치여 바닥에 떨어지더라.)

"선생님, 공책을 가져왔는데 없어요."(설마 가져왔는데 없을리가? 네가 안 가져온 거야.)

"선생님, 필통에 지우개가 없어요."(응, 아까 하나 주워 놨다.)

"선생님, 가위를 꺼내 놨는데 없어요."(아니야. 바닥 좀 봐봐. 나는 보이는데 넌 왜 안 보이니?)

"선생님, 제 머플러가 없어졌어요."(풀려서 등 뒤에 걸려 있다.)

"선생님, 연필을 네 자루 가져왔는데 하나가 없어요."(교과서 사이에 끼워져 있구만.)

"선생님, 색종이가 저기에 있었는데 없어요."(응. 너희들이 일주일 동안 그 많은 걸 다 썼어.)

"선생님, 명찰이 없어요."(네 목에 걸려 있다!)

"선생님, 물통을 올려 놨는데 사라졌어요."(진짜 나는 모른다고. 선생님이 어찌 알겠니? 내가 안 가져갔다! 난 아니야!)

나는 괄호 안의 말은 꾸욱 눌러 삼키고 녹음기를 켜 놓은 듯 대답한다.

"선생님도 모르겠어. 선생님이 그거 손 안 댔거든. 주변을 한 번 찾아봐. 그래도 없으면 선생님도 모르지. 저기 '주인을 찾아 주세요' 상자도 찾아보고."

그러면 대부분의 아이들이 스스로 찾아낸다. 보물을 발견한 양 의기양양하게.

1학년은 없어진 물건의 대부분이 자기도 모르게 자기 몸으로 쳐서 떨어진 것들인데 반경 50센티미터 안에서 발견된다. 아, 가끔은 자기가 다 써 버린 것도 다음날 없어졌다고 말한다. 제 손으로 버린 것조차 까맣게 잊고.

"선생님, 우유 상자가 어제는 초록색이었는데 오늘은 빨간 색이에요. 왜 그래요?"(응, 회사에서 두 가지 색으로 만들어서 번갈아가며 쓰고 싶은가 봐.)

"선생님, 학교는 왜 학교예요?"(이건 옆에 있던 친구가 대답해 주었다. "배울 학이잖아!"라고.)

"선생님, 칠판은 왜 지워져요?"(다음 수업에 또 쓰라고.)

"선생님, 뽑기 막대는 왜 만들었어요?"(너희들 재미있으라고.)

"선생님, 왜 강당에 가요?"(강당 가서 놀자고.)

"선생님, 왜 운동장에 나가요?"(운동장 가서 놀자고.)

"선생님, 왜 앞치마 가져오라고 했어요?"(이따 모두에게 한번에 말해 줄게.)

"선생님, 왜 신문지 가져오라고 했어요?"(그것도 이따가 다 같이 들을 때 말해 줄게.)

선생님, 선생님, 선생님······.

괄호 안의 대답을 최대한 친절하게 웃으며 해 주다가 "응. 미안해. 이따가 말해 줄게. 화장실 좀 다녀올게."(선생님 지금 좀 도망가고 싶다.) 하고 몰래 2분쯤 화장실로 피신하는 나는야 1학년 선생님. 쿨럭.

1학년의 하루, 저학년은 교실에서 어떤 모습을 보일까요

고학년과는 다르게 1학년은 귀여운 맛에 마음이 편안하다가도 몸이 무척 힘들 때가 많습니다. 고학년은 한 번 말하면 척척 해내는 모습이 있지만, 저학년은 자기를 지명해서 말하지 않으면 본인의 일이 아니라고 생각하는 경향이 있어 교사가 말을 많이 하게 됩니다. 그래서 제가 1학년을 가르칠 때 잇아이템으로 꼽는 것이 바로 휴대용 마이크입니다. 마이크를 사용하지 않고 처음 2주를 보냈더니 목구멍에서 피맛이 나고 목소리가 나오지 않을 정도여서 지금은 매 시간마다 사용하고 있거든요.

그래도 녀석들을 가르치다 보면 위에 쓴 에피소드들처럼 귀여운 장

면이 종종 연출되기도 합니다. 1학년 아이들에게는 교사가 엄마 닭이나 마찬가지이고 삐약삐약 하는 병아리들이 한 반에 스물다섯 명 이상 있으니 쉽지는 않지만 고생하는 만큼 사랑스러운 모습을 많이 볼 수 있습니다. 교사는 그 맛에 하루하루를 살아내고요.

저학년들은 무엇인가에 몰입하다 보면 자기 몸이 어떤 자세인지 전혀 알지 못합니다. 예를 들어, 다들 앉아 있는데 자기 혼자 일어서서 색칠을 하고 있다는 것을 전혀 의식하지 못한다거나 수업시간에 발표를 한다고 손을 들었는데 언제 내려야 할지를 잊고서 다음 문제까지 계속 들고 있다거나 하는 귀여운 행동을 합니다.

그럴 때 저는 그냥 이름을 부르며(딱 가리키며 이름을 안 부르면 자기가 아닌 줄 압니다.) "윤지야, 지금 서 있네? 앉아서 하세요."라고 말하면 주변을 두리번거리며 '내가 언제 일어났지?' 하는 표정으로 앉는답니다.

이러한 모습들은 1학기에 자주 나타나고 2학기가 되어서는 어엿한 초등학생의 모습으로 자라서 수업 중에 집중하는 시간이 자연스럽게 늘게 되니 특별히 정서적으로 문제가 있지 않는 한 수업태도와 집중력에 관해서는 걱정하지 않으셔도 된답니다.

사실 1학년은 자기 나름의 세계가 무척 강한 시기여서 큰아이들처럼 반드시 단짝을 만들려고 애쓰지는 않습니다. 어울릴 만한 상황이라고 판단이 되면 같이 어울리고 아닌 경우는 혼자 앉아서 색종이를 접거나 책을 읽기도 합니다. 부모님들께서는 이런 아이의 모습에 걱정을 하거나 사회성이 떨어진다고 여기기도 하는데요. 고학년이 교실 내에서 이러한 행동을 보인다면 교우관계에서 문제가 될 수 있으므로 주의 깊게 관찰해야 하지만 저학년은 그 양상이 다르답니다.

그리고 아직 상황에 대한 판단을 객관적으로 할 수 없어서 친구의 행동과 말을 곡해해서 받아들이기도 하고 자신이 한 행동을 전혀 기억을 못하기도 하다 보니 다툼으로 이어질 때가 많습니다.

1학년은 교사가 보기에 서로 간에 의사소통이 원활하지 않아 벌어지는 문제가 가장 많으니 특별히 폭력적인 아이가 한 반에 있거나 내 아이가 그러한 성향을 갖는 경우가 아니고서는 심각한 다툼은 없는 편이며 대체로 무난하게 친구들과 지내는 것으로 생각하시면 됩니다.

올해 새로 옮긴 학교는 급식이 맛있기로 유명하다. '그래봤자 학교 급식이지 뭐.'라는 생각은 첫날 멋지게 깨졌다.

보통 학교 급식은 대량으로 밥을 짓고 반찬을 하니 나물이나 조림 등의 맛이 애매할 때가 많은데 이 학교는 다르다. 우와! 신난다! 학교에 올 이유가 하나 더 생겼다며 나는 아이들처럼 좋아했다.

이미 아이들 사이에서는 학교 급식이 진짜 맛있다고 소문이 났단다. 1학년 아가들도 생전 처음 먹어 봐 놓고 "맛있어요! 우리 형아가 학교 밥 맛있댔어요!", "우리 집 밥보다 더 맛있어요." 한다.

그러나 이렇게 맛있는 학교 급식도 편식을 하는 아이들에게는 버림받고 마니 이제 교사가 나설 차례이다.

"자, 이거 순두부야. 콩으로 만든 것. 딱 한 번만 먹어 봐." 하며 숟가락으로 떠 주거나 "이건 장어라는 생선으로 만든 튀김인데 양념치킨 같은 맛이 나. 다 안 먹어도 되니까 하나만 먹어 보자.”하며 입에 쏙 넣어 준다. 생김새가 이상하다거나 안 먹어 봤다는 이유로 버려지기 십상인 반찬들이지만 선생님이 한 번 먹어 주면 다음부터는 하나라도 스스로 먹게 되니 급식 지도를 포기할 수가 없다.

이렇게 급식 지도를 하던 어느 날 “선생님! 누가 바닥에 반찬을 다 버려 놨어요.”하며 한 아이가 이르러 왔다. 가서 보니 먹기 싫어서 일부러 세발나물무침이랑 된장국 안의 시래기를 버려 놓았다. 그것도 아주 많이. 실망이다. 내가 한 숟가락이라도 더 먹이려고 얼마나 애를 쓰는데……. 그래도 참았다.

‘얼마나 먹기 싫었을까? 제 나름 생존방식이었겠지.’

그런데 다음날 급식실에서 또 “선생님! 여기에 누가 반찬을 버렸어요!”한다. 가서 보니 이번에는 오이김치다. 하아. 이래서는 안 된다. 물론 마음은 이해하지만 음식에게서 도망치는 아이라니. 불쌍하게 버려진 오이의 사진을 찍어 둔다.

그리고 5교시 시작. 엄숙하고 진지하게 아이들 앞에 선다. 그리고 “선생님을!”하고 외친다. 그러면 아이들이 나를 향해 “보세요!”라고 소리치며 집중한다. 아무리 어린 1학년이라도 선생님의 표정이 심상치 않게 보이는 모양이다. 교실이 조용하다. 텔레비전 화면 가득 불쌍하고 처참하게 버려진 오이김치 사진을 띄운다.

“얘들아, 이거 봐라. 선생님이 아까 급식실에서 찍은 사진인데 이 아까운 음식을 어쩌니? 거기다가 누가 밟고 넘어지면 어떻게 하라고. 근데 이게 우리 반이야. 다른 반이 아니라 우리 반. 우리 반이 그럴 리가 없는데 이래 났더라고⋯⋯." 하며 한껏 실망한 표정을 지어 보인다.

"야, 누가 그랬어? 저건 좀 심하다."

웅성웅성 소란스러워지는 교실. 종을 땡 치고 다시 말한다.

"선생님은 지금 화가 난 것이 아니야. 선생님은 우리 반 친구들이 반찬을 하나라도 더 먹고 2학년 올라갈 때 키가 커서 갔으면 좋겠으니 걱정이 되는 거지. 어디, 누굴까? 스스로 나와 볼래?" 하니 서로 눈치를 살핀다.

다시 쐐기를 박는 나의 한마디.

"선생님은 누군지 알아. 왜냐하면 우리 반은 번호 순서대로 차례차례 앉잖아?" 했더니 현민이가 슬그머니 일어난다.

아이들이 녀석에게 비난의 눈빛을 보내려는 찰나 "역시 우리 현민이는 정직해! 선생님은 분명히 스스로 나올 거라고 생각했거든. 현민이는 혼나는 것이 아니라 칭찬받는 거야. 이리 와." 하며 머리를 쓰다듬어 주었다.

"얘들아, 스스로 나오는 것은 용감한 일이야. 그리고 앞으로는 먹기 싫은 것이 있으면 버리지 말고 하나라도 먹어 본 다음에 선생님한테 못 먹겠다고 말해 줘. 그럼 선생님이 양을 줄여 줄게." 했더니 엄청나게 혼날 거라 예상했던 현민이가 제일 크게 "네!" 하고 다른 아이들도 줄줄이 "네! 네!" 한다.

학교에서는 정말이지 1학년 아가들이나 다 큰 6학년이나 밥 먹이는 것이 전쟁이다. 그래도 어쩌랴. 내가 한 숟가락이라도 입에 넣어 주면 그만큼 더 먹는 것을.

교사에 따라 정도는 다르지만 대부분은 매일 가볍게라도 급식을 먹는 습관을 지도합니다. 식습관 지도는 학교 내에서의 건강교육 중 하나일 뿐 아니라 정해진 시간 동안 다 함께 같은 음식을 먹기 때문에 식습관을 개선하고 예절을 배우는 절호의 기회이기도 합니다. 따라서 가정에서는 식사예절 교육을 해 주시고 학교에서의 급식 지도는 담임 교사에게 맡겨 두는 것이 좋습니다.

일반적으로 아이들이 학교에서 먹는 밥이 12년, 초등학교만 해도 6년이고 매일 한 끼씩이라고 생각하면 허투루 넘길 수 없는 부분입니다. 그러니 가정에서 가르치기 어려웠던 부분이나 흐트러진 식습관을 개선하기 시작할 때가 바로 초등학교에 입학한 이후입니다.

저학년들 중 편식이 심한 아이는 거의 매일 한두 가지의 반찬에 손을 전혀 안 대고 다 먹었다며 검사를 받으러 옵니다. 그때마다 그냥 버리라고 한다면 새로운 음식에 대해 경험할 수 없을 뿐 아니라 음식물 쓰레기 줄이기 등 학교에서 교육적으로 지도해야 할 부분까지 놓치게 되므로 나름대로 다양한 방법을 써서 가르치게 됩니다.

혹시 아이의 비위가 염려되신다면 담임 교사에게 미리 급식 지도와 관련한 상담을 요청해 충분한 정보를 주시는 것이 좋고, 알레르기를 유발하는 음식이 있다면 스스로 조심할 수 있게 가르쳐야 할 뿐 아니라 교사에게도 반드시 알려야 합니다.

신문기사에 나오는 일부 교사는 무조건 깨끗하게 다 먹어야 한다며 아이들을 괴롭게 하는 경우도 있는 모양이지만 대다수 선생님들은 부모와 같은 마음으로 한 숟가락이라도 더 맛보게 하려고 나름의 애를 씁니다. 애초에 타고난 입맛이 그렇기도 하고 비위가 약한 아이들도 있다는 것을 교사도 당연히 이해합니다.

사실 교사 입장에서 편식하는 아이, 급식 지도에 대해 지나치게 예민한 학부모의 아이는 가르치지 않고 그냥 내버려두는 것이 편합니다. 학부모에게 자잘한 민원을 받지 않아도 되고 아이들과도 쓸데없는 신경전을 벌이지 않을 수 있으니까요.

하지만 학교에서 이루어지는 교육 중에는 아이가 즐겁고 수월하게 배우는 것도 있지만 많이 힘들어도 참고 해내야 하는 것도 있습니다. 그 중 하나가 식습관 형성이고 아이들마다 천차만별이므로 교사가 하나의 기준을 갖고 지도를 하되 일부 아이들에게는 융통성을 발휘할 필요가 있어 가장 어려운 교육이기도 합니다.

밥을 잘 먹고 편식하지 않는 아이를 키우는 부모라면 학교에서 먹는 급식에 대해서도 큰 걱정을 하지 않으셔도 됩니다. 아이가 큰 산을 쉽게 넘겠다고 생각하시면 되겠지요.

이제 식단에 관한 이야기를 해 보고자 합니다. 일반적으로 주메뉴는 예산에 따른 양이 정해져 있어서 더 받기 어렵지만 밥, 국, 김치 등은 추가로 배식 받거나 자율배식대에서 스스로 떠 먹기도 합니다.

잘 먹는 아이를 키우는 부모님들께서는 부족한 양을 걱정하지 마시고 더 받아서 먹을 수 있다는 것을 알려 주시면 되고요. 교사들도 더 먹고 싶어 하는 아이들에게 스스로 받아 올 수 있도록 안내하지만 워낙 많은 아이들이 한꺼번에 식사를 하다 보니 미처 살펴 주지 못할 때가 많고 아이가 부끄러워서 말하지 않는 경우도 있으니 가정에서도 한 번쯤은 더 먹을 수 있다고 말씀해 주시는 것도 좋습니다.

초등학교에서는 교사들도 아이들과 같은 메뉴를 먹습니다. 보통은 우리 반 아이들의 배식이 끝날 때까지 서서 자리를 안내하고 모두 앉으면 교사도 배식을 받아 앉습니다. 대부분의 지역에서 학생들은 무상 급식이라 교사도 무상으로 먹는다고 생각하지만 아이들만 그럴 뿐 교사들은 당연히 식비를 냅니다. 이를 보고 예전 6학년 아이들은 굉장히 놀라더라고요. 선생님이 왜 돈을 내냐면서 말이지요. 너희들은 자라나는 학생이니까 나라에서 열심히 크라고 밥값을 내주지만 선생님은 어른이라 다 컸고 학교가 직장이니까 당연히 돈을 내야 된다고 했더니 우리 공부 가르치시느라 힘든데 밥도 돈 내고 드시냐고 열을 내던 기억이 있네요.

먹는 태도가 좋지 않은 아이는 수업 중에도 확실히 고칠 점이 보입니다. 편식이 심한 아이들 중에는 밥 먹는 것에 흥미가 없으니 급식실에서 돌아다니거나 의자를 빙빙 돌리고 다른 곳을 보고 있는 경우가 많은데요. 사실 이렇게 돌아다니기까지 하는 아이들은 한 반에 한두 명 정도 있을까 말까 합니다. 그렇기에 산만한 모습을 보이는 아이들은 교실에서도 주의 깊게 지켜보고 학부모님과 상담을 하여 고치도록 합니다.

'아직 어리니까 밥 먹으면서 돌아다닐 수도 있지.'라고 생각하시는 분도 계시겠지만 실제 학교 급식실에서 돌아다니며 밥을 먹는 아이는 거의 없으니 담임 교사가 그로 인해 상담을 요청한다면 심각하게 받아들여야 합니다.

급식 지도를 통한 바른 식습관 형성은 한 해의 지도만으로는 나아지지 않는 경우가 많습니다. 어떤 해에는 선생님의 가르침에 따라 싫은 음식도 최선을 다해 먹어 보지만 다음 해에 특별히 가르치지 않는 선생님을 만나면 도로 제자리로 돌아오는 아이들이 많습니다.

그렇기 때문에 가정에서도 편식에 대해서는 긴 시간을 두고 꾸준히 가르쳐 주시면 학교에서 급식을 먹을 때 큰 도움이 된답니다.

일기장 검사는 필요해,
일기쓰기와 검사

　　　　　한동안 말도 많고 탈도 많았던 일기 검사. 학생 인권
과 관련해서 신문 지상에 오르내리고 뉴스에서도 다룰 정도니 꽤나 큰
이슈였다. 하지만 나는 그러거나 말거나 13년을 내 스타일대로 주 2회
일기 검사를 해 왔다. 교사가 아이들을 중심에 놓고 학급 경영을 하고
있다는 점을 자신한다면 가르치는 데 있어서만큼은 비전문가의 말에
휘둘릴 필요가 없다고 생각한다. 그렇기에 나는 한번 옳다고 생각한
것, 아이들에게 이롭다고 여기는 것은 끝까지 하는 편이다. 대신 독단
적인 결정보다는 선배 교사들과 동학년 선생님들의 의견을 듣고 흔들
림 없이 나아가야 하고 그렇게 되었을 때 비로소 교실에서 이루어지는
모든 것이 교육으로 귀결된다고 믿는다.

　　각기 다른 개성을 지닌 아이들이 모인 학급은 그 안에서 어떤 교사
를 만나 어떤 교육을 받느냐에 따라 옆 반과 완벽히 차별화된다. 같은

학년, 같은 교과서, 같은 수업자료, 같은 교육과정을 운영하면서도 옆 반과 내 반은 분위기부터 다르다. 하물며 교육전문가가 아닌 사람들이 교실 밖에서 대강 지나가듯 본 것으로 하는 말이나 다양한 학급들의 하루하루를 알지 못하는 상태로 쓴 글들에 휘둘린다면 나의 전문성이 훼손되는 일일 것이다. 흐르는 시간 속에서, 교실이라는 같은 공간 속에서 우리는 생각보다 많은 관계를 맺고 '끈끈하고 친밀한 관계'를 형성한다.

그렇기에 나에게 일기 검사는 단순히 숙제 검사로 녀석들을 옥죄고 인권을 침해하려 하는 목적이 아니라 그들과 나 사이에서 개인상담 다음으로 중요한 소통의 수단이 되는 것이다.

실제로 일기 검사를 해 보면 아이들이 얼마나 좋아하는지 모른다. 물론 일기를 워낙 쓰기 싫어하는 아이들은 선생님이 댓글을 달아 주던, 도장을 찍어 주던 여전히 싫고 귀찮은 일이지만 대부분의 아이들은 인권 침해라며 폄하되는 것이 억울하다 싶을 정도로 우리들 사이의 행복한 이벤트로 생각해 준다.

저학년이건 고학년이건 우리 반 아이들은 매일 있는 자신들의 평범한 일상에 선생님이 적극적으로 반응해 주는 것을 신기해 하고 즐거워 한다. 일기장을 검사하고 나누어 주면 누가 볼세라 공책을 아주 조금만 열고 고개를 넣어 비밀스럽게 댓글을 읽는다. 그리고 아이는 입가에 미소를 떠올리는 표정을 나에게 선물한다. 댓글 읽는 재미에 빠진 우리 반 아이들은 내가 너무 바빠서 댓글 대신 도장이라도 한 번 찍어 보내면 한숨들을 쉬고 난리인 지경이다.

"오늘은 댓글이 없네!"

"선생님, 왜 댓글 안 달아주셨어요?"

여기저기서 아우성이라 댓글을 달지 않고 보내는 것은 1년 중 서너 번에 불과하다.

아이들은 4학년쯤 되면 대놓고 못 하는 말도 조심스레 풀어 놓기 시작하는데 이러한 내용들은 아이의 삶을 이해하기에 좋은 자료가 된다. 또한 어떤 학부모님께서는 일기장에 아이의 일상과 최근의 생각에 관한 이런저런 이야기를 적으시기도 하니 일기장은 때로 아이의 것만이 아니라 선생님과 부모님의 것이 되기도 한다.

아이는 선생님과 부모님의 소통을 보며 자신이 얼마나 소중한 존재인지 다시 한 번 깨닫게 되며 이를 통해 끈끈하고 친밀한 관계가 형성되면 어려움이 생겨도 선생님의 도움, 부모님의 관심을 바탕으로 생각보다 가볍게 넘어가기도 한다.

📖 채령이의 일기

나는 지난 주말에 순천만 정원박람회에 가족과 함께 다녀왔다. 여러 가지 모양의 정원들을 큰 공간 안에 잘 꾸며 놓아서 볼만했다. 하지만 그늘이 별로 없어서 덥기도 했고 다리도 무척 아팠다. 제일 기억에 남는 것은 걸어서 올라갈 수 있는 달팽이 모양의 언덕이었는데 올라가기는 힘들었지만 걷기에는 재미있었다.

선생님, 정원박람회 가려면요. 음, 커다란 배낭에 물티슈, 김밥이랑 간식, 물(제일 중요해요! 엄청 갈증날 거예요!), 이왕이면 돗자리도 가져가세요. 파라솔이 있는 곳은 이미 사람들이 많이 차지해 버려서…… 그리고 선생님은 아들 데려가시니까 길 잃어버리지 않게 조심하시고 미로정원 들어가면 같이 길 찾기 해 주세요. 거기 가면 열차, 배를 탈 수 있는데 저희는 매진돼서 못 탔어요. 그러니까 빨리, 일찍 가시는 게 좋아요. 참고하세요~

저번 일기에 우리 반 예쁜 채령이가 순천만 정원박람회에 갈 예정이라고 썼기에 선생님도 갈 거니까 다녀와서 정보 부탁한다고 했더니 일기장에 이렇게 생생한 후기를 써 주었다. 게다가 내가 아들을 데려갈 것까지 예상하고 의젓하게 걱정을 해 준다.

채령이 말처럼 물이랑 김밥이랑 간식거리, 돗자리 등을 가득 준비해서 알차게 다녀와야지. 세상에는 많이 살았어도 경험하지 않으면 모르는 것들이 있다. 그러니 어른도 이렇게 경험한 아이에게 배운다. 직접 다녀와 본 아이의 생생한 정보라니. 이런 것들이 바로 아이들에게 새로운 경험이 필요한 이유이기도 하다.

📖 **유정이의 일기**

선생님을 처음 만났을 때 우리 반 친구들은 되게 무섭다고 했다. 나도 물론 무서웠지만 선생님이랑 나랑 단둘이 처음 이야기했을 때 손을 잡아 주셨고 그때부터 하나도 무섭지 않았다. 우리 선생님은 내가 만화책에 관심이 많은 것도 알고 그림그리기를 좋아하는 것도 아신다. 항상 내 그림을 보고 한마디라도 해 주신다. 우리 선생님은 딱딱한 첫인상과는 다르게 상당히 부드러우신 분이다.

인생에서는 처음 그리고 마지막이 제일 인상 깊다 하지만 난 5학년 때가 가장 기억에 남을 것이다. 일단 일기 쓰는 걸 즐겁게 만들어 주신 선생님 은 유진영 선생님이 최초이다!

유정이는 이날의 일기 이후로 자신의 속마음과 숨기고 싶었던 가정 상황을 조금씩 일기에 쓰기 시작했다. 여태 아무에게도 말하지 못한 가족사의 불행을 토로할 사람을 찾아냈다 싶었는지 1년 동안 그에 대한 수많은 이야기를 써 내려갔고 나는 그때마다 댓글로 유정이를 다독여 주었다.

유정이가 3월에 쓴 이 일기는 담임 선생님 기분 좋으라고 비위 맞추려 쓴 일기가 아니다. 딱 보면 안다. 녀석의 진심을. 일기쓰기를 즐겁게 만들어 준 선생님은 내가 최초란다. 교사에게 이보다 더 큰 칭찬이 있을까? 내가 일기 검사를 통해 아이를 이해하고 긍정적인 영향을 줄 수 있다면 나는 그저 교육서비스를 베풀고 마는 직업인이 아니라 인생의 한편에서 오래도록 기억나는 스승이 되는 것이다. 그리고 나는 아이들과의 거리낌 없는 소통 속에서 또 다시 힘을 얻어 녀석들을 가르친다. 열과 성을 다하여.

학교에 입학하면 거의 매일 하게 되는 가장 큰 숙제이자 6년이라는 긴 시간을 지속하는 과제가 바로 일기쓰기입니다. 시중에는 일기쓰기와 관련한 많은 책들이 출간되어 학부모들의 참고자료가 되고 있지만 막상 아이가 입학해서 1학년부터 그림일기를 쓰기 시작하면 여러 가지로 고민이 큽니다.

현재 교육과정에서는 1학년 적응이 완료되고 읽기가 어느 정도 능숙해진 후 단어쓰기부터 시작하여 조금씩 글쓰기의 세계가 펼쳐집니다. 그리고 1학년 1학기 〈국어-나〉의 마지막 단원에서는 대망의 일기쓰기가 시작되지요.

일단 그림일기장은 미리 사지 말고 담임 교사의 안내에 따라 구입하는 것이 좋습니다. 어떤 것은 한 페이지에 글과 그림을 모두 넣게 되어 있고 다른 것은 한 페이지에는 그림만 그리고 다른 페이지에 글을 쓰게 되어 있는 등 구성이 조금씩 다르기 때문입니다. 저희 반은 학생들의 부담을 줄이기 위해 한 페이지에 글과 그림이 모두 들어갈 수 있는 그림일기장을 사도록 권장합니다.

한 단원에 걸쳐 그림일기 쓰는 법을 배우고 나면 여름 방학이 시작되고 이때부터 본격적으로 일기쓰기에 돌입한다고 보면 되는데요. 원래는 매일 쓴다는 의미로 '일기日記'이지만 최근에는'격일기隔日記'로 학생들의 부담을 덜어 주기 위해 횟수를 줄여 내 주는 경우도 있습니다. 저는 매주 월, 목요일을 일기 검사하는 날로 정해 한 편 이상 쓴 일기장을 내게 합니다. 이러한 세부적인 사항은 선생님마다 다르기 때문에 새 학년 담임 선생님의 안내에 따르면 됩니다.

자녀가 일기를 쓰기 시작하면 '그림을 너무 못 그리는 것 아니야?', '글씨가 이렇게 엉망이어도 돼?', '내용이 맨날 똑같네.' 하는 점들이 보이기 시작합니다. 이때 부모님께서 처음 두어 번은 가볍게 도와주실 수도 있고 시작부터 아이가 너무 힘들어하면 주제를 끄집어낼 수 있게 "오늘 일기 쓸 것 없으면 엄마 어깨 한 번 주물러 주고 그걸로 쓰지 그래?" 하는 식으로 소재를 만들도록 도와주시는 것도 좋습니다. 처음에는 내용, 그림 모두 부실하게 보일 수 있겠지만 일기의 장점은 자주 쓰면서 반드시 어느 정도 성장한다는 보장이 있으니 급하게 생각하지 않아도 된다는 점이랍니다.

1학년이 지나고 나면 그림일기장이 아니라 줄이 그어진 일기장을 쓰기 시작합니다. 저는 3, 4학년 때까지는 어느 정도 형태가 갖춰져 있는 일기장을 구입해서 쓰게 하지만 5, 6학년이 되면 일기에 나름의 의미를 부여하는 학생들이 많아지므로 자기가 좋아하는 형태의 수첩, 줄 공책, 연습장 등 무엇이든지 괜찮다고 말합니다.

일기는 주로 있었던 일 중에 하나를 골라서 그 일의 과정과 변화, 그에 관한 느낌과 생각을 담아내는 것이 기본이지만 매번 이렇게 쓰다 보면 쉽게 질리기도 하니 어떤 선생님들은 월별 일기 주제를 찾아 인쇄해 주고 그 안에서 쓸거리를 찾아보도록 하는 경우도 있답니다. 그러니 그림일기를 쓰지 않는 2학년 이후에는 아이가 서투르더라도 선생님의 도움을 받아 스스로 주제를 찾고 써 내려갈 수 있게 조금은 놓아 주서도 된다고 말씀드립니다.

또한 저는 상담 중에 일부 학부모님들께는 가끔 아이들의 일기장을 넘겨 보시라고 말씀을 드리는데요. 물론 이때는 아이의 허락을 받아서 보는 방법이 아니라면 절대로 들키지 않고 몰래 살펴보아야 한다는 조건이 따릅니다. 가만 보니 별 웃기는 것을 조언해 주는 교사지요.

하지만 이렇게 하라는 데는 이유가 있습니다. 초등학생들은 말과 행동에 자신의 생각이 곧잘 드러나기도 하지만 내성적이고 생각이 깊은 아이들은 글로 풀어내는 것을 좀 더 편하게 생각하는 경향이 있습니다. 또한 어떤 일이 일어나더라도 부모님과 선생님께 직접 말씀드리기는 애매하고 그렇다고 모르게 하기는 그러니까 조심스럽게 일기장에 쓰는 아이들도 있거든요.

그리고 저 같이 댓글을 달아 주는 교사가 올 한 해 담임이라면 내 아이와의 소통을 보면서 학교생활을 살펴볼 수도 있답니다. 이를 통해 부모님께서도 가정에서 변화의 노력을 해 본다거나 담임에게 상담을 요청할 수도 있으니 일기장은 여러모로 자녀를 알기 위한 좋은 자료라 할 수 있겠습니다.

그리고 다시 한 번 말씀드리지만 일기장을 살펴보는 가장 좋은 방법은 '아이의 허락을 받아 읽는다'는 것이고 차선으로는 '절대 들키지 않는다'는 것이며 그렇게 하기 어려우시다면 덮어두시는 것이 자녀와의 관계에 바람직하니 오해 없으시길 바랍니다.

공든 탑은 무너지지 않는다, 긍정적 사고 기르기

     작년에 만난 아이들은 재작년의 아이들과 성향이 많이 달랐다. 본디 교사들 사이에는 '해갈이 한다'라는 말이 있는데 올해의 아이들과 잘 맞으면 내년의 아이들이 힘들다는 식으로 쓰이는 단어이다. "유 선생. 작년 아이들이랑 그렇게 힘들게 지내더니 올해는 해갈이 하는 모양이네. 얼굴이 참 좋구만."처럼.

    그런데 녀석들은 '해갈이'에 해당하는 아이들도 아니었다. 왜냐하면 5학년으로 처음 만나 가르치는 동안 반 구성원이 섞여도 두루 괜찮을 것이라는 평을 받는 아이들이었고 그래서 6학년까지 이어서 데리고 올라갔으니까.

    곰곰이 생각해 보면 장점이 많은 아이들인데도 묘하게 수업 내내 지치고 힘든데다가 3월에 긴장할 때만 몇 번 꾸면 끝났을 '아이들이 조용해지지 않는 꿈'이 4월까지 이어지니 참으로 마음이 답답했다. 아무리 봐도 하나하나 따로 놓으면 모두 좋은 아이들이다. 집에서 사랑을 듬뿍 받아 6학년임에도 엇나갈 기색 없이 흔들림 없는 남자아이들과 다방면으로 매력 있는 모습을 보이는, 그래서 멋진 여자아이들. 그리고 체육시간에 실력을 제대로 보여주는 녀석들에, 숙제와 준비물을 완벽하게 갖출 줄 아는 아이들.

장점을 많이 가진 녀석들인데 왜 이렇게 어수선한 느낌이 드는 것일까? 그리고 매번 같은 반 친구들끼리 밀어내려 하고 요만큼도 손해를 안 보려 하는 것일까? 자기들끼리 정한 규칙이면서도 결과에 승복하지를 못하고 "선생님, 피구 시합 때 저도 대표로 나가고 싶은데 가위바위보에서 졌다고 안 된대요. 그리고 자기들끼리 모여서 제 뒷담화 했어요." 하고 일러바치기 일쑤이고 똑같이 몸으로 장난친 것이었으면서 "선생님, 쟤가 저 때렸어요." 하면서 자기가 한 일은 쏙 빼고 이르러 오는 것이 1학년보다도 못한 느낌이었다.

곰곰이 생각해 봤다. 아무리 봐도 이건 정말 큰 문제이다. 그래서 우리 아이들을 한데 모아 놓으면 무엇이 보이는지, 함께하는 활동에서 어떤 특징을 드러내는지 먼저 살폈다. 이 아이들은 개인의 능력이 우수하나 모아 놓으면 부정적인 말투를 사용하고 서로를 비난하는 행동이 보였다.

학급 내에서 아이들을 관찰하다가 고칠 점이 보이면 얼른 담임이 잡아 주어야 무탈한 1년을 보낼 수 있다. 솔직히 이 과정은 무척 힘이 들지만 아이들이 보여 주는 에너지가 부정적이면 무엇을 해도 즐겁지 않고, 즐겁지 않으니 교사인 나 또한 다양한 활동을 제시하지 않게 되기에 그냥 두어서는 안 된다. 방치할 경우에는 담임은 물론이고 교과담임 선생님들까지 수업하기를 꺼리는 힘든 반이 될 것이며 이것에 대한 피해는 고스란히 아이들이 받게 된다. 예를 들어, 선생님이 활동을 3개 준비했는데 서로 협동수업이 안 되면 다툼을 중재하느라 겨우 2개만 하고 나오는 반이 될 수가 있다는 뜻이다.

그래서 그 당시 우리 반은 '긍정에너지를 채우자!'를 목표로 삼았다. 이전에는 주 1회 실시했던 감사일기를 매일 감사일기 쓰기로 바꾸었고 교과담임 선생님들께도 사소한 칭찬이나마 해 주시기를 부탁드렸다. 나는 월, 목요일에 검사하는 일기장에 아이의 장점을 하나하나 열거해 가며 긍정기운을 북돋워 주기로 마음을 먹었고 필요하다면 아이들 전체에게 편지를 쓰기로 했다.

기본적으로 그해의 아이들은 참 사랑스럽고 좋은 녀석들이었다. 머리가 좋고 꼼꼼하다 보니 고쳐야 할 점을 가르치면 빠르게 변화하는 모습을 보여 주었다. 처음에는 신발장에 신발을 툭 던져두는 아이들이 몇 있기에 일주일간 지도했더니 며칠 지나지 않아 완벽하게 칼 각을 자랑하고, 수업시간에 고개를 푹 숙이고 책만 보면서 눈을 마주치지 않기에 "선생님을 바라봐 줘."라고 했더니 씨익~ 웃으면서 금방 고개를 들어 봐 주는 아이들. 숙제와 준비물을 빼 먹는 녀석들이 좀 있어서 다소 엄격하게 지도한 결과 거의 이틀 만에 바로 잡히기도 했으니 이만하면 부정의 기운을 멀리 떨칠 수 있겠다는 희망이 생기면서 여러모로 역량까지 충분한 내 아이들이라는 생각이 들었다.

오늘은 4월 중 가장 큰 학교행사인 과학의 날이다. 6교시 내내 여러 가지 과학행사가 있는 날이라 목구멍에서 피가 나게 실험과정을 설명하고 아이들을 인솔해야 한다. 우리 학교는 반별로 부스체험을 운영하다 보니 다들 교실을 이동하게 되고 이럴 때 옆 반 선생님께 받는 칭찬은 아이들의 기운을 북돋운다. 2반 선생님께서 말씀하신다.

"1반 아이들이 제일 손도 빠르고 차분하더라."

3반 선생님께서도 칭찬을 하셨나 보다. 부스 체험을 끝마친 아이들이 부리나케 교실로 돌아와서는 나에게 자랑하기 바쁘다. 칭찬을 한아름 받아 와 내 앞에 펼쳐 놓고는 다시 한 번 예쁨을 받으려는 아이들. 그 초롱초롱한 눈빛에 "아이고, 잘 했네. 내 새끼들." 소리가 절로 난다. 내가 애쓰는 만큼, 아이들이 유연하게 받아들여 주는 만큼 학급의 분위기가 변화한다.

긍정적 사고 기르기, 학교에서는 이렇게 합니다

학교에서는 본의 아니게 경쟁 심리가 발동되는 상황이 많습니다. 그렇다 보니 아이들도 그 속에서 살아남기 위해 나름대로 생존 본능을 발휘하는데 그 방법 중 하나가 친구들의 말에 부정적으로 반응하거나 교실 내의 활동에 적극적으로 참여하지 않는 모습을 보이는 것이랍니다. 그렇게 되면 교사들이 1년간 학급 경영을 하기가 힘들 뿐더러 아이들끼리도 매일매일 살얼음판을 걷는 것처럼 살아갑니다.

그렇기에 학급 분위기 조성은 학습보다 더 중요한 것이라 생각하고 긍정적으로 만들고자 노력하는데요. 선생님들마다 다르지만 말로 타이르는 고전적이며 기본적인 방법부터 감사일기 쓰기, 모둠일기 쓰기, 감정카드를 활용한 아침 열기, "고마워, 미안해." 인사하기, 바른 말 고운 말 낭독하기, 한 달에 한 번 짝에게 편지 써 주기, 고전 읽기 등 다양한 방법 중 여러 가지를 선택해서 1년 내내 병행합니다.

저는 주로 저학년에게는 바른 말 고운 말 낭독하기와 한 달에 한 번 짝에게 감사카드를 써 주도록 지도하고 고학년에게는 감사일기 쓰기, 교사가 전체 아이들에게 편지 써 주기와 개별, 집단상담 방법을 활용하는 편입니다.

학교에서의 다양한 노력에도 불구하고 이미 어린 시절부터 정서적인 결핍이 누적되어 부정적인 사고를 갖고 있거나 자존감이 떨어진 아이들은 1년 내내 친구들과의 관계에서 어려움을 겪고 폭력적인 성향을 동반하는 등 교실 분위기를 어둡게 만들기도 합니다. 혹여 학교에서 이런 이유 때문에 상담을 요청 받으실 경우 열린 마음으로 임해 주시고 가정에서도 학교와 교사, 반 친구들에 대해 긍정적인 말을 해 주셨으면 합니다. 그러면 교사들도 믿어 주시는 부모님들 덕분에 힘을 얻어 아이를 더 큰 애정으로 보살필 수 있으니까요.

또한 학교에서는 교육청에서 운영하는 Wee 상담센터로 가족상담, 학생상담 등을 무상으로 연결해 주기도 하고 Wee 클래스가 있는 학교라면 교내 상담실에서 편리하게 도움을 받을 수 있도록 안내하기도 한답니다. 일부 학교에 설치되어 있는 Wee 클래스는 그곳에 상주해 계시는 선생님들이 전문 상담교사이기에 신뢰할 만할 뿐 아니라 아이들이 담임 선생님이나 부모님께 하지 못하는 말을 편하게 놀러가듯 들러서 이야기할 수 있는 분위기이어서 정서·행동적 어려움을 겪는 학생에게 추천합니다. 참, 대부분의 아이들은 가정에서 받은 사랑과 나름의 자신감으로 문제없이 학교생활을 하니 미리 걱정은 하지 않으셔도 된답니다.

수학시간, 덧셈과 뺄셈 한 단원을 거의 마무리하게 되었으니 복습을 해야겠다고 생각했다. 반복적인 연산 문제이긴 하지만 그 형태가 재미있으면 아이들은 더욱 쉽게 해내기도 하니 땅따먹기 놀이판으로 가장한 학습지를 준비했다. 그리고 그 판에는 자신의 말이 들어가면 '선생님 사랑해요.' 하며 안아 주는 미션도 넣었다. 이렇게 나는 아이들을 꼬옥 안아 주고 싶은 사심을 감추지 않은 채 복습을 준비했다.

1학년 담임을 하면서는 골고루 해 줄 수 없는 애정표현이라면 자제하게 된다. 누구인들 선생님이 쓰다듬어 주는 손길을 마다할 것이며 어떤 아이인들 사랑한다는 말을 싫어하랴. 그렇기에 다들 똑같이 해 줄 수 있는 방법만을 찾게 되었고 자연스레 횟수가 줄어드는 아쉬움이 있었다. 게다가 그렇게 지내다 보니 내 마음이 영 즐겁지 않았더랬다.

원래 나는 복도에서 우리 반 아이를 마주치면 마음 내키는 대로 안아 주고, 교실에서도 내 마음대로 머리를 쓰다듬고 어깨를 두드려 주는 사람이다. 특히나 내가 힘든 날이면 "선생님 한 번 안아 주라." 하고 우리 반 아이들을 불러대는 아주 웃기는 교사이기도 하다.

2교시 수학시간! 두구두구두구~ 대망의 수학시간이다!

아이들은 선생님의 이런 마음을 모를 테지만 혼자 신이 난 나는 게임 방법과 규칙을 설명하고 후다닥 사심이 가득한 덧셈 뺄셈 복습게임을 시작한다. 공깃돌을 자기의 말로 삼아 티잉~ 손끝으로 튕겨 보내다가 '선생님 사랑해요'가 나오면 미션을 수행하겠다고 앞으로 쭈뺏쭈뺏 나오는데 부끄러워하는 볼딱지에 마알간 웃음이 가득하다.

꼬옥 안아주면서 "사랑해요. 멋진 아들! 사랑해. 예쁜 딸!" 하고 말을 하니 얼굴이 발그레해 가지고선 토끼 춤을 추며 들어간다. 다른 아이들은 선생님과 친구가 안고 있는 모습에 괜히 자기가 부끄러운지 게임을 하면서도 물개박수를 치며 깔깔대며 웃고 난리가 아니다. 뒤이어 나오는 아이들. 게임판의 많은 칸 중에 딱 두 군데 밖에 없는 선생님 안아 주기가 참 잘도 걸린다. 거기다 우리 반은 스물여덟이니 안아 주고 속삭여 주기 바빠서 기분이 좋아졌다.

안아 주고 감싸 주고 사랑을 속삭이는데 싫어할 아이가 누구랴. 우리 반에서 제일 작은 귀염둥이부터 마치 3학년처럼 큰 아이까지 미션을 완수하고 들어가는 얼굴에 핑크빛 하트가 보인다.

'아이고, 예뻐라. 아이고, 사랑스러워라. 너희들도 내심 선생님이 좋

은 게지.'

혼자 마음대로 생각하고 나니 마음이 둥실 떠오른다. 이런 공부시간
이라면 맨날 해도 좋겠다. 합법적으로(?) 안아 주고 싶어서 내심 미션
에 많이많이 걸리기를 바랐는데 정말이지 아이들이 자알 걸려 주었다.
하하하핫. 이렇게 사심 가득한 수학 복습시간, 끝!

신나는 공부시간, 학교에서는 어떻게 운영하고 있을까

공부시간 그러니까 수업은 생활지도와 더불어 학교 교육의 근간을
이루는 부분이기에 무척 중요합니다. 최근에는 사교육이 활성화되어
학교 수업의 필요성이 줄어드는 등의 문제가 제기되고 있으나 체계적
으로 짜인 교육과정과 전문가들이 모여 만든 교과서, 이를 활용하는
담임 교사의 수업 기술이 어우러져 아이들의 성장에 큰 도움을 준다는
점은 간과할 수 없는 부분입니다.

초등학교 교육과정을 살펴보면 1~2학년 군에는 국어·수학·바른
생활·슬기로운 생활·즐거운 생활이 있으며, 3~4학년 군에는 국어·
사회/도덕·수학·과학·체육·예술(음악/미술)·영어가, 5~6학년 군에
는 국어·사회/도덕·수학·과학/실과·체육·예술(음악/미술)·영어
가 포함되어 있습니다.

기본적으로 교과서가 배부되는 위의 과목들 외에도 창의적 체험활
동이 있는데요. 이는 자율활동·동아리활동·봉사활동·진로활동으

로 구성하며, 1~2학년은 체험활동 중심의 '안전한 생활'을 포함하여 편성하고 운영합니다.

학년 군별 교육과정 시간 배당은 교사가 자율적으로 정하는 것이 아니라 지침에 의거하여 학교 교육과정을 만들고 그것을 바탕으로 이루어집니다. 예를 들어, 1~2학년 국어 교과라면 2년간 기준시수가 448시간(증감 범위 359~537시간)이고 이를 학교에서 융통성 있게 운영할 수 있도록 증감시수를 정해 주는 것이지요. 이렇게 해서 2017년 현재, 1~2학년 군은 총 수업시간 수가 1,744시간, 3~4학년 군은 1,972시간, 5~6학년군은 2,176시간으로 배당되어 있습니다. 또한 학교의 수업일수는 초중등교육법 시행령 제 45조에 의해 주 5일 수업을 전면 실시하는 경우에는 연간 190일 이상 확보하도록 정해 놓았습니다. 이에 따라 방학과 재량 휴업일 등의 일수도 함께 영향을 받는 것이랍니다.

복잡하기 만한 수업시수에 대한 이야기는 이것으로 마치고 교과서에 관해 말씀드리고자 합니다.

일단 국어는 학기당 〈국어-가〉, 〈국어-나〉와 〈국어 활동〉이 교부됩니다. 〈국어-가〉와 〈국어-나〉는 주교과서이고, 〈국어 활동〉은 학교에서 부교재처럼 활용하거나 가정에서 자유롭게 해결할 수 있도록 합니다. 담임 교사의 활용 방식에 따라 어떤 반은 〈국어 활동〉을 마지막 장까지 모두 학교에서 해결하기도 하고 다른 반은 숙제로 내주기도 합니다. 즉, 교사의 수업 스타일에 따라 재량으로 활용하는 차시가 많다고 보시면 되겠습니다.

수학은 매 학기 두 권이며 〈수학〉과 〈수학 익힘책〉으로 구성됩니다. 사실 학교에서 배우는 두 권의 책은 아이가 수학적 사고력을 기르거나 문제 해결에 능숙해지는 데는 턱없이 부족한 양입니다. 반드시 그 학기의 새 교과서나 문제집을 구입해서 복습을 하도록 해야 학교 수업에서 배운 개념을 자기 것으로 만들 수 있습니다. 초등 수학은 교과서에 제시된 수학적 개념을 명확히 아는 것이 기본이면서도 아이들에게 가장 힘든 일이기도 합니다.

그나저나 분명히 1~2학년 군에서 바른 생활, 슬기로운 생활, 즐거운 생활을 배운다고 해서 아이가 교과서를 받아 오기를 기다렸는데 녀석이 가져온 것은 〈봄〉이라던가 〈여름〉이라는 제목을 달고 있는 책이란 말이지요. 자세히 설명을 해드리면 실제 교육과정에는 '통합교과'로 제시되어 있고 그 안에 우리가 어렸을 때 배웠던 바생, 슬생, 즐생이 모두 들어간 것이라 보시면 된답니다. 이를 교과서로 만들어 놓은 것이 아이들이 배우는 순서에 따라 계절감을 반영한 〈봄〉, 〈여름〉, 〈가을〉, 〈겨울〉이라는 네 권의 책이랍니다. 그러므로 아이가 〈봄〉 책을 배운다고 하면 '아, 그 안에 우리 어릴 때 배운 바생, 슬생, 즐생이 골고루 들어간 것이구나.' 하고 생각하시면 된답니다.

이외에도 '범교과 학습주제'라는 것이 있는데요. 교육부에서 의무적으로 실시하도록 하는 주제 이외에도 각 지역별로 조금씩 다르게 넣는 여러 가지 교육활동이 여기에 포함됩니다. 이는 별도의 교과서나 교재가 없는 경우가 많고 학기 초에 교육과정을 짜면서 관련된 교과나 창의적 체험활동에 넣어 가르칩니다.

범교과 학습주제로는 한자교육, 독서교육과 정보이용교육, 장애이해교육, 사이버폭력 예방 및 정보화 역기능 예방교육, 다문화교육, 영양교육, 보건교육, 성교육, 심폐소생술교육, 평화통일교육, 안전교육, 인성교육, 학교폭력예방교육, 생명사랑교육, 독도교육 등이 있습니다.

숙제가 뭐예요,
개학 전 걸려 온 전화

 방학이다. 나의 방학이기도 하고 내 아이의 방학이기도 하며 우리 반 아이들의 방학이기도 하다. 방학이면 나는 완벽하게 전업주부 모드로 전환해서 집안일과 아이 케어에 전념한다. 그렇게 오늘도 나는 일곱 살 녀석과 씨름 중이다.

 "밥만 몽땅 먼저 먹고 반찬은 남겨 두면 학교에 가서 어떻게 급식을 먹어? 선생님이 너 밥 먹이다가 화나시겠다." 하며 교사 엄마로서의 직업병을 버리지 못하고 식사시간마다 급식 지도를 한다거나 "벗은 옷 바르게 개야지. 그렇게 해 놓고 나가려고?" 하는 등 폭풍 잔소리와 작은 신경전들이 벌어지는 시기.

 이렇게 한바탕 등원전쟁을 치르고 "으아, 카페인이 필요해!"를 외치며 여유롭게 커피를 한 잔 타서 마시려는데 딩동 딩동 문자 알림이 요란하다.

선생님주아예요 방학숙제를읽어버렸어요죄송해요

방학식 하는 날, 숙제 물어보는 전화 말고 **선생님, 보고 싶어요**하는 전화를 하랬더니 개학 3일 전에 기어이 한 아이에게서 문자 연락이 왔다. 그래그래. 아직은 1학년, 너에게는 학교에 입학해서 처음 맞은 방학이었지. 그래도 숙제를 다해 오려는 아이의 마음이 기특하다 싶어 **선생님이 학급 홈페이지에 올려두었어. 부모님이랑 같이 확인하렴.** 했더니 **아 그기에숙제가있어요** 한다.

아이와 문자를 주고받자니 갑자기 웃음이 피식 난다. 맞춤법이랑 띄어쓰기를 아직 모르는 1학년이니 이 문장 하나 쓰려고 얼마나 애를 썼을까? 선생님한테 문자를 하자니 맞춤법 하나까지 힘들고 그 와중에 숙제는 해야 하는 아이의 표정이 떠오른다.

오늘 아침 너도 내 아이처럼 "숙제를 왜 이제 와서 선생님께 여쭤보고 그래! 에휴."하고 부모님께 잔소리를 들었을지도 모르지. 그래, 네가 숙제를 물어오는 것을 보니 이제 곧 개학이구나. 우리 건강한 모습으로 반갑게 만나자. 사랑해. 선생님은 갑자기 네가 많이 보고 싶어졌어.

개학 전 걸려 온 전화, 방학숙제는 어떻게 해야 할까

학교에 따라 다르긴 하지만 요즘에는 우리가 어렸을 때처럼 숙제 양이 많지는 않은 편입니다. 대부분 일기와 독서록 정도가 필수과제로 제시되고 선택과제로 1인 1운동하기, 여행 다녀와서 체험보고서 작성하기, 식물 키우고 관찰일지 쓰기, 부모님께 효도하기, 1인 1악기 연주하기, 만들기 및 그리기 등 다양한 주제에서 골라 하나쯤 해 보도록 권장합니다. 올해 저희 학교는 독서 감상문 3편 이상과 횟수를 정하지 않고 자유롭게 일기쓰기가 필수과제였고 이는 저희 반의 모든 학생들이 개학식 날 바로 제출할 수 있을 정도의 양이었습니다.

방학숙제가 부모의 숙제가 된다는 의견이 많아 최근 방학숙제를 검사한 결과로 시상을 하는 학교가 줄어들었고, 부모님의 손을 거치지 않고 아이들 나름으로 수준에 맞게 해 온 것을 교실 내에서 전시를 하거나 전시 없이 검사만 하고 돌려주는 방식으로 간소화된 곳도 있습니다.

방학식을 하는 날 안내장을 통해 숙제를 자세히 안내하지만 몇몇 아이들은 꼭 개학 며칠 전에 연락을 해 옵니다. 고학년들은 친구들끼리 연락해서 숙제를 확인하는 고수다운 면모를 발휘하는 반면 저학년들은 아무래도 혼자 끙끙 앓는 경우가 많습니다.

방학숙제를 잊어버린 아이들을 위해 요즘에는 학교와 학급 홈페이지에 파일을 탑재해 두거나 팝업창으로 띄워 놓기도 하니 먼저 학교 홈페이지에 방문한다면 아이의 당황스러운 마음을 다독여 줄 수 있으리라 생각합니다.

"드르륵." 고요한 아침 독서시간, 아이들이 한참 몰두해 있는 가운데 집중도를 확 낮추는 소리가 들린다. 나와 아이들의 시선은 일제히 뒷문으로 향한다. 또 윤호다. 3월에 만나 몇 주가 지난 지금까지 윤호는 9시가 다 되어 오거나 1교시 수업을 한창 하는 중에 문을 열고 들어온다. 나는 원래 그런 아이라는 듯 익숙하게, 한편으로는 조금 민망하다는 듯한 표정으로.

우리 반은 지각 체크와 숙제 검사를 무척 철저하게 한다. 지각을 하면 논어를 써야 하고 숙제를 해 오지 않으면 남아서 반드시 다 하고 가야 한다. 그래서 대부분의 아이들은 적어도 나와 함께하는 1년간 최선을 다해 시간 약속을 지키고 숙제를 성실하게 해 온다. 다소 엄격하게 보이지만 고학년일수록 개선의 여지가 줄어들기 때문에 학기 초 한 달간 꽤나 칼같이 검사를 하고 나면 우리 반 아이들은 '오늘 숙제하기도 싫은데 대강 혼나고 넘어가지 뭐.' 하는 버릇을 버리게 된다. 게다가 부모님께서는 숙제하라는 말을 하기 전에 먼저 알아서 해 놓는다며 대부분 좋아하시는데 윤호 어머님은 좀 달랐다.

"선생님, 저는 윤호를 어떻게 못하겠어요. 아이 아빠는 옆에서 학교 숙제는 긴 인생에서 그리 중요하지 않다면서 아이 편만 들고요. 여러모로 저도 힘들고 그래서…… 그냥 저희 아이는 내버려두셨으면 좋겠어요."

윤호의 부모님은 언제나 아이의 뜻을 받아주기만 하고 고집을 부리면 이길 수가 없다며 방임하는 양육 태도를 지니고 계셨다.

"어머님, 올해 윤호가 벌써 열두 살, 5학년입니다. 앞으로 6학년이 되고 중학교에 가면 더 힘드실 텐데 1년간 저한테 맡겨주시겠어요, 아니면 이대로 쭉 힘들게 키우시겠어요?"

한참을 고민하시던 어머님께서는 "선생님, 저희 윤호 올해 잘 부탁드립니다." 하는 말로 나에게 힘을 실어 주시기로 했다.

그날부터 나는 윤호와 더욱 편한 마음으로 교감을 할 수 있었다. 같은 반 아이들이 처음에 "선생님, 윤호는 4학년 때까지 거의 숙제 해 오는 것을 못 봤어요.", "윤호는 원래 1교시 시작하면 와요."라는 말을 할 정도로 녀석의 행동은 고착화되어 있었다.

그런데 가만히 보니 녀석은 꽤 영특한 머리와 순수한 마음을 지녀 친구들에게 나쁜 행동을 하지 않는다는 좋은 점을 가지고 있었다. 다만 학교생활을 하다 보면 자신이 싫어하는 것을 해야 하는 일이 많기 때문에 무기력하게 보일 뿐이었다. 희망이 있었다. 윤호가 숙제를 해 오는 날은 폭풍칭찬을 해 주었다.

같은 반 아이들도 "어? 너 4학년 때랑은 다르다? 우와!"하는 말로 은근히 격려를 해 주기 시작했다. 가끔은 쉬는 시간에 화장실에 가는 녀석의 손을 잡고 씩 웃으며 "그냥, 오늘 네가 1교시 시작하기 전에 와서 선생님 기분이 좋더라고." 하거나 방과 후에 잠깐 남겨서 "어제보다 오늘 더 열심히 지내 줘서 고마워." 하며 어깨를 토닥여 주었다.

그냥 그게 다였다. 여전히 나는 숙제와 준비물, 지각에 대해서는 매우 엄격한 선생님이었고 윤호만을 위해 학급규칙을 흔들 생각은 없었다. 얼마가 지났을까? 윤호가 친구들에게 인정을 받는 횟수가 점차 늘어나더니 1학기 말에는 거의 모든 숙제를 해 왔으며 지각을 하는 날은 손에 꼽을 정도가 되었다.

반 친구들은 1학기 말에 쓴 롤링페이퍼에 "윤호야, 네가 이렇게 숙제를 잘하는 아이인 줄 몰랐어."라거나 "예전으로 돌아가지 말고 지금처럼 2학기까지 열심히 하자."라는 말로 격려해 주었다. 윤호는 그해 처음으로 엄격한 어른을 만나 그 안에서 규칙을 지키며 자기 관리를 하는 법을 배웠다. 그리고 학교생활 중에 내키지 않아도 해야 하는 많은 일들을 제대로 해내는 것이 생각보다 즐겁다는 것도 알게 되었다. 그러니 교사는 녀석들이 스스로 할 수 있을 때까지 최선을 다하게 되는 것이다.

아이들이 학교에 다니는 내내 모든 것은 처음부터 끝까지 규칙과의 싸움으로 이루어집니다. 하기 싫은 숙제, 꼼꼼하게 챙기지 않으면 쉽게 잊어버리는 준비물, 늦잠이라도 한 번 자면 지각하기 일쑤인 아침 등교시간과 짧은 쉬는 시간 뒤에 이어지는 수업시간 준수, 친구들과 놀 때 지켜야 하는 매너와 학교 시설을 이용하는 예절까지. 아이들은 학교라는 집단 안에서 무수히 많은 규칙과 규범을 지키며 살아갑니다. 가만히 생각해 보면 꽤나 피곤한 일이 아닐 수 없지요. 하지만 사회에서 무탈하게 살아가려면 초등에서부터 어느 정도 수준의 좋은 습관을 마련해야 하는 것은 사실입니다. 그리고 저는 일단 학교에 왔으면 그러한 교육을 받고자 희망하고 있다는 것을 전제로 하여 학생들을 지도하는 편입니다.

각각의 개성을 지닌 아이들이 학급과 학교의 규칙을 지키며 생활하는 것이 마냥 답답할 것 같아도 막상 들여다보면 일관성 있는 교육이 이루어지는 학급에서는 오히려 안정적으로 지낸다는 것을 알 수 있습니다.

교육을 행함에 있어서 개성을 존중하는 것도 반드시 필요하지만 모두가 함께 배우고 익히며 생활하는 곳에서는 타인에게 피해를 주지 않으면서도 제 몫을 챙길 수 있도록 기본적인 예의를 갖추는 것이 중요합니다. 그러니 지각을 잡는 것이나 과제를 검사하는 것과 같이 규칙 속에서 활동하는 것은 틀에 맞추어 개성을 말살하는 것이 아니라 단체

234

생활에서의 매너를 가르치는 것이라고 보면 좋겠지요.

규칙을 어느 정도 선에서 정하는가, 지키지 않았을 때는 어떻게 하는 것이 바람직한가에 대해서는 교사들마다 생각이 다를 뿐 아니라 지니고 있는 교육관에 따라 지극히 주관적으로 운영될 수 있는 부분입니다. 그러므로 최근에는 아이들과 함께 학급회의를 거쳐 규칙을 정하고 조율을 하는 경우가 많습니다.

고학년들은 학교와 학급의 규칙이 모두에게 공평하게 적용되는가에 대해서 민감하다면 저학년들은 숙제나 준비물 검사에 더 예민하게 반응합니다. 학부모님들도 마찬가지이고요. 우리 반은 숙제가 이만큼인데 옆 반은 양이 다르다더라, 우리 반은 매일 검사하는데 다른 반은 일주일에 한 번 검사한다더라, 우리 반은 조사 숙제가 나왔는데 옆 반은 그런 숙제 없다더라 하는 식으로 다른 반과 비교를 하기도 합니다.

원래 숙제라는 것은 학생의 복습이나 예습을 위해 제시하는 것이므로 반마다 통일할 수 없는 부분입니다. 반별로 학습 수준이 다르고 필요한 보충 주제가 다르기에 절대 같아서는 안 될 뿐 아니라 담임마다 중요하게 여기는 부분이 달라서 똑같이 숙제를 제시할 수가 없기 때문이지요.

예를 들어, 1반 담임은 바르게 글씨를 쓰는 것이 중요하다고 여겨 일주일에 두 번 바른 글씨쓰기 숙제를 내주고, 2반 담임은 수학 교과서에서 틀린 문제를 다시 풀어 보는 것이 중요하다고 여겨 오답노트 쓰기를 내줍니다. 3반 담임은 독서가 필요하니 이틀에 한 번씩 간단한 독서록쓰기를 내주고, 4반 담임은 독서가 필요하지만 쓰기보다는 능숙하게 읽기가 필요하다고 여겨 소리 내어 읽기 숙제를 내줍니다.

이처럼 담임의 교육관과 반 아이들의 수준에 따라 숙제의 내용이 달라지기도 합니다. 우리 반 아이들이 능숙하게 하는 것을 굳이 옆 반이 한다고 해서 같은 숙제를 하고 있을 이유는 없기 때문이지요.

숙제의 양도 그렇습니다. 어떤 부모님은 아이가 책상 앞에 진득하게 앉아 하는 시간이 길었으면 좋겠다며 숙제가 많기를 바라십니다. 그러나 다른 부모님은 학원 숙제가 많으니 학교 숙제는 적었으면 좋겠다고 말씀하시지요. 교사는 어느 장단에도 맞추지 않습니다. 이에 관한 판단은 학급을 경영하는 교사가 내리기 때문에 바꾸기를 요구하는 것은 월권으로 받아질 수 있을 정도로 민감한 부분입니다.

올해의 담임이 어떻든 아이는 분명히 배울 점이 있습니다. 학부모 한 사람의 구미에 맞춰 학급 운영을 할 수는 없으니 가급적 아이에게 나름의 장점을 이야기해 주시고 긍정적으로 바라봐 주셨으면 합니다.

저도 아이를 키우다 보니 아이의 선생님들이 지닌 특성을 파악하게 되는데요. 제 기준에서 무척 좋았던 해도 있었고 아닌 해도 있었지만 아이에게는 항상 "올해 선생님은 글씨를 참 꼼꼼하게 가르치시더라. 우리 아들 올해는 글씨쓰기 제대로 배우겠네." 한다거나 "올해 선생님은 너희를 골고루 사랑하시는 것 같더라. 우리 아들 예쁨 받겠네." 하는 식으로 좋은 점을 말해 주곤 합니다. 그러면 아이도 정말 그렇다고 생각하고 긍정적으로 원 생활을 하게 되니까요.

우리 아이의 담임이 과하게 체벌을 하는 교사, 아이들에게 감정을 여과 없이 쏟아내며 언어폭력을 일삼는 교사, 성적 수치심을 유발하는 교사, 수업시간에 아이들을 방치하고 개인적인 일만 하는 교사 등과 같이 도를 넘지만 않는다면 담임 선생님의 교육관을 존중해 주시고 1년간 무엇이라도 하나는 배우겠지 하는 마음으로 믿어 주신다면 큰 힘이 된답니다.

내 아이가 아프다. 아이의 선생님께 오늘 등원이 어렵겠다며 연락을 드리고, 교감 선생님께 조퇴 허락을 받고, 아침에 오자마자 부랴부랴 담당 선생님께 보결 수업을 부탁드리고, 내일 있을 교과담임 선생님 공개수업을 위해 교실 정리를 하고, 학부모님들께 참관을 와 주십사 전체 문자를 돌리고, 영재교육 시스템 등록 오류를 확인하고, 수업을 하고, 일기 검사를 몇 권 하고, 그 와중에 커피는 마셔야겠다며 아까부터 타 놓은 식어 빠진 믹스커피를 원샷하고, 친정 엄마에게 전화해서 아이의 상태가 어떤지 물어보고, 평소에 다니던 작은 소아청소년과에 전화해서 수액을 맞힐 수 있는지 물어보고, 다시 컴퓨터 앞에 앉아 헉헉거리다가 아까 하다만 일기 검사를 하고, '아, 맞다! 어머님. 큰 아주버님네 가셨지. 그럼 어머님 댁 개밥도 챙겨 줘야 해. 열쇠 꼭 챙겨야겠네.'

머릿속 생각들도 내 몸뚱이처럼 종일 두서없는 종종걸음을 한다.

우리 반 아이들에게 양해를 구하고 미리 알림장을 쓴다.

"미안해. 얘들아. 선생님이 오늘 5교시부터 출장이 잡혀 있네. 보결 선생님 들어오시면 말씀 잘 듣고 반장은 주변 청소 검사 좀 해 주렴. 그리고 문단속도 부탁한다."

아픈 내 아이는 어느 새 출장의 목적이 되어 버렸지만 차마 우리 집 사정 때문에 너희의 수업을 못한다는 말은 할 수 없었다.

우리 반 아이들에게는 미안한 마음으로, 보결 수업을 들어 와 주시는 선생님께는 죄송한 마음을 안고 아이를 차에 태워 병원으로 향한다. 여기저기 아픈 아가들의 울음소리가 들리는 혼돈 속에서나마 급한 불을 꺼줄 수액을 맞히고 있다는 안도와 뒤이은 피로감에 병상 옆 의자에 푸욱 퍼져 있는데 울리는 전화벨.

"선생님, 저희 아이가 없어졌어요! 방과 후 교실에 안 왔다고 하는데 혹시 교실에 있는지 하고 연락드렸어요."

맙소사. 하필 내가 없을 때 이런 일이 생기다니.

"어머님, 제가 출장 중이라 오늘 5교시부터 학교에 없었어요. 보결 들어가신 선생님께 연락해 볼게요." 하고 이리저리 전화를 돌린다.

이 녀석이 어디로 간 것일까? 행방이 묘연하다. 다시 어머님께 전화를 드린다.

"어머님, 보결 들어오신 선생님들도 별 문제 없이 하교시켰다고 그러시는데……."

"선생님, 민혁이가 금방 집에 들어왔어요. 6교시부터 머리가 아팠다는데 다른 선생님이라 이 녀석이 말씀도 안 드리고 곧장 집으로 왔다네요. 정말 죄송해요." 하신다. 다행이다. 정말 다행이다.

그나저나 엄마가 잠시 학교 형아의 일로 혼이 나가 있는 사이에 아이는 조용히 잠이 들었다. 우리 반 아이도 무사히 집에 들어갔다니 안심이다. 자, 이제 정말로 한숨 돌려 볼까?

방과 후 학교 수업, 내 아이에게 득이 되게 활용하기

초등학교에서는 담임 교사가 거의 대부분의 수업과 생활지도를 맡기 때문에 담임이 오지 않는 날이면 그 반 아이들이 괜스레 짠해 보인다고들 말합니다. 마치 든든한 보호자가 없는 녀석들처럼 기운도 없고 그날따라 아픈 아이가 생기는 등 사건 사고가 발생하기도 하는데요. 민혁이도 원래는 정규 수업이 끝난 3시경이면 방과 후 수업을 하는 교실에 가 있어야 할 녀석인데 오지를 않으니 방과 후 선생님께서 교실로 전화를 하셨던 모양입니다. 제가 받지 않으니 혹시 집에 갔나 하고 학부모님께 전화를 하셨다가 아이가 어디에도 없다는 것을 알게 된 부모님과 저까지 나서서 아이의 행방을 찾느라 정신이 하나도 없었답니다.

학교마다 시간표 운영이 다르지만 보통 4교시를 하는 날은 1시, 5교시를 하는 날은 2시, 6교시를 하는 날은 3시경에 하교를 하게 됩니다. 이후 시간은 개인적으로 학원을 가거나 집으로 향하고 그렇지 않으면 학교에 개설되어 있는 방과 후 학교나 돌봄 교실을 활용하여 학생과 학부모님의 사정과 필요에 맞출 수 있습니다.

많은 학교에서 방과 후 학교 운영은 담임 교사의 학급 경영 업무와는 별개로 진행됩니다. 저희 학교는 방과 후 학교 강사를 선발하는 과정을 추진하고 전체적인 연간 계획을 짜는 방과 후 담당 교사가 있고, 매달 안내장을 발송하고 방과 후 운영과 관련한 제반 사항을 관리하는 방과 후 전담 강사가 있습니다. 각 반 담임 교사는 방과 후 교실의 학생을 모집하는 안내장을 방과 후 전담 강사에게서 전달받아 교실에서 나누어 주는 정도의 일만 할 뿐 실제로 출결 관리는 해당 과목의 방과 후 강사가 하도록 되어 있습니다.

이때 담임 교사는 학생들을 방과 후 수업에 참여하라고 독려할 의무가 없으며 말 그대로 안내장을 배부하는 정도의 일만 하니 선택은 부모님과 학생이 해야 합니다. 또한 수익금은 시설사용료 일부를 제외하고 방과 후 강사에게 전달되는 시스템으로, 학교에서는 학생과 학부모의 편의를 위해 정확한 절차를 밟아 양질의 교사를 선발하고 수업을 위해 교실을 빌려 주는 정도의 역할만 한다고 이해하시면 됩니다.

이제 막 학교에 자녀를 입학시킨 1학년 학부모님 중 일부는 방과 후 시간이 담임 교사 소관이라 생각하고 아이를 방과 후 교실로 데려다 달라고 요구하거나 방과 후 수업을 마친 후 학원 차량에 태워 달라고 하시는데요. 학급별로 다르지만 저학년 때는 많은 아이들이 매일 한두 가지 이상의 방과 후 수업을 듣기 때문에 담임 교사가 서른 명 가까운 아이를 일일이 돌봐 줄 수가 없답니다. 교사는 정규 수업 후 교실에서 하교 지도를 하고 나면 이후 시간은 아이와 부모가 스스로 운영해야 한다고 안내합니다.

방과 후 학교의 목적은 사교육비 부담을 줄이고 학생들의 소질 및 특기 계발을 돕는 것입니다. 그렇다 보니 주 2회 50~60분 정도의 수업에 한 달 3~4만 원대의 저렴한 비용으로 안전한 학교 안에서 오후 시간을 보낼 수 있다는 장점이 있습니다. 학교마다 개설되어 있는 수업은 다르지만 학기 말에 실시하는 교육과정 설문조사에 특정 부서 개설의 요구가 많을 경우 새롭게 만들어지기도 합니다.

저희 학교는 현재 과학탐구, 미술, 바둑, 음악줄넘기, 한자, 바이올린, 수리주산, 영어, 중국어, 클레이공예, 항공드론, 방송댄스, 논술, 로봇조립, 플루트, 컴퓨터 교실이 운영되고 있는데요. 저학년 때는 다양한 경험을 위해 많이들 신청하지만 학년이 올라갈수록 교과목에 관련된 학원을 다니거나 자기주도 학습 시간을 확보하느라 희망 학생이 줄어드는 편입니다.

초등학교에서는 나름의 기준을 가지고 각종 자격 및 교육 경력, 면접 결과를 점수화해서 학생과 학부모를 만족시키는 방과 후 강사를 선발하고자 노력하는데요. 그럼에도 불구하고 막상 수업을 시작하면 수업 역량이 떨어지는 강사가 있습니다. 1년에 한 번 담임 교사 만족도 조사를 실시하듯이 방과 후 강사도 만족도 조사를 실시하니 이때 학부모와 학생이 설문지에 의견을 써 준다면 참고해서 다음 해의 선발에 활용할 수 있습니다.

저는 공교육에 몸담고 있는 교사이지만 사교육에 대해 올바로 이해

한다면 이를 활용하는 것도 나쁘지 않다는 생각을 가지고 있습니다. 그러므로 정규 수업 이후의 스케줄을 짤 때는 반드시 내 아이를 중심에 놓고 학교 밖 사교육을 선택할 것인지 학교 안의 방과 후 교실을 선택할 것인지도 고민해 봐야 할 것입니다.

어쨌거나 부모들은 비용을 지불하고 아이들은 시간과 노력을 들이기 때문에 교육의 수요자로서 필요한 것을 고르는 것은 당당한 권리라 할 수 있으니까요. 방과 후 수업을 고를 때는 반드시 아이의 의사를 먼저 물어보고 신청을 해야 체력과 흥미, 비용과 시간을 낭비하지 않게 됩니다.

또한 인기가 많은 수업은 아이들 사이에서 입소문이 나 있는 경우가 많아 수강을 원하는 인원이 넘치다 보니 추첨이나 선착순으로 신청을 받기도 한답니다.

언니 오빠 노릇 제대로 하기, 동생들에게 책 읽어 주는 날

가을이다. 책 읽기에 딱 좋은 선선한 바람이 부는 계절인 것이다. 그리고 의미 있는 독서 활동의 일환으로 실시하는 '동생들에게 책 읽어 주는 날'을 하기에도 참 좋다. 이날은 교과서에도 나오지 않은 공부를 하는 날인데 동생에게 알맞은 수준의 책을 고르는 공부, 먹고 싶은 간식을 꾹 참고 동생에게 주는 공부, 책의 내용을 동생의 눈높이에 맞춰 쉽게 풀어 주는 공부, 책을 읽어 주는 내내 다정한 눈빛을 보여 주고 마음을 나누는 공부. 이렇게 교과서 밖의 공부를 통해 장난꾸러기도, 말썽쟁이도, 모범생도, 내성적인 아이도 그냥 '형아'이고 '언니'인 시간을 갖는 것이다.

학교 안에서 1~2학년과 6학년의 차이는 어마어마하기에 '청년과 아가' 정도의 느낌인데 이런 행사를 하는 날은 고학년 아이들의 '청년'과 같은 든든함에 항상 감탄하게 된다.

우리 반 아이들은 정성스레 두 권의 그림책을 골랐고 괜찮은 책인지 나에게 검사를 받았으며 읽어 주는 연습을 여러 번 했다.

드디어 오늘이 바로 그날이다. 우리는 3교시에 2학년 동생들에게 책을 읽어 주기로 했고 나는 아이들에게 초코과자 한 개씩을 주었다.

"와! 신난다!" 하는 녀석들에게 "너희가 먹을 것이 아닌데……." 했더니 동생들에게 주는 거냐며 실망한 기색이 역력하다. 우리 반 여자아이들은 2학년 2반으로 내려갔고 2학년 2반 남자아이들은 우리 교실에 오기로 했는데 표정들이 좀 긴장한 듯 보여 웃음이 난다. 녀석들은 아직 내가 읽어 주는 그림책 듣기는 좋아도 자기가 누군가에게 읽어 주는 것은 부끄러운 모양이다.

차라리 축구 한 판으로 놀아 주는 것이 편할 것 같은 걱실걱실한 우리 반 아이들. 익숙하지 않은 일이라는 것을 알지만 남을 위해 읽어 주는 즐거움을 맛보게 해 주고 싶었다. 어쨌거나 3교시는 시작되었고 쭈뼛쭈뼛 2학년 동생들이 들어온다. 겁에 질린 눈빛. 내가 말했다.

"형아들 착한 사람들이야. 너희 안 잡아먹어. 하하하."

순간 2학년들이 씨익 웃고 우리 반 아이들도 같이 웃어 준다. 가벼운 인사 후에 한 명씩 동생 옆에 앉아 정성스레 고른 책을 읽어 주기 시작했다. 참, 그 전에 갖고 있던 초코과자는 옆에 앉은 동생 손에 쥐어 주었는데 아까의 실망한 기색은 어디로 갔는지 안 먹어도 배부르다는 '부모님' 같은 표정으로 동생을 바라본다.

도란도란. 그림책 읽는 소리가 교실에 퍼지기 시작한다. 나는 아이들을 흐뭇하게 바라본다. 아, 이만하면 우리 아이들은 최고의 낭독자

이고 참 좋은 형님일 것이다. 동생들의 눈빛이 살아난다. 형아의 목소리를 더 잘 들으려고 바짝 다가간다. 이렇게 오늘 그림책 공부는 대성공이다.

🍎 민웅이 이야기

나는 그림책의 글자를 짚어 가며 2학년 동생에게 책을 읽어 줍니다. 그동안 동생은 냠냠 간식을 먹으며 내 이야기를 듣습니다. 나는 외동입니다. 그래서 동생을 갖는다는 것이 어떤 기분인지 잘 모릅니다. 그런데 생각보다 괜찮을 것 같습니다. 내 이야기를 귀기울여 들어 주는 동생은 귀여운 존재라는 생각이 듭니다.

🍎 건민이 이야기

나에게는 1학년짜리 동생이 있습니다. 항상 아침에 등교를 같이 하고 방과 후에도 동생을 챙기고 있습니다. 가끔은 귀찮지만 좋을 때도 있습니다. 나는 동생이 있어서 오늘 책 읽어 주기 시간이 두렵지 않았습니다. 게다가 나는 책 읽는 것을 매우 좋아합니다. 내가 신중하게 고른 그림책을 2학년 동생도 좋아할 거라 믿었습니다. 예상은 적중했습니다. 동생은 내가 내리 세 권을 읽어 주는 동안 숨쉬는 소리조차 내지 않았습니다. 나는 이야기꾼인가 봅니다.

나는 목소리가 엄청 큽니다. 너무 커서 가끔은 선생님께 혼이 납니다. 장난치는 것도 좋아하고 운동도 좋아합니다. 나는 남자다운 것을 사랑합니다. 처음에 그림책을 읽어 줘야 한다는 이야기를 들었을 때 한숨을 쉬었다가 선생님께 혼이 났습니다. 하아~ 음, 그런데 읽어 주다 보니 나도 꽤 소질이 있나 봅니다. 동생이 엄청 집중합니다. 우와, 신이 납니다. 내친 김에 세 권을 읽어 주고 선생님께 여쭤 보았습니다. "선생님, 동생 손이랑 입에 과자가 다 묻었는데 같이 가서 씻겨 줘도 될까요?" 우리 선생님이 나를 보고 엄청나게 커다란 미소를 지으십니다. 헤헤. 난 이런 사람입니다. 뭘 한 번 하면 제대로 하는 남자입니다.

정규 교과 이외에 교사들이 하는 교육활동에는 무엇이 있을까요

초등학교에서는 교과와 창의적 체험활동 등 정규 교육과정에 편성된 것 이외에도 교사 재량으로 다양한 활동들을 하게 됩니다. 부지런한 선생님은 1년간의 프로젝트를 계획하고 진행하기도 하며 그렇지 않다 해도 나름의 학급 경영 아이디어를 한두 가지 골라 한 해 동안 꾸준히 하여 아이들의 성장을 돕습니다.

저희 반 아이들은 1년에 한두 번 정도 책 읽어 주기 행사를 합니다. 이를 위해 매주 교사가 그림책을 읽어 주는 날을 정해 1년간 꾸준히 진행을 합니다. 그림책은 남녀노소를 불문하고 모두에게 다양한 방식으로 마음을 움직이는 매개가 됩니다. 그래서 저는 고학년을 맡은 해에도 반드시 그림책을 읽어 주는데요.

이때는 그림을 읽는 법, 활자를 읽는 법, 표지를 비롯한 전체적인 디자인, 책이 출간되기까지의 과정, 읽고 나서 단순 독후감이 아닌 서평을 쓰는 법 등을 지도합니다. 저학년에게 읽어 줄 때는 그림이 주는 느낌을 만끽해 보는 것, 문장의 뜻을 찾는 법, 전체적인 흐름을 따라가는 법 등을 지도하며 자연스럽게 읽어 주고 있습니다. 이렇게 교사는 '그림책'이라는 하나의 주제로 1~6학년 전체에 적용할 수 있지요.

저는 이렇게 그림책을 학교생활 전반에서 활용하지만 다른 선생님들께서는 또 다른 아이디어로 학급 경영을 합니다.

'차 한 잔으로 여는 하루'라는 주제로 아침에 등교하는 아이들에게 따뜻한 차를 건네 아이들의 기분을 맑게 해 주는 분, 일방적으로 전달하는 강의식 수업에서 벗어나 아이들이 수업을 주도하도록 하는 '거꾸로 수업'을 하는 분, 단순히 영화를 보여주는 데서 그치지 않고 그것이 주는 의미까지 생각해 보도록 하는 '영화 읽기 수업'을 하는 분, 다양한 과학실험으로 아이들의 호기심을 자극하는 분, 체계적으로 공책과 교과서를 정리해서 앞으로의 공부습관을 잡아주는 분, 다양하고 재미있는 영어 표현을 아침마다 가르쳐 주시는 분, 공만 던져 주는 체육수업이 아니라 새로운 게임을 본인이 연구해서 아이들과 함께 뛰는 분, 다양한 재료를 가지고 독특한 주제의 미술활동을 하는 분…….

이렇게 초등에서는 하나의 아이디어를 1년간 꾸준히 적용하는 교사가 많습니다. 물론 이러한 활동이 아이들의 분위기를 한꺼번에 확 뒤집지 못하기도 하고 가정에까지는 전달이 되지 않아 특별한 것이 없어 보일 수도 있지만 아이들은 그 속에서 시나브로 자라는 중입니다.

올해 내 아이를 맡은 담임 교사가 어떤 것을 특색 교육으로 다루는지는 학기 초 안내장이나 교육과정설명회에서 들으실 수 있으며 보통은 아주 간단하게 '그림책 읽어 주기', '다양한 미술활동', '꼼꼼한 학습장 정리' 등과 같이 표현되므로 놓치지 않고 참고하셨으면 합니다.

학교에서 제일 재미난, 중간놀이 시간

아이들이 하루 중 가장 좋아하는 시간은 2교시가 끝난 후 20분의 시간이 주어지는 중간놀이 시간이다. 아이들은 삼삼오오 모여 보드게임을 하거나(놀라운 것은 서로 이해하는 규칙이 다름에도 일단 시작하고 본다는 것이다. 그리고 결과가 나올 때쯤 되면 그걸로 열심히 싸운다. 이때 교사는 누구 편도 들어줄 수가 없다. 애초에 규칙이 서로 달랐으니까.) 젠가나 카프라 같은 나무 조각으로 집짓기 놀이를 하기도 하고 둘이 마주앉아 열심히 이야기를 나누며 종이접기를 한다. 그렇지 않으면 차분히 혼자 앉아 책을 읽고 그림을 열심히 그린다.

오늘, 그림을 그리는 아이들을 가만히 보다가 "다희야, 지금 그리고 있는 것 선생님 보여 줄 수 있어?" 하고 물으니 기다렸다는 듯 종합장을 들고 나에게 온다.

다른 사람들에게 보여 주고, 자랑하고, 칭찬받고 싶은 나이. 여덟 살. 인정의 욕구를 조금도 숨기지 못하는 나이. 여덟 살. 그렇게 매일은 아니더라도 가끔 아이들의 그림을 보며 감탄을 한다.

"어, 오늘은 마을을 그렸네. 어제는 인어공주더니." 하며 웃으면 선생님이 어제 그린 그림까지 알고 있다는 사실에 마냥 기뻐한다. 꽤나 잘 그린 그림을 이리저리 들여다보다가 아이의 표정을 슬쩍 보면 자기 그림을 들여다보는 선생님 앞에서 세상을 다 가진 얼굴로 서 있다. 그림에 대고 하는 말인지, 아이에게 하는 말인지 구분도 가지 않게 "아이고, 귀여워라." 하며 종합장을 덮어 건네는 순간 나랑 다희의 눈웃음이 허공에서 따악~ 잠시 만난다.

1학년을 많이 해 보신 선생님들의 말에 의하면 아이들이 어마어마하게 애정 표현을 하고 자기들이 접은 종이접기 작품과 그림, 편지 선물하기를 정말 좋아한다는데 당최 나는 받은 것이 없으니 영 시원찮은가 보다 싶었다. 아이들의 애정을 누구에게 보여 줄 것도 아니건만 괜히 신경이 쓰였던 차였다.

'내가 무서운가? 선생님은 그런 것 안 좋아한다고 오해했나.'

별의별 생각을 다하다가 에잉~ 하고 포기하던 요즘, 아이들이 중간놀이 시간마다 손에 손에 편지를 들고 나에게 다가온다. 나에게도 봄이 오는구나 싶어 기쁘다.

다인이가 들고 온 편지에는 **밥 잘먹고 보는 편지. 선생님 우리모두 힘들게 가르치셨죠 이제 선생님말잘듣고 공부열심히 할게요 파이팅!**이라고 쓰여 있었고, 승연이가 준 편지에는 **선생님 사랑해요. 저는 갈께요. 안녕히 계세요.**라고 적혀 있다. 민서가 준 색종이 봉투 안에는 **선생님 우리를가르치시니라고**

바쁘지요. 조아해요.라고 쓴 편지와 애써 접은 강아지가 여러 마리 들어 있다. 아이들이 준 편지에는 하나 같이 하트가 여러 개 박혀 있는데 그 수만큼 내 사랑도 자라는 느낌이다. 이제 나도 선배들이 자랑하던 1학년 맛을 알겠다. 그리고 유치하게도 여기저기 소문을 내고 싶다. 나도 이제는 사랑받는 선생님이야!

　오늘은 왠지 단것이 필요한 기분이었다. 그래서 늘 마시던 커피믹스 대신 거창한 이름의 '캐러멜 마끼아또'라는 것을 골라 봤다. 중간놀이를 하던 아이들이 팝콘 냄새가 난다며 킁킁거리길래 "선생님 커피에서 나는 냄새야." 했더니 우르르 몰려와서 종이컵에 코를 박고 맡아 보며 친히 확인까지 한다.

　"진짜야, 진짜. 팝콘 냄새야."

　갑자기 미안해진다. 나만 맛있는 것 먹는 것 같아서. 아이들 앞에서는 찬물도 함부로 못 마신다더니 커피를 탐낼 줄이야. 아이고, 미안하다. 아가들아.

　"얘들아, 어쩌냐. 이건 너희 못 먹어." 했더니 "알아요! 우리 엄마가 키 안 큰대요!" 하면서 쿨하게 놀던 자리로 돌아간다.

　교실 안에 달달한 커피향이 가득하고 아이들은 한 번씩 냄새를 맡은 다음 조잘대며 내 앞을 떠난다. 귀엽구나, 너희는. 사랑스럽구나, 너희는.

초등학교는 일과 운영의 형태가 다양합니다. 보통은 기본 1교시가 40분으로 정해져 있으며 학교마다 다르지만 2교시 후에 중간놀이라고 하는 긴 쉬는 시간을 갖습니다. 이때 아이들은 교실 안에서는 보드게임, 딱지치기, 그림그리기, 독서, 친구와 대화를 하고 밖에서는 전통놀이, 줄넘기, 체조 등을 하며 자유로운 시간을 보냅니다.

아이들이 친구들과 지내는 모습을 좀 더 들여다보면 저학년은 그때그때 놀이문화가 변하는 것을 볼 수 있으며 이에 따라 놀이 집단이 바뀌는 편입니다. 물론 기본적으로 자신과 잘 맞는 친구와 함께 노는 경향이 있지만 '딱지치기'가 유행하면 평소에는 잘 놀지 않던 친구라도 딱지를 가지고 있다는 이유만으로 새로운 집단을 형성해 함께 즐긴답니다.

이렇게 하나의 놀이가 교실에 유행하면 대부분의 남자아이들은 그것을 하며 놀지만, 여자아이들은 그것과는 상관없이 꾸준히 하나의 활동을 오랫동안 하는 편입니다.

그리고 저학년일수록 항상 친구들과 모여 놀기보다는 혼자 자기 할일에 몰두하는 아이들도 많습니다. 자신이 딱지를 치다가도 갑자기 할일이 생겼거나 흥미가 사라지면 자리로 돌아와서 아무렇지도 않게 자기가 원하는 일에 집중하거든요. 하지만 이런 모습은 1학년 2학기 막바지에 접어들면서 서서히 줄어들어 여느 초등학생들처럼 친구들과 쉬는 시간을 함께 보내는 모습을 관찰할 수 있습니다.

시간이 지나 고학년이 될수록 또래집단에 대한 의존도가 높아지고 그 안에서 인정받고자 하는 욕구가 커지므로 놀이문화 속에서 관찰되는 관계가 복잡해지는 것을 볼 수 있습니다. 가끔은 그럴 수 있겠지만 쉬는 시간과 중간놀이 시간 내내 혼자 앉아 있는 아이들은 드물며 대부분은 삼삼오오 모여 대화를 하거나 장난을 치는 등 친구들과 함께하는 모습입니다.

고학년 남학생들은 글러브를 가져와서 밖에 나가 캐치볼을 하거나 교실 안에서 가벼운 몸장난을 하는 등 신체를 활용하는 시간으로 삼지만, 여자아이들은 같이 모여서 도서실, 화장실에 잠깐 다녀오거나 교실 안에서 좋아하는 연예인 이야기를 하는 등 관심사를 나누며 함께 시간을 보낸답니다.

아이들이 쉬는 시간에 혼자 놀았다고 말하면 부모님들께서는 크게 걱정을 하시는데요. 저학년들은 자기만의 세계가 강하기 때문에 혼자 놀다가 여럿이 노는 등 패턴을 수시로 바꾸므로 대부분은 별 문제가 없지만 고학년은 지속적으로 혼자 있다면 교사와 학부모가 관심 있게 지켜볼 필요가 있습니다. 고학년은 또래집단이 주는 소속감을 중요시하는 나이이기 때문에 친구들과 어울리지 못하는 원인이 있다면 학교와 가정에서 협력하여 그 부분을 빨리 제거해 주어야 하기 때문이지요.

또한 학급의 모든 친구들과 두루 잘 지낼 필요는 없으며 마음에 맞는 친구가 한 반에 한 명만 있어도 아이들은 즐겁고 무난하게 학교생활을 해낸답니다. 그러니 친구가 적다고 걱정하실 필요도 없습니다

축축 처지기 십상인 2학기의 막바지, 12월이다. 심지어 겨울 방학을 앞둔 때인지라 아이들은 느슨해지게 마련이다. 그럼에도 불구하고 나는 절대 녀석들을 놓아 주지 않는 선생님. 여러 개의 수행평가가 끝났어도 진도는 남아 있기 때문에 기존의 규칙이 흔들림 없이 엄격해야 아이들이 생활 속에서의 체계를 그대로 유지할 수 있다. 그렇다고 매일 똑같이 원래의 스타일로 진도를 나가도 되느냐 하면 그럴 수는 없다. 학기 말이 되면 아이들의 집중도가 현저히 떨어지기 때문이다. 교사는 이럴 때 다양한 방법을 강구해야 하는 법!

올해의 아이들은 유난히 적극적이고 의욕적이라 마지막 사회 소단원을 아이들에게 맡겨 보기로 했다. 이름하야 '나도 선생님' 시간인데 아이들을 가르친 지 10년 만에 처음으로 시도하는 것이다. 방법은 아주 간단한데 희망하는 학생들에게 두 페이지 분량의 진도를 맡기고 그

분량을 진행하는 동안의 방법과 수단은 자율로 열어 두는 것이다. 간단히 말하면, 맡은 부분을 제 나름의 방식으로 준비해 친구들과 선생님 앞에서 수업을 해야 하는 고난이도의 발표라 하겠다.

아이들에게 취지를 설명하고 "스스로 하겠다는 사람만 시켜 줄 거야!" 했는데도 여기저기서 손이 올라온다. 시작이 좋다.

이때 아이들에게 진도 빼라고 미루고 교사인 나는 놀았는가 하면 그것은 절대로 아니다. 오히려 이런 수업일수록 아이들에게서 부족한 부분을 찾아 보충을 해 주어야 하니까 매의 눈으로 녀석들의 수업을 관찰하게 된다. 이러한 다양한 형태의 수업은 우리 아이들 그리고 나, 학부모님들 사이에 쌓인 신뢰가 눈으로 보일 정도가 되어야 할 수 있다고 생각한다. 그렇지 않으면 아무래도 오해받기 쉬우니까.

나의 역할은 아이들이 행복한 수업을 할 수 있도록 처음에 정확한 가이드라인을 제시하고 나서 빠져 준 다음 수업 당일 옆에서 지켜보며 사진을 찍고 잘한 점과 부족한 점을 지도하며 보충을 해 주는 것이다. 아무래도 다른 수업보다 아이들과 나의 공이 많이 들어가는, 우리들이 만든 꽤 완벽한 형태의 수업이라 생각한다.

첫 번째 수업이었던 석진이의 수업은 너무 나와 닮아서 아이들이랑 웃느라고 정신이 없을 정도였다. 우리 반 최고 모범생이자 운동도 잘하고 예의바른 석진이는 내가 평소 수업 중에 보여 주던 대로 존댓말을 꼬박꼬박 해 가며 "두 번째 줄에 밑줄 그어 주세요. 다 했으면 별표도 세 개 쳐 주세요."라고 말한다. 가만히 듣고 있으니 웃음이 난다.

'내가 저렇게 수업을 하는구나.' 하며 아이들과 같은 학생이 되어 내 교과서에 밑줄을 긋고 별표도 쳐 본다. 늘 의젓한 석진이의 수업은 중반으로 접어들면서 다양한 자료를 제시함으로써 우리를 몰입하게 했고 수업이 막바지에 이르자 자연스럽게 박수가 터져 나왔다. 아이들 사이에서 "진짜 잘한다! 석진이는 진짜 선생님 같아." 하는 소리가 들린다.

다음 수업의 선생님은 친한 친구 둘이 코티칭Co-teaching을 하겠다고 나선 민현이와 하윤이다. 나오자마자 "반장 인사합시다." 하는데 영락없이 나랑 똑같다. 아이들의 인사를 씨익 웃으면서 받더니 "그래요. 인사 바르게 잘하네. 이번 시간도 열심히 합시다." 하는데 아이들이 책상을 치며 웃고 난리가 났다. "어허, 선생님이 수업하는데 그렇게 막 웃으면 쓰나!"에서는 아이들도 나도 웃다가 눈물까지 찔끔 나고야 만다. 본격적으로 수업을 진행하면서도 싱글싱글 웃으면서 내 말투로 "읽어 줄 사람 손들어 볼까요?" 하며 발표까지 시킬 줄 안다. 게다가 친구들이 어려운 낱말에 관해 질문하면 줄줄 설명도 해 주면서 아주 신이 났다. 두 녀석 다 워낙 유쾌한 아이들이라 조사가 부족해 모르는 부분은 슬쩍 넘어가기도 하고 "거기는…… 음…… 그건 선생님도 잘…… 아! 이따 진짜 선생님께서 설명해 주실 테니까 일단 다음으로 넘어갑시다." 하면서 제법 유연하게 수업을 진행한다.

이런 식으로 5일간 매일 두 팀이 수업을 하며 사회 진도를 마무리했다. 아이들의 수업이 끝나면 부족한 부분을 다시 짚어 주는데 몇 개 팀은 내가 더 설명할 부분이 없을 정도로 잘해 주었기에 녀석들이 지닌 잠재력과 역량에 새삼 놀랄 수밖에 없었다. 거기에 기쁜 마음으로 아이들의 수업 장면을 찍어 부모님들께 문자로 보내드렸더니 나만큼이나 좋아하신다. 내 아이가 교단에 서서 제법 선생님처럼 수업을 하니 얼마나 기쁘고 흐뭇하셨을지. 무엇보다도 중요한 아이들의 만족도는 하늘을 찌를 기세이다. 체육시간을 기다리는 것은 봤어도 사회시간을 기다리는 것을 보기는 처음이었으니까.

1년의 마무리는 이렇게, 교실에서는 이런 활동들을 합니다

초등학생들은 의외의 상황에서 자신이 숨겨둔 멋진 면모를 드러내고 새로운 것을 찾아내고자 노력하는 모습을 보여줍니다. 언제나 위에 제시한 방법으로 수업을 할 수도 없고 그것이 바람직한 방향인 것도 아니지만 아이들이 아무것도 하고 싶지 않아 하는 학기 말에는 교사도 아이들도 함께 행복할 수 있는 방법을 강구하게 됩니다. 기왕이면 학교에 오고 싶은 날이 될 수 있게 말이지요.

이때 교사들은 기본 생활규칙에는 엄격하지만 그 안에서는 유연하게, 수업에서는 확고하지만 그 안에서는 즐겁게 하루하루를 살 수 있도록 나름의 방법들을 고안합니다.

제가 몇 년 전부터 학기 말에 자주 하는 '나도 선생님' 시간은 그해 우리 반 아이들의 적극적인 특성을 생각하다 문득 떠올라서 시도해 본 방법입니다.

아이들에게 이런 기회를 주면 수준이 낮은 수업을 진행한다거나 얼토당토않은 내용들로 하루를 채울 것 같지만 실제로는 자신들의 역량을 총동원해 준비하는 것을 볼 수 있습니다. 그렇기에 교사와 부모는 아이들의 역량을 무조건 낮게 보아서는 안 된다는 생각을 합니다.

아직 어린 초등학생이지만 규칙을 세우고 그 안에서 자유를 주면 아이들은 놀랍게도 멋진 일들을 해내니까요. 이런 시간을 함께 겪고 나면 학기 말의 지루함과 무기력함은 사라지고 좀 더 즐겁게, 더욱 끈끈해진 사이로 다음 학년에 올라가게 됩니다.

학년 말이면 선생님들은 다양한 아이디어를 담아 한 해를 마무리하는 활동들을 진행합니다. 그동안의 정을 나누는 활동, 깔끔하게 학습을 마무리하는 활동, 자신이 얼마나 성장했는지 되돌아보는 활동, 좋은 관계를 맺도록 하는 친교활동 등을 하는데요. 일반적인 교과 수업과는 다르게 아이들의 적극적인 참여가 필요하며 사전 준비가 철저해야 한다는 점에서 어려움이 있지만 훨씬 다양한 생각 나눔과 경험을 할 수 있다는 장점이 있습니다.

이러한 활동에는 수많은 방법이 있지만 실제로 그해 아이들의 성향과 기질에 따라 교사가 활동을 몇 가지로 한정하게 되며 아무리 아이디어가 독특하고 좋더라도 아이들이 참여하지 않으면 무의미하기 때문에 양보다는 질로 꾸리는 경우가 많습니다.

- 가정에서 음식을 준비해 와서 나누어 먹으며 이야기를 나누는 포틀럭 파티
- 교과서를 마치고 성취감을 맛보기 위한 책거리
- 부모님과 선생님 등 감사한 사람에게 편지쓰기
- 그동안 배운 것을 발표하는 교실 학예발표회
- 그동안 자신이 쓴 공책과 교과서, 포트폴리오를 내 놓는 학급 전시회
- 친구의 특성을 파악해서 써 주는 상장 수여식
- 덕담을 나누고 내년에는 더 친해시기를 바라며 쓰는 롤링페이퍼
- 그림과 글을 모아 출간하는 작은 문집
- 수업 중에 하지 못하는 재미있는 과학실험
- 친구들과 맛있는 음식을 직접 만들어 보는 요리데이

학교는 예나 지금이나 여름이 일찍 오고 오래 머무르다 떠난다. 공기가 약간 더워지려고 할 때 이미 교실은 아이들 서른 명이 내뿜는 열기로 한여름이 된 것만 같다. 게다가 우리 반은 옥상 바로 아래의 4층이라 콘크리트 벽 천장 하나를 사이에 두고 햇빛을 그대로 받고 있으니 "아이고, 덥구나." 소리가 절로 난다. 5학년이면 덩치가 꽤 커져서 열기와 땀을 푹푹 내뿜으니 공부하겠다고 앉아 있는 아이들이나 가르쳐 보겠다고 서 있는 나나 힘들기는 마찬가지.

그리 오래된 학교도 아니고 시설이 열악한 곳도 아니지만 우리는 벽에 붙은 선풍기 두 대로 버티고 있다. 에어컨은 언제나 켜 줄까? 집에 있으면 그리 더운 줄 모르는 초여름이건만 학교, 그것도 교실은 이미 여름의 가운데에 놓여 있다. 그래도 우리는 이 더운 여름날을 나름 즐겁게 보내고 있으니 매일매일이 역동적이면서도 신나게 방학을 향해 달리는 느낌이다.

이번 주는 독서행사주간이다. 도서실에서 책 표지 알아맞히기나 연체일 없애주기, 책갈피 만들기, 독서 골든벨 등 다양한 행사가 열린다. 다른 행사는 도서실에서 사서선생님께서 진행을 하시지만 독서 골든벨은 담임 교사들이 주관하고 상까지 주니 준비부터 신경이 쓰인다. 고학년들은 이런 대회에 나가지 않으려는 경향이 있기에 조금 거정을 하면서 나갈 사람 손들어 보자고 했더니 열여덟 명 정도가 손을 든다. 우리 반 녀석들은 이제 담임 선생님의 스타일을 잘 안다. 일단 나가서 상을 받으면 좋고 상을 못 받아도 선생님의 격려와 인정이 있으니 또한 좋으며, 때로는 기념품이나 간식거리가 덤으로 따라오기까지 하므로 손해 보는 장사는 아니라는 것을 파악한 것이다.

그렇게 나간 이번 독서 골든벨에서 우리 반 아이들 중에 최우수상은 없었지만 열 문제 이상 맞추면 주는 기념품은 제일 많이 받아온 듯하다.

우리 반 아이들은 무엇이든지 열심히 한다. 그리고 믿으면 정말 그렇게 자라 준다. 그런 아이들을 보고 다른 반 선생님들도 기쁜 마음으로 "애들은 담임 닮아가지."라고 말씀해 주신다. 우리 반 아이들이 담임 닮아 욕심이 많고 적극적이라는 이야기를 들으니 행복할 따름이다. 그저 나는 '얼싸덜싸 어울려 나가 보세. 상을 받지 않아도 좋으니 일단 나가 보세.'를 입에 달고 격려만 해 줄 뿐인데 말이다.

6월, 벌써부터 덥고 끈적한, 하지만 우리의 끈끈한 하루는 이렇게 지나간다.

학기 중 또는 학기 말이 되면 교내 대회를 하는 학교들이 있습니다. 영어말하기나 노래 대회, 동요부르기 대회, 각종 그리기 대회와 글짓기 대회 등이 줄줄이 있던 예전에 비해서는 많이 줄었지만 최근에도 1년에 두세 가지씩 교내 대회가 있습니다.

2017년 현재, 초등학교 학생생활기록부의 수상내역란에는 교내상 이외에 어떤 교외상도 기록하지 않게 되어 있습니다. 또한 초등학교의 학생생활기록부는 대학부설 영재교육원의 입학전형이나 특정 중학교에 진학하고자 할 때 등 일부의 경우에 활용하며 최근에는 학생 성장 기록의 의미를 담을 수 있게 바뀌는 추세입니다.

생활기록부의 항목 중 하나인 '행동 특성 및 종합 의견'을 보면 교사들이 판에 박힌 말만 적는 것 같지만 아닌 말을 거짓으로 쓸 수는 없기 때문에 표현의 진부함보다는 내용을 보는 것이 바람직합니다. 예를 들어, '교우관계가 좋으며⋯⋯'로 시작하는 내용을 보고 뻔한 말이라고 생각하시기보다는 내 아이의 장점으로 인정해 주시면 좋겠다는 말씀을 드려 봅니다. 친구들과 잘 지내지 않는 아이, 다툼이 잦고 배려할 줄 모르는 아이에게 저런 표현을 쓸 수는 없으니까요.

다시 생기부에 기록할 수 있는 교내 대회 이야기로 돌아와서 학교마다 분위기는 다르지만 이러한 교내 대회가 있을 때 저학년은 부모들의 참여 열기가 과해지고 부담을 갖는 경향이 있어 참가 대상에 넣지 않기도 합니다. 또한 고학년이 될수록 부모님의 도움보다는 아이가 스스로 준비해서 참여하는 분위기이므로 3~6학년을 대상으로 하는 대회가 많고 실제로 각종 대회를 해 보면 아직 배울 것이 많은 저학년은 대회에 적합하지 않은 경우가 많아 참가 대상에서 제외하기도 합니다.

그렇기에 초등에서는 학년이 올라갈수록 아이가 교내 대회에 참여할 수 있는 기회가 많아집니다. 자녀가 다니는 학교에서 대회를 많이 개최한다면 다양한 기회를 가질 수 있다는 것을, 대회를 적게 개최하는 학교에 다닌다면 참여에 대한 부담감을 줄일 수 있다는 것을 장점이라 생각해 주시면 되겠습니다.

교실 냉난방에 대하여

학교에 따라 다르겠지만 최근 들어 에어컨은 6월이 되면 바로 켜 주는 분위기입니다.

32학급 규모인 학교에서 1년 동안 내는 전기세가 4,000여 만 원에 달하니 5년 전만 하더라도 아끼고 아끼다 켤 때가 많았는데요. 몇 년 전, 학교 교실이 찜통이라는 내용의 기사들이 나온 이후로 냉난방 시설을 활용하는 것에 좀 더 너그러워진 느낌입니다.

광주광역시 관내 초등학교는 몇 년 전까지만 해도 타워형 에어컨을 쓰다가 꾸준한 개보수 공사로 천정 매립형 에어컨이 설치된 곳이 늘어났습니다. 중앙 통제식 냉난방 시설로 교실에서 조절하기 어려운 경우가 많지만 더워지면 늦지 않게 행정실에서 관리시스템을 가동해 줍니다.

아이들은 유난히 땀을 많이 흘리고 식기도 잘 식기 때문에 에어컨을 켤 때부터는 부모님들께서 긴 팔을 챙겨 보내도 덥다고 벗어젖히기만 해서 감기에 걸리기 십상입니다. 아무래도 아이들은 몸과 마음이 긴장되어 있는 3월과 에어컨을 막 가동하기 시작하는 6월, 환절기인 9월, 감기가 유행하는 12월과 2월에 가장 많이 아프고 결석도 잦습니다.

교사들도 학생 건강을 위해 냉난방을 조절해 주고 있지만 많은 아이들이 있기 때문에 꼭 아픈 녀석들이 생겨서 걱정이 되는 때이기도 합니다. 그러니 가정에서도 특별히 이 시기에는 손발을 잘 씻게 해 주시고 먹고 있는 약과 영양제가 있다면 잘 챙기도록 하는 등 체력보강에 신경을 써 주시면 좋겠습니다. 또한 학교에서는 보건 가정통신문과 알림장을 통해 건강관리를 당부하니 꼼꼼히 읽은 후 참고하시면 된답니다.

수요일은 1시 50분에 수업이 끝난다. 아이들에게 가방을 정리하라고 말하고 알림장을 쓰고 나면 2시 정도가 된다. 그런데 오늘은 광주광역시 전 교직원이 의무로 심폐소생술 연수를 받아야 하는 날이란다. 기분이 상할 대로 상했다. 2시부터 시작한다는 연수. 학교 안에서 하는 것도 아니고 연수원까지 가야 되는데 일정 시간이 넘어 도착을 하면 이수조차 되지 않는 엄격한 연수이다.

교육청에서도 다른 교직원들의 의견을 반영하고 연수원의 스케줄을 조정하다 보니 어쩔 수 없는 부분이 있었겠지만 이러한 의무 연수를 계획할 때 아이들의 수업과 안전한 하교를 책임져야 하는 교사에 대한 배려가 있는지 궁금했다.

물론 심폐소생술이 필요한 상황에서 교사가 곧바로 처치를 하는 것 또한 중요하고 필요하지만 일단은 눈앞에 있는 내 반 학생들이 우선인 교사들을 위해 시간을 조정해 주었으면 어땠을까?

한 번 터진 화는 운전 중에도 멈추지 않았다.

'수업 끝나자마자 헉헉헉, 이게 뭐람. 책상 줄도 제대로 못 맞춰 놓고 도망치듯 나왔잖아. 게다가 각종 의무 연수라는 것이 이번에 몇 번째지. 학교폭력예방 연수, 통일교육 연수, 심폐소생술 연수, 청렴교육 연수, 역사교육 연수, 생명존중 연수……. 맨날 같은 소리의 의무 연수들. 망할 놈의 연수받다가 죽게 생겼다.' 속으로 막 욕을 했더랬다.

마침내 도착한 연수원에서 연수를 받기 시작하는데 낯익은 얼굴이 보인다.

'초임 발령 난 학교에서 같이 근무했던 분인가?' 긴가민가. 갸웃. 곰곰이 생각하다 보니 아, 내 차례다. 등짝에서 땀이 나게 애니를 내리누른다. '그래. 사람 살리자고 배우는 건데 좋은 마음으로 하자.'

일, 이, 삼, 사, 오…… 이십 구, 삼십…… 운동 부족은 운동 부족이네. 2분간 150번쯤 내리눌렀기로서니 이렇게나 숨이 찰까?

심폐소생술, 자동제세동기 사용법 익히기. 이렇게 교육을 받고 나면 마지막에 등록부를 준다. 내가 연수를 받았다는 서명을 하는 것인데 '뭐, 그래. 이거 사인하려고 부리나케 달려와서 이리 열심히 한 게지.'

느리작느리작 서명 대열에 동참한다. 아까 낯익었던 그분이 내 앞에 서신다. 엥? 그런데 중 3때 나의 담임 선생님 성함을 쓰시는 거다.

"아니, 선생님!" 덥석 손을 잡았다.

"저…… 저, 진영이예요. 기억하실지 모르겠는데요. 저 그때 중학교에서……."

일단 대강 인사를 드리고 나서 한 손으로 선생님 손을 꼭 잡고 나머지 손으로 후다닥 서명을 한다. 지금 생각해 보니 내 이름 옆에 맞게 서명한 것이긴 한 걸까?

제자가 선생님이 되었다고 활짝 웃으며 좋아하시는 모습에 몸 둘 바를 몰라 그저 손 꼭 잡고 같이 웃는, 나는 스무 해 전 당신의 제자.

"너 그때 공부 참 잘했는데. 똑 부러졌는데……."

서른여섯 먹은 나는 선생님 앞에서 순식간에 어린 제자가 되었다. 공부를 잘했었다는 말이, 똑 부러졌다는 말이 꼭 지금 선생 노릇도 잘하겠다는 칭찬으로 들려서 가슴이 막 뛰었다. 내가 20년 전 나의 선생님께 그런 제자로 기억되다니 참 행복했다.

선생님께서 내 얼굴을 보고 또 보신다.

"키가 많이 컸구나. 너 참 작았는데." 선생님은 다 기억하신다.

"선생님, 저 하이힐 신었잖아요. 하하하." 말해 놓고 나니 '아, 선생님께서는 중3 이후의 내 모습을 전혀 모르시지.'라는 생각이 퍼뜩 들었다.

"선생님, 저 고1 때부터 한꺼번에 많이 컸어요." 웃으며 다시 말씀드리는데 자꾸 마음이 벅차오른다.

제가 선생님을 뵙자고 이 싫은 연수를 왔나 봐요. 지겨웠던 심폐소생술 연수가 두근두근 제 기억까지 소생시켜 주었어요. 선생님, 선생님.

방과 후에 교사들은 어떻게 시간을 보낼까요? 저학년은 늦어도 2시경에는 하교를 하고 고학년은 3시쯤 하교를 하는데 그 이후 시간을 어떻게 보내는지 궁금하시리라 생각합니다.

아이들이 없는 시간에 교사들이 많이 하는 일은 '수업 외 업무 처리'가 아닐까 싶습니다. 담임으로 자신이 반을 하나 맡아서 학급 경영을 하는 일 이외에도 교사는 1년간 하나 이상의 '업무'를 배분받아 하게 됩니다. 그 업무의 경중에 따라 오후 시간에 처리할 일의 양이 결정되고 1년 동안 계획, 진행, 보고까지 다양한 일을 하게 됩니다.

그 외에 수업과 관련해서는 다음날이나 한 주간의 교육계획을 짜서 교재 연구를 하며 국어, 수학, 사회, 과학, 예체능 등의 다양한 수업자료를 미리 준비해 둡니다. 공개수업이 예정되어 있다면 미리 수업안을 짜고 발표 준비를 하며 교재 연구가 충실할수록 이어지는 수업의 질이 결정되기에 교사들은 방과 후에 이 부분을 가장 많이 신경 쓰고 있습니다.

또한 동학년 회의, 부별 회의, 전체 회의 및 위원회 등 각종 회의에 참여하여 학교 전체 업무를 파악하고 학예발표회, 운동회, 공개수업 등 큰 행사를 준비하며 그날 있었던 일에 관해 학부모님과 전화, 방문 상담을 하고 상담일지를 정리하는 등 꽤 다양한 일을 한답니다.

부모님들께서 자녀를 학교에 보내다 보면 아무래도 방과 후에 상담을 요청할 일이 있으실 텐데요. 대부분의 선생님들이 업무 처리를 하던 중일지라도 학생들을 보낸 이후에는 학부모 상담을 우선시하니 문자나 전화로 먼저 가능한 시간을 확인하시고 가급적 퇴근시간 이전에 연락을 주시면 된답니다. 아무래도 퇴근 이후에는 각자의 가정에서 부모, 배우자라는 또 다른 역할을 수행하니 상세한 상담이 어려울 수 있으며 아이들을 관찰한 기록은 교실에 보관하기 때문에 자료에 근거한 내용을 들으시기 힘드실 수 있으니까요.

사소한 궁금증까지 해결해 주는
살구쌤의 상담 코너

Q. 집에서는 말을 잘하는데 수줍음이 많아 낯선 곳에 가면 말을 하지 않습니다. 내년에 초등 입학을 하면 수업시간에 발표도 하고 의사표현을 정확하게 해야 될 텐데 걱정입니다. 이런 경우 가정에서 어떻게 아이를 가르쳐야 될까요?

A. 학부모님들께서 학교생활 중 가장 중점을 두는 것 중 하나가 '발표력'입니다. 교사마다 생각하는 것은 다르지만 많은 경우 발표가 학교생활의 전부는 아니라고 여기기에 학생 개개인의 스타일을 존중하며 학급 경영을 합니다. 발표가 너무 힘든 아이에게 강요한다고 해서 그것이 곧바로 나아지는 것이 아님을 교사들은 알고 있습니다. 말로 표현을 하는 것이 어려운 아이들은 글로 표현을 하는 것에 능하거나 그림으로 그리는 것을 훨씬 수월하게 생각하는 경향이 있습니다. 학교에서는 이러한 아이들의 특성을 존중해야 하지요.

올해 1학년을 가르치면서 저희 반에는 자기 이름도 말하지 못하는 아이가 있었습니다. 유난히 수줍음이 많고 눈을 마주치는 것도 힘들 정도의 여자아이였지요. 기본적으로 교사들은 이런 아이들을 다그치는 것으로 말을 하게 만들 수 있으리라 생각하지 않습니다. 스스로 계기가 되어 변화하면 모를까 단순히 발표 스킬의 부족 때문은 아님을 잘 알기 때문이지요. 오히려 이런 아이들은 학교에서도, 가정에서도 기다려 주는 것이 바람직합니다.

이 아이를 위해 저는 학부모 상담 때 유치원 생활은 어떠했는지 물어보았고 가정에서는 어떻게 의사표현을 하는지 확인했습니다. 일단 유치원에서는 발표가 거의 이루어지지 않았고 자기 의사표현도 어려웠지만 집에서는 음악을 켜 놓고 춤을 출 정도로 활발한 아이임을 알게 되었답니다. 정서적으로는 문제가 없는 아이였기 때문에 부모님께 1년 이상 기다려 주실 것을 부탁드렸습니다. 부모님이 다그치는 순간 아이는 학교에서 발표를 하지 않는 것이 자기가 공부도 못하고 적응도 못하는 증거라 여길 수 있기 때문이었지요.

담임 교사는 이런 아이들을 위해 마이크를 준비하거나 글로 써서 읽게 하는 등 표현하는 방법을 다양하게 열어 둡니다. 지금부터 벌써 "발표 잘해야 해. 그래야 선생님께 예쁨 받아. 선생님 앞에서 네 요구사항을 말할 수 있어야 해. 그래야 학교생활을 잘할 수 있어." 하고 부담을 주지 않으셨으면 합니다.

앞서 말씀드린 저희 반 아이는 1학기가 지난 지금 누구보다도 크게 책을 읽거든요. 여전히 저와 눈을 마주치고 자기 요구사항을 말하지는 못하지만 가끔 손을 들고 발표하는 목소리가 많이 커졌답니다. 그리고 저와 그 아이는 눈빛만으로도 통하는 사이가 되었고요. 다른 아이들은 "선생님, 여기 검사해 주세요!" 하고 말한다면 이 아이는 조용히 자기 책을 들고 나와서 저를 바라본답니다. 그럼 제가 대신 말을 해 주지요. "그래, 이리 가져 와. 검사해 줄게!" 하고요.

발표는 학교생활 중 극히 일부일 뿐이랍니다. 대신 내 아이는 다른 것을 잘할 수 있으니 학교 입학 전에 아이의 단점에 천착하여 서로 괴로운 시간을 보내지 마시고 아이의 장점을 짚어 주면서 용기를 북돋워 주시기 바랍니다.

Q. 저희 아이는 스스로 글씨를 읽긴 하는데 내용을 잘 이해하지 못합니다. 그렇다 보니 하루에 책 한 권 읽는 것조차 힘들어 하고 조금 긴 문제가 나오는 수학 문제집도 풀기 싫어합니다. 스스로 읽고 이해하는 연습을 따로 해야 할까요?

A. 일곱 살인 저희 아이도 문장은 읽지만 내용 이해를 어려워합니다. 4개월부터 책을 꾸준히 읽어 주었고 독서환경을 조성해 주었을 뿐 아니라 부모와 주양육자인 외할머니까지 전부 책을 사랑하는데 말이지요.

그런데 1학년을 가르치다 보니 문장을 읽고 내용을 이해하는 것은 비교적 상위 능력이라는 것을 알게 되었습니다. 1학기에는 저희 반 아이들 중 7~8명 정도만이 능숙하게 읽고 의미 파악을 할 수 있었지만 나머지는 대부분 읽기와 내용 이해가 따로 되고 있었습니다.

그래서 국어 교과서에는 한 번 읽고 나서 다시 한 번 듣거나 여러 번 읽고 나서 내용을 파악하는 문제를 풀 수 있게 하는 경우가 많습니다. 그나마도 1학년 1학기에는 읽기, 듣기 자료를 바탕으로 문제를 해결하기보다는 경험을 발표하는 것과 같이 자연스럽게 말을 하는 것으로 문제를 해결하도록 유도합니다. 2학기가 되어야 비로소 '〈공 굴리기〉를 다시 듣고 물음에 답해 봅시다'와 같은 문제가 교과서에 제시되지요.

또한 저 같은 경우는 수학 문제도 일단 다 같이 소리 내어 읽은 후 중요하다고 생각하는 단어가 무엇인지 골라 보게 합니다. 1학년 2학기 수학 교과서에 제시된 문제를 예로 들자면 '수일이는 딱지를 40장, 도영이는 30장 가지고 있습니다. 누가 몇 장 더 많이 가지고 있는지 식을 만들어 구해 봅시다.'라는 문제를 읽고, 아이들과 함께 꼭 필요한 말에 동그라미 해 보는 것입니다. 이와 같이 몇 번 같이하다 보면 수학 문제는 아무래도 숫자가 중요하다는 것을 알게 되어 "40장이랑 30장에 동그라미 해야 돼요." 하고 발표할 수 있습니다. 더 나아가 "'더 많이' 라는 말도 중요해요!"라고도 말할 수 있게 됩니다. 이런 것은 학교 입학 전에 습득하기보다는 학교에 와서 선생님과 공부를 한 후 복습으로 다시 한 번 다지는 것이 더 큰 효과를 발휘합니다.

그러니 예비초등에서의 예습보다는 입학해서의 복습으로 교과서를 한 번 짚어 주시고 풀어 볼 수 있도록 해 주세요.

Q. 5학년이 되면서 저희 아들을 좋아한다며 사귀자고 하는 여자아이들이 있나 봅니다. 정작 아이는 이성교제에는 크게 관심이 없는 것 같지만 앞으로 있을 아이의 변화에 부모가 어떻게 대처하면 좋을까요?

A. 일단 축하드립니다. 하하. 무슨 말인고 하니 아이들도 제 나름 보는 눈이 있어서 성품이 온화하고 매너가 있는 친구, 학업성취도가 높으면서도 운동을 잘하는 친구, 유머 감각을 지닌 친구를 좋아하는 경향이 있거든요. 한 명도 아니고 몇 명씩이나 사귀자고 했다면 일단 아드님은 교우관계가 무척 좋을 확률이 높습니다. 여자아이들뿐만 아니라 남자아이들 사이에서도 인정을 받을 테고요.

학교에서는 6년 내내 이러한 일들이 비일비재합니다. 다만 4학년 이후에는 이성에 대한 호기심이 증가하고 더 이상 '좋아하는' 감정이 아닌 '사랑하는' 감정에 점차 가까워지면서 부모님들도 아이들의 변화에 당황하기 시작합니다.

실제 교실에서 보면 아이들의 이성교제가 시작되는 시기는 대부분 5학년부터입니다. 아이들도 이러한 자신의 변화에 조금은 부끄러워하기도 하고 마치 해서는 안 될 일을 하는 것 같다는 생각도 하는 듯합니다. 특히 자기 주관이 강하고 학업에서 두각을 나타내는 아이들의 두려움이 다른 아이들에 비해 좀 더 커 보이지요. 예전에는 이성끼리 '사귀는' 관계가 초등학교 때는 거의 없었지만 요즘 아이들 사이에서는 꽤 흔한 일이 되었습니다. 그 시기도 빨라졌고요.

아이들이 '사귄다'고 하면 22일, 50일과 같은 기념일을 챙기고, 영화를 보러 가거나 동네 놀이터와 카페에서 만나 이야기를 하는 등 어른들과 비슷하게 이성교제를 합니다. 다만 단 둘이 다니기보다는 친한 친구들과 함께 다니면서 그 안에서 '커플'로서 존재를 인정받게 되는데요.

일부 아이들은 손을 잡고 안아 주는 정도의 스킨십을 자연스럽게 하기도 합니다. 이때 부모님들은 자녀에게 열린 성교육을 해 주실 필요가 있습니다. 학교에서도 담임 교사와 보건 선생님을 통해 성교육을 실시하지만 아이의 성교육은 가정 내에서 이루어지는 것이 가장 실제적인 방법이라 생각합니다.

아이가 이성에 관심을 갖기 시작한다면 무조건 "안 돼, 네가 벌써 그럴 나이야?"라고 하시기보다는 "우리 아들이 많이 컸네. 엄마도 그때 좋아하는 남자아이가 있었는데……." 하면서 자연스럽게 이야기를 꺼내 주세요. 대수롭잖다는 듯 표정 관리도 잘 하시구요. 편안하게 말을 할 수 있도록 허용적인 분위기를 만들어 주시는 것이 중요합니다. 극히 일부이긴 하지만 이성교제 중에 성관계나 임신과 같은 꽤 큰일이 발생할 수 있기 때문에 자녀가 이성교제를 시작하면 무슨 일이든 편안하게 말할 수 있는 분위기를 평소에 만들어 두시는 것이 중요합니다.

"선생님, 어떻게 아이들이 키스를 해요? 그리고 데이트를 한다고요?" 하실 수도 있겠지만 매년 학급의 아이들에게 듣는 생생한 증언이니 믿으셔도 됩니다. 현실을 정확히 알고 나면 아이들의 이성교제에 좀 더 적극적으로 반응하고 아이의 성을 인정해 주면서도 가르칠 것은 정확히 가르쳐서 흐름에 당황하지 않는 부모가 될 것입니다.

부록

1학년 선생님이 알려 주는
입학 전 준비 사항

앞서 말씀드렸다시피 저는 13년차 교사입니다. 12년을 내리 고학년만 가르치다가 올해는 느닷없이 희망하지도 않은 1학년을 맡게 된 생초보 저학년 교사이기도 합니다. 12년간 축적한 교육 자료와 각종 준비 사항들은 모두 고학년용이었고 처음에 1학년에 배정이 되었다는 말을 들었을 때는 스트레스로 몸이 아파 버릴 지경이었답니다. 가 보지 않은 길이 두려웠지만 주변에서는 저희 아이가 내년에 초등학교 입학을 하니 미리 교육과정을 분석하고 준비하는 과정으로 여기라더군요. 그렇게 온갖 위로와 격려에도 불구하고 입학식이 다가올수록 두려움은 커져만 갔습니다.

한 해가 지난 지금은 어떻냐고요? 귀염귀염 열매를 먹고 1년 동안 잘 자란 녀석들 덕분에 꽤 행복한 1학년 교사가 되었답니다. 하루하루가 단편적이고 체력 소모가 극심하기는 하지만 처음 생각처럼 너무 작은 아가들이라 어찌해야 할지를 모르겠다며 당황해 할 정도는 아닙니다. 그리고 올해 1학년을 한 덕분에 앞으로는 어떤 학년을 해도 두렵지 않겠다는 생각도 듭니다. 아가들을 만난 덕분에 교사로서 스펙트럼을 넓히고 실제 학급 경영을 하며 전 학년 교육과정을 완전히 파악할 수 있게 되었으니 올해는 여러모로 감사한 해입니다.

그래서 1학년 담임이자 일곱 살 아들을 키우며 아이의 초등 입학을 준비 중인 제가 취학 전 자녀를 두신 분들을 위하여 초등학교 입학 전 준비 사항들을 정리해 보았습니다.

1학년 아이들을 지도하면서 느낀 점을 커피 한 잔 앞에 두고 친구에게 이야기하듯이 편안하게 쓴 내용이 여러분들에게 조금이나마 도움이 되었으면 좋겠습니다.

Q 이 녀석이 똥 싸고 제대로 닦기나 할까? 만약 뒤처리가 안 되면 선생님이 도와주나요?

A 우리가 어려서 어땠는지 먼저 생각해 보세요. 선생님이 화장실까지 따라와서 뒤처리를 해 주지는 않았지요? 그것은 지금도 마찬가지랍니다. 교실은 좁은 공간에 많은 아이들이 있기 때문에 교사조차도 화장실을 참고 버틸 정도로 불안 요소가 많습니다. 그러니 한 아이의 요청을 받고 뒤처리를 해 주러 자리를 비우는 일은 가급적 없으면 좋겠지요?

부모님께서는 학기 초에 물티슈를 사물함에 넣어 사용할 수 있도록 가르쳐 주세요. 아이들의 손으로는 화장지만 가지고 잘 닦이지 않거든요. 물티슈는 청소할 때도 사용하지만 똥꼬 닦을 때도 유용합니다. 하하. 그리고 먼저 선행하셔야 할 것은 집에서 닦는 연습을 충분히 시키시는 것입니다.

연습 방법은 다음과 같습니다.
먼저, 화장지를 네 칸 정도 떼렴.
그리고 절반 접어 봐.
그렇지. 그리고 한 번 더 접어 봐.

그 다음에 닦아 봐봐.

묻어 나오네? 그럼 다시 접어서 닦아 봐봐.

응. 그렇지. 안 묻을 때까지 계속.

이제 물티슈 한 장 뽑아 봐. 그걸로 또 닦아. 오케이.

학교 화장실은 오랫동안 꾹 눌러야 내려가. 꾹 눌러. 계속계속계속.

자알 했어. 손 닦고 나오면 끝!

이 연습을 7세 가을 즈음부터 무한반복시키세요.

또한 쉬가 너무 마려울 때는 참지 말고 손을 들어 말하는 연습을 시켜 주세요. 처음에 교사는 될 수 있으면 수업 중에 화장실을 가지 말라고 가르칩니다. 그런데 이 순진한 1학년들은 "절대 가면 안 된다."라고 들리나 봅니다. 그렇게 1학기에는 옷에 실례를 하는 아이들이 있어요. 정 못 참겠으면 수업 중에라도 반드시 말할 수 있게 해 주시고 될 수 있으면 쉬는 시간에는 화장실부터 다녀오는 것이라고 미리 말씀해 주시는 것도 도움이 된답니다.

Q 밥은 제대로 먹을까? 집에서 매운 것은 하나도 못 먹고 편식도 심해 걱정이 돼요.

A 교사마다 다르지만 저학년은 적당한 수준에서 급식 지도가 이루어집니다. 알레르기를 유발하는 음식은 반드시 담임에게 미리 알려 주시고 그렇지 않은 나머지 음식은 교사가 하나라도 먹입니다.(모든 교사가 그렇지는 않지만 일단 저는 그렇습니다.) 편식이 아무리 심해도 학교라는 분위기 때문인지 아이들은 어떻게든 하나라도 먹으려 애씁니다. 저희 아이는 집에서 오렌지, 귤, 멸치는 입에도 안 대는데요. 원에서는 싹싹 비워 잘 먹는다고 하더라고요. 그렇게 아이들도 제 나름 눈치껏 단체 생활을 해 나갑니다.

학교에서는 아무래도 나이 차가 있는 1~6학년이 모두 있으므로 특별히 저학년을 위해 매운 강도를 조절해 주지는 못합니다. 그러나 매운 것도 나름대로 알아서 물을 마셔 가며 국에 씻어 가며 열심히 최선을 다해서 먹습니다. 그러니 집에서 너무 애써 편식을 잡으려고, 매운 것을 먹이려고 일찍부터 씨름하지 마시라 말씀드리고 싶습니다.

물론 교사 입장에서는 뭐든지 싹싹 비워 잘 먹는 아이가 예쁘긴 합니다. 과장해서 말하자면 그런 아이들이 많을수록 교사가 밥을 '입'로 먹을 수 있고 그렇지 않으면 중간중간 돌아다니며 하나라도 먹여 줘야 하니 '코'로 밥을 먹기 때문이랍니다.

그런데 뭐, 급식 지도도 교사가 할 일이니까요. 이미 대부분의 선생님들은 초등 교사가 된 후부터 점심을 편히 먹는 것은 포기했으니 그냥 식습관 개선은 학교 입학 후에 협조해 주시고 입학 전에는 가정에서 너무 무리하지 마세요. 학교에 들어와서는 의외로 잘 해내는 아이들이 많으니까요.

Q 수업시간에 40분 동안 자리에 앉아 있을까? 집에서는 10분도 못 앉아 있어요.

A 결론부터 말씀드리면 대부분 앉아는 있습니다. 여기서 중요한 것은 '앉아는'이라는 부분입니다. 1학년의 집중력은 길어야 10~15분입니다. 그나마도 즐거운 활동을 할 때고요. 하하. ADHD와 같이 집중력이 현저히 떨어지는 아이가 아니라면 수업 중에는 친구들이 다 앉아 있고 선생님이 떠억 하고 앞에 서 있으니 돌아다닐 수가 없어요. 분위기상. 그런데 녀석들도 1학기에는 너무 힘들면 가끔 꾀를 내어 화장실에 가고 싶다고 합니다. 그러면 모른 척 보내 주기도 하지요.

여기서 중요한 것은 대부분의 부모님들이 내 아이가 '앉아는' 있는 수준에서 벗어나기를 원한다는 것이지요. 그러면 진짜로 앉아 있는 수준에서 벗어나 '집중'을 하는 방법을 알려 주어야 할 텐데요.

저는 이런 방법을 씁니다. 일단 7세가 되면 하루에 15~20분 정도 앉아서 규칙적으로 하는 활동을 마련해서 매일매일 하게 합니다.

저희 아이의 경우는 아주 쉬운 단계의 수학 문제집 한 장 풀기와 노트북 앞에 앉아 영어 프로그램 하기가 그것이랍니다. 물론 가정에서 평소 하고 있는 것에 따라 그 내용은 달라질 수 있습니다. 책 읽기가 될 수도 있고 피아노 연습을 하는 것일 수도 있으며 혹시 유치원에서 숙제를 내준다면 그것을 한다거나 그림 그리기와 블록을 만드는 등 방법은 다양하지만 여기서 중요한 것은 규칙적으로 거의 매일 20분 정도의 시간을 책상 앞에서 하도록 격려하는 것입니다.

그 정도는 아이를 괴롭히는 것이 아니니 죄책감은 전혀 필요치 않습니다. 어차피 학교에 가서 본인이 편할 수 있는 좋은 습관을 일찍부터 길러 주는 과정이니까요. 무조건 놀게 둔다고 해서 없던 엉덩이 힘이 길러지지는 않습니다. 많이 놀아본 아이들이 공부도 잘한다지만 그것도 아이들마다 다르니 정답은 아닙니다. 최근 학교 현장에서는 차라리 반대의 경우가 더 많은 것 같아요. '끈기 있게 공부를 해 본 아이들이 놀기도 알차게 잘 논다!'랄까요? 이것은 고학년이 될수록 더욱 쉽게 찾아 볼 수 있는 현상이기도 합니다. 그렇기에 가급적 7세부터는 하루 20분 정도 자기의 할 일을 집중해서 할 수 있는 환경을 마련해 주셨으면 합니다.

그리고 하나 더! 유치원에서 선생님의 눈과 입을 뚫어지게 보라고 해 주세요. 레이저를 쏠 듯 말이죠. 처음에는 단순히 움직이는 것에만 초점을 맞추다가 학교에 와서는 선생님의 말소리가 들리면 자동으로 입을 쳐다보게 될 테니까요. 또한 1학년 2학기 국어 4단원에는 귀기울여 다른 사람의 말을 듣고 자신 있게 발표하는 것을 배우게 되니 조급하게 생각하실 필요는 없답니다. 그때부터 차근차근 선생님의 행동과 말에 집중하는 연습을 해도 되니까요.

Q 선생님이 진짜로 아이 옷차림을 보고 첫인상을 판단할까? 비싼 옷을 사 줄 형편이 안 되거든요.

A 네. 교사도 사람인데 당연히 옷차림을 보고 판단하지요. 그런데 그게 부모님들이 생각하는 것과는 좀 다릅니다. 비싼 옷으로 판단하는 것이 아니라 '깔끔하고 단정한' 옷차림을 보고 첫 이미지를 형성하는 것이거든요. 교사들이 단정한 것을 선호하는 이유는 교사 개인의 취향이 아니고 같은 학급 친구들의 눈이 무섭기 때문이랍니다.

생각해 보면 우리 어릴 때도 그랬습니다. 맨날 속옷이 삐져나와 있고 옷에 김치국물, 땟국물 묻은 데다가 머리도 잘 안 감고 오면 괜히 싫어하고 꺼려지는. 그러니까 대놓고 미워하고 차별하지는 않더라도 속으로는 은근히 '짝꿍 안 하고 싶다'는 마음도 들곤 하지 않았나요? 부모님 세대에도 그랬지만 요즘 아이들도 그런 점은 같답니다. 아무리 어려도 기왕이면 단정한 머리, 깨끗한 옷차림을 좋아해요.

특히 여자아이들의 경우는 긴 머리를 깔끔히 빗어 넘기거나 예쁘게 땋아 내린 머리를 중요하게 생각하더라고요. 그런 것까지는 아이들이 안 보는 것 같아도 다 보고 있습니다.

그리고 잘 안 씻어서 냄새가 나는 아이, 옷이 더러운 아이는 담임 입장에서도 무척 난감합니다. 1학년들은 "선생님! 짝꿍한테서 이상한 냄새나요!"를 조심스럽게 말하기보다는 엄청 크게 이르러 오곤 하니까요. 자신의 옷차림을 깔끔하게 하는 것은 아이가 스스로 하기 어렵기 때문에 아무리 학교에서 담임이 챙겨 주고 다른 친구들에게 상처를 받지 않게 감싸 준다 해도 한계가 있게 마련입니다. 그러므로 가정에서 부모님이 신경 써 주어야 하지요.

다시 한 번 말씀드리지만 이건 정말이지 교사의 눈보다 아이들의 눈이 무서운 부분이랍니다. 그러니 학교생활을 하기에 조심스러운 비싼 옷 말고! 깨끗하고 단정한 옷을 입혀 보내 주세요. 비싼 옷을 입는다고 교사가 '부잣집 아이니까 특별히 더 잘해 줘야지!' 하지는 않아요. 하하하.

Q 사물함이랑 책상 속 정리는 스스로 할 수 있을까? 집에서는 이 방 저 방 다 어질러 놓거든요.

A 네. 스스로 할 수 있습니다. 집에서는 난장판을 만드는 녀석들도 역시 학교에서는 분위기를 타는 거죠. 집에서보다 학교에서 편식을 덜 하는 것과 비슷한 이치입니다. 이것도 약간 아이들의 눈이 날카롭다 할 수 있는 경우인데요.

누군가의 책상 주변이 지저분하거나 사물함에서 곧 바퀴벌레가 나올 것 같으면 "제 짝꿍은 만날 자기 물건을 바닥에 다 흘려요. 제가 다 주워 줘요.", "선생님, 짝꿍 책상 속에 책이 다 안 들어가서 의자 위에 올려 놓고 집에 가요." 하며 되게 피곤하다는 표정으로 이르러 옵니다. 그리고 가끔은 보다 못한 같은 모둠 아이들이 나서서 정리해 주기도 하지요. 그러면 어지간한 아이들은 한두 달 후부터 적어도 집에 갈 때 만큼은 책상 주변을 스스로 정리하기 시작합니다. 학교생활을 좀 하다 보니 은근히 친구 눈치도 보게 되고 자기 책상 말고는 대부분 깨끗하니 느끼는 바도 생기는 모양이더라고요.

학교에서 정리정돈이 중요한 이유는 이것이 잘되지 않으면 다음 시간에 큰 영향을 미치기 때문입니다. 예를 들어, 다음 시간이 수학이라 면 정리가 잘된 아이들은 왼쪽 서랍에서 교과서를 스윽 꺼내 턱! 올리 는 것으로 준비가 끝나 버리는데요. 정리가 안 된 아이들은 일단 책상 속 모든 것을 끄집어 올리고 하나하나 뒤적여 수학 교과서를 꺼낸답니 다. 그리고 도로 그 모든 것을 쑤셔 넣으니 당연히 다른 친구들보다 준비가 늦어지겠지요.

타고나기를 그렇게 타고나서 주변이 흐트러져 있어도 크게 의식하지 못하고 아무리 말해도 고쳐지지 않는 아이도 몇 있습니다만 그래도 대부분은 나아지기에 학교에서 교사가 수시로 정리정돈을 가르치고 때로는 학부모님과 상담도 합니다. 부모님과 이야기를 나눠 보면 그래도 집에서보다는 학교에서 나름대로 최선을 다하는 것을 알 수 있습니다. 처음에 선생님이 가르치는 대로 정리하는 방법을 잘 따라한다면 대부분의 아이들이 적어도 자기 책상 속과 사물함 정도는 깔끔하게 정리할 수 있습니다. 그럼에도 불구하고 두세 명의 아이는 시간이 더 필요한 것으로 보이지만 적어도 하교할 때 책상 위만큼은 완벽하게 정리할 줄 알게 되었으니 많이 키웠구나 싶답니다. 하하하하.

1학년을 가르치다 보니 특히나 정리정돈이 중요하다는 것을 깨닫고 저 또한 내 아이가 유치원에서는 어떻게 하고 있는지 걱정이 되더라고요. 그래서 유치원에 상담을 요청했는데요. 다행히 선생님 앞에서는 여덟 명 중에 제일 자기 물건 잘 챙기고 정리도 잘한다고 하더라고요. 역시 아이들이란……. 집에서와 단체에서의 모습이 사뭇 다릅니다. 허허. 그러니 여러분들도 아이가 학교에 입학해서 담임 선생님에게 연락이 오기 전에는 걱정 마시길 바라요.

Q 젓가락질은 어디까지 해서 보내야 하지? 유아용 젓가락을 보내도 되나요?

A 초등학교의 급식실에서는 어른 수저를 사용하므로 쇠젓가락 사용법을 미리 익히는 것이 좋습니다. 그리고 1학년 담임이 아닐 때도 급식실에서 가만히 관찰해 보면 학생 중에 유아용 젓가락을 들고 다니는 아이는 거의 보지 못했습니다. 1학년 아이들은 또 여기서 놀라운 적응력을 발휘하는데요. 딱 봐도 친구들이 다들 아무렇지 않게 어른 젓가락을 쓰는 것처럼 보이고(실제로는 서투르기 그지없지만) 자존심도 있으니 수저통에서 쇠젓가락을 야무지게 들고 오긴 합니다. 그러고는 막상 젓가락질을 잘 못해서 식판 옆에 두고 숟가락으로만 열심히 밥을 먹지요.

처음 입학할 때 보면 한 반에서 절반 정도는 반찬을 떨어뜨리지 않을 정도로 쇠젓가락질을 할 수 있습니다. 아주 바른 손모양은 아니더라도 말이지요. 그러한 상황에서 몇 명은 생선까지 발라먹는 현란한 손놀림을 보여 주기도 합니다. 그만큼 젓가락질은 아이들마다 수준 차이가 심하지만 가정에서 해야 하는 밥상머리 교육이기에 학교에서 특별히 오래 가르치지는 않습니다.

1학기 〈봄〉 교과서에 올바른 젓가락질을 배우고 그것을 활용한 놀이를 하는 수업이 있지만 그렇다고 완벽하게 될 때까지 다루어 주지는 않습니다. 급식실에서도 그냥 알아서 숟가락으로만 먹든 손가락을 동원하든 내버려둡니다.

1학년은 3월 적응활동 시간에 식판과 수저를 교실로 들고 와서 일일이 가르치거나 여러 번 연습을 해 보고 급식을 실시하지만 그래도 스스로 드는 힘이 약하다 보니 자주 떨어뜨리곤 합니다. 그래도 두어 달 이렇게 하다 보면 나름대로 조심성과 요령이 생기는지 수저를 바꾸러 가는 아이들이 별로 없게 됩니다.

이렇게 학교에서는 모두 어른용 쇠젓가락을 사용합니다. 처음에는 당연히 서투르기 마련이라 거의 반찬을 집지 못하며 포크처럼 찍어먹는 용도로 사용하는 친구들이 많지만 1학기 통합 교과시간에 젓가락질을 익히고 나면 나름대로 모양을 갖춰 젓가락질을 할 줄 아는 아이들이 생깁니다.

미리 가정에서 쇠젓가락 연습, 생선 가시 발라 먹는 연습을 해 보면 좋겠지만 무리할 필요 없이 학교에 다니는 동안 발전할 수 있도록 여유를 가지셔도 좋겠습니다. 그리고 젓가락질을 잘 하지 못하더라도 편식하지 않으며 숟가락만으로도 열심히 잘 먹는 아이, 생선 가시는 손가락을 동원해서 추려낼 줄 아는 아이, 싫어하는 반찬도 한 번은 먹어보려 노력하는 아이들이 담임 교사 입장에서는 가장 예쁘답니다.

Q 우유 급식할 때 혼자서 우유 팩을 열 수 있을까? 집에서 미리 연습해야 하나요?

A 처음 1학년을 가르치면서 소위 말하는 '멘붕'이라는 것을 겪었는데 바로 '우유 팩 열기' 때문이었습니다. 2학년만 되어도 우유 팩을 못여는 아이가 없지만 1학년은 달랐습니다. 처음 한 달은 매일 열 명 가까이 들고 와서 열어 달라고 하기에 학부모님께 한 달에 한 번 드리는 편지에 써서 보냈답니다. 가정에서 우유 팩 열기를 지도해 주시라고 말이지요. 솔직히 말하면 아이들 우유 팩을 열어 주다가 교사로서 자존감이 떨어질 지경이었어요. '이러려고 교사했나? 날마다 내가 무얼 하는 거지?' 싶은 생각이 들었으니까요.

그런데 한 달이 지나고 학부모님들께서도 편지를 읽고 집에서 가르치신 모양인지 아니면 매일 먹다 보니 능숙해진 것인지 석 달째부터는 우유 팩을 들고 오는 아이가 거의 없었습니다. 덕분에 저도 다시 자존감이 회복되었고요. 하하. 제가 거창하게 자존감 운운했지만 그만큼 많은 아이들이 우유 팩을 들고 저만 바라보고 있었답니다. 교육이 아닌 보육을 하는 느낌이었다 할까요?

3개월이 지난 후에는 매일 한두 명 정도만 열어 달라고 한답니다. 어쩌다 가끔 안 열리는 우유 팩을 들고 오는 아이도 오지만 매번 오는 녀석은 정해져 있어요. 저희 반은 두 아이가 단골손님이고 나머지는 돌아가면서 한 번씩이거든요. 아직 어리니까 기다려 주긴 해야 하는데 딱 두 명이 그렇게 번갈아 가며 매일 오니 가정에서 가르쳐 보냈으면 하는 마음이 들기는 하더랍니다.

　그래서 저희 아이는 일곱 살 때부터 우유 팩을 혼자 여는 방법을 가르쳤고 몇 번 하다 보니 이제는 자연스럽게 혼자 열 수 있게 되었습니다. 참, 완벽하게 열 줄 아는 아이들은 친구들 것까지 해 주며 엄청 자랑스러워한답니다. 내 아이가 3월부터 친구들의 도움을 받기보다 기왕이면 도움을 주는 쪽이면 더 좋겠지요?

　그리고 첫 아이 입학 때는 잘 모르고 우유를 의무적으로 먹어야 한다고 오해하시는데 우유를 먹으면 배가 불러서 급식을 먹는 데 지장이 있거나 우유를 즐겨 먹지 않는 경우에는 신청을 하지 않으셔도 됩니다. 우유를 먹기 싫어하는 아이에게 친구들이 먹으니 너도 먹으라며 억지로 신청하면 다 못 먹고 책상 위에 두어 엎지르거나 사물함 속에 넣어 썩게 만들고 집에 가져간다면서 가방에 넣어서 터지는 일도 발생하거든요. 그리고 교사들도 먹기 힘들어 하는 아이에게 억지로 먹으라고 강요하고 싶지 않답니다.

Q 끈 있는 운동화를 기어이 신겠다고 하는데 괜찮을까? 아직 단추도 못 채우거든요.

A 끈 있는 운동화를 혼자 신지 못하면 일명 '찍찍이'라고 하는 벨크로 운동화로 신겨 주세요. 그리고 외투 같은 것은 스스로 입고 벗게 연습시켜 주시고요. 지퍼 못 올리는 아이, 단추 못 잠그는 아이, 운동화 끈 묶어 달라는 아이, 풀린 리본 매 달라는 아이, 머리를 묶어 달라는 아이가 교실에 서너 명만 있어도 교사가 정말로 해야 할 일, 살펴야 할 일을 놓친답니다.

학교에 보내실 때는 가급적 소매가 나풀거리지 않는 옷을 입혀 주세요. 급식 먹다가 국에 풍덩 담그는 것은 예사이고 여기저기 걸리는 것도 흔한 일이랍니다. 또한 리본을 묶어야 하는 모든 옷은 리본 묶기를 마스터해서 입혀 주시거나 아예 없는 것을 입혀 주셔야 해요. 한두 번은 묶어 주다가도 한 아이가 종일 몇 번이고 풀려서 오면 결국에는 "집에서 배워 와. 선생님은 안 해 줘."라고 할 수 밖에 없거든요.

서운하실지 모르겠지만 유치원처럼 친절하게 머리를 묶어 주지도 않아요. 왜냐하면 한 아이의 머리를 묶어 주다 보면 시샘하듯이 다른 아이들도 제 앞에 서서 기다리니까요. 물론 수업에 방해가 될 정도로 아이가 불편해 한다면 교사가 해 줄 수도 있겠지요.

한편으로는 '그깟 것 좀 해 주지. 친절하지 못하네.' 싶기도 하실 겁니다. 하지만 학교는 교육이 주로 이루어지는 곳이고 보육의 개념은 거의 없다고 보시면 됩니다. 보육이 들어가는 순간 교육에 할애되는 시간이 줄어들고 교재 연구를 열심히 해서 마련한 다양한 활동들을 시간 내에 못할 수도 있어요.

그리고 수업의 흐름이 끊기는 것은 더 큰 문제랍니다. 1학년 아이들은 수업 중에도 원하는 것이 있으면 그냥 앞으로 나온답니다. 그것이 수업과 상관없는 것일 때 다른 아이들의 집중을 방해해 수업의 흐름이 끊겨 버리고 맙니다.

저는 평소 불친절한 교사가 아니라고 자부합니다만 머리 묶어 주고 리본 끈 묶어 주는 것은 싫더라고요. 유치원이 아닌 초등학교이니까 기왕이면 다른 쪽으로 친절하고 싶어요. 모르는 것을 다정한 말로 여러 번 가르쳐 주고 독서 하는 아이의 머리를 한 번 더 쓰다듬어 주거나 발표하는 아이와 차분하게 눈을 맞춰 주며 모둠활동 시 조금이라도 더 조율해 주는 '교육적인 친절함'을 베풀고 싶답니다. 그러니 옷과 신발은 가급적 혼자 착용하고 벗을 수 있는 것으로 입혀서 보내 주세요.

참, 저희 반 아이들은 3월에 어떤 상태였냐면 처음에는 제게 지퍼도 올려 달라고 하고, 머리도 묶어 달라고 하고, 운동화 끈도 매 달라고 하고 심지어 외투를 입을 때 자기 팔 있는 부분도 몰라서 잡아 달라고 했는데요. 운동장 활동 한 번 하려다가 줄도 제대로 못 세우고 저런 것 하느라 정신이 하나도 없이 시작을 해야 했답니다. 그러다가 아무래도 이건 아니다 싶어서 "집에서 배워 와야 해."라고 했더니 몇 달이 지난 지금은 거의 없는 수준이지요. 역시 배우면 다 합니다. 안 가르쳐서 그렇죠. 하하.

이렇게 써 놓으니 초등 입학 전 생활지도로 할 것이 정말 많은 것 같지요? 그렇지만 교사 혼자 편하자고 쓴 글이 아니랍니다. 일곱 살부터 조금이라도 준비하기 시작하면 아이가 당황하지 않으면서 학교에서 다른 친구를 도울 수 있는 위치에 쉽게 오른답니다.

　1학년 때 부모님들께서 가장 많이 걱정하시는 학습에 관해서는 오히려 고만고만한 성취도를 보여 큰 문제가 없거든요. 특별히 난독증 같은 학습장애가 있지 않다면요. 하지만 아이들의 생활습관은 평소에 가정에서 어떻게 생활하고 교육을 받았느냐에 따라 큰 차이가 난답니다.

　교실에서 아이들은 친구를 도와주며 은연중에 자신의 존재감과 자아 효능을 확인합니다. 그리고 친구들과 선생님에게 좋은 평을 얻어 수월한 출발을 하게 되지요. 기왕이면 다른 친구를 도울 수 있게 가정에서 준비시켜 주세요. 매번 선생님에게 도움을 요청하거나 친구의 도움을 받는다면 아이들끼리도 누가 시원찮은지 다 알게 되니까요. 아주 잘하지는 못해도 중간 정도해서 입학한다면 무난하게 학교 적응을 할 수 있답니다.

Q 수학은 어디까지 해서 보내야 하지? 옆집 아이는 암산으로 받아올림과 받아내림도 한대요.

A 우리의 옆집 아이들은 뭐 이렇게 다 잘하는지 몰라요. 그쵸? 그리고 우리는 왜 이렇게 남의 떡이 커 보이는 걸까요? 분명히 나는 내 아이를 사랑하는데도 말입니다. 옆집 아이가 무엇을 배우더라, 무엇을 잘한다더라 하면 왠지 모르게 마음이 조급해지고 내 아이가 못나 보이기까지 합니다. 이 글을 쓰고 있는 저라고 뭐 안 그랬을까요? 하하.

학교에서 수많은 아이들을 보며 개성을 존중하는 교육을 한다고 자부하면서도 정작 내 아이에게는 쉽지 않은 바로 그것! 비교 안하기! 아마 '모든' 부모의 난제는 아닐지라도 '많은' 부모의 난제이긴 할 것입니다.

일단은 이것부터 말씀드릴게요. 세상의 많은 아이들이 각기 다른 장점을 지니고 태어난다는 것은 정말 지겹도록 들으셨을 것입니다. 그리고 학교 현장에서 보면 후천적으로 길러지는 부분도 있지만 저학년 때는 아무래도 선천적인 부분들이 더 쉽게 드러나거든요.

저희 반 아이들에 대해 이야기해 볼까요? 어떤 아이는 언어 감각이 뛰어나고 어떤 아이는 수리 감각이 뛰어납니다. 묘하게 수리 감각은 좋은데 공간 지각력이 떨어지는 아이도 있지요. 다른 경우를 들자면 소근육은 기가 막히게 잘 발달했는데 대근육 발달이 더뎌서 운동장에만 나가면 다른 아이가 되어 버리기도 합니다. 또 어떤 아이는 색칠은 괜찮게 하는 것 같은데 사람을 그리라고 하면 왜 희한한 것이 도화지 안에 서 있을까요? 그 녀석의 짝꿍은 사람 하나는 기가 막히게 그리는데 만들기 할 때는 그리 힘들어하고요. 선의 형태가 형편없어 낙서 수준으로 그리는 아이는 가만 이야기를 듣자니 혼자 스토리를 지어 만드는 것이 천상 이야기꾼이네요. 1학년 아이들을 보노라면 참 다양하기에 신기합니다.

이렇게 아이들은 서로 다른 특성을 지니고 있답니다. 저희 아이는 도형, 공간 지각력은 괜찮은데 수 영역은 약합니다. 사고력 수학 문제집 하다가 때려치우고(심지어 언어 감각도 별로라 문제 이해를 잘 못합니다. 설명해 주다가 화내기 일쑤였지요. 매번.) 단순 수 세기 단계부터 저랑 하고 있는데요. 그마저도 영 시원찮습니다. 그러면 그냥 두어야 할까요? 그건 아닌 것 같습니다. 단편적인 지식을 습득하는 것이 아니라 공부습관을 들이는 차원이라면 길고 넓게 봐야 하니까요.

1학년 녀석들을 보면 기본적으로 1부터 5까지의 수를 가지고 더하고 빼는 것은 자유자재로 하는 편이거든요. 아이가 최상은 아니더라도 반에서 중간은 갔으면 하는 것이 부모의 마음이겠죠? 대부분의 아이들이 도형 단원에서는 "아, 쉽다!" 하고 자신만만해 합니다. 그런데 더하기, 빼기로 넘어가면 좀 애매한 모양새의 자신감을 드러내기 시작합니다.

교사가 보기에 학교 수업을 따라올 정도의 인지 능력을 지니고 있으면 이 또한 별 문제는 되지 않습니다. 그래도 또 그냥 두기는 그렇죠? 내년이면 입학인데 무엇인가 불안하고. 그래서 저도 수학 문제집을 함께 풀었지만 너무 많이 준비해 가면 오히려 해야 할 때 집중하지 않기 때문에 딱 1에서 5까지의 수로 더하고 빼기까지만 함께하고 그 이상은 하지 않고 있습니다.

그런데 이런 수학 학습지나 문제집을 함께 풀다 보면 처음부터 암산이 되는 아이들도 있지만 아닌 아이들도 있거든요. 그런 아이들은 절대 부모가 열을 내며 가르치면 안 됩니다. 수 개념 형성이 안 된 아이를 기호까지 넣어 계산하게 하면 질려 버리지요. 심지어 어떤 문제집에는 직관적으로 그림을 보고 아이가 바로 풀 수 있도록 지도하라고 도움말을 써 놓았더라고요. 헉! 직관이오? 그건 원래 그게 되는 애들 말이고요. 타고나지 않은 이상 직관도 훈련으로 길러지는 부분이라 충분한 기회를 주어야 한답니다.

수 감각을 타고나지 않은 아이들에게는 무조건 '구체물'이 필요합니다. 바둑돌, 클립, 공깃돌, 손가락 등이 그것에 해당되고 최근 교육과정에는 '연결큐브'라는 것이 자주 등장합니다. 100개에 1만 5,000원 정도 하니까 그걸 구입해도 좋겠네요.

'1+2'라는 문제가 있다고 칩시다. 자, 옆집 아이가 문제를 보자마자 '3!'이라고 외치네요. 그런데 내 아이는 안 됩니다. 저희 아이도 안 됩니다. 하하. 감정의 제어가 힘드시겠지만 이때 절대로 흥분하지 마시고 그냥 '구체물'을 공부상 위에 늘어놓아 주세요.

그리고 아이에게 구체물을 왼손에 1개, 오른손에 2개를 쥐게 합니다.

그 다음, 두 손에 있는 구체물을 합쳐서 세게 합니다.

마지막으로 센 숫자를 정답 칸에 쓰게 합니다.

이 절차를 무한반복하시고요. 화도 낼 필요가 없습니다. 우리 아이는 수 개념 형성이 다른 무엇보다도 어려운 것일 뿐이니까요. 그냥 그러려니 해야 합니다. 학교에서도 이와 같은 구체물로 계산을 하도록 수 없이 많은 기회를 줍니다. 손에 들어 봐라, 세어 봐라, 놓아 봐라, 써 봐라. 그리하다 보면 스스로 지겨워집니다. 어느 순간 가만히 보니 오늘 나온 '1+2'가 지난번에 몇 번이나 한 '3'인 것 같거든요. 그럼 그냥 쓰는 것입니다. 아이도 구체물을 세기 귀찮을 정도로 많은 반복을 경험하면서 어느 새 암산의 단계로 넘어가는 것이지요.

이 방법이 모든 아이에게 통용되는 것은 아니나 일반적으로 학교에서 수학시간에 아이들을 끌어가는 방법입니다. 그만큼 학교에서도 충분히 구체물을 통해 수 개념을 다루어 주고 있으니 가정에서 너무 걱정하며 연습하시지 않아도 됩니다.

물론 학교에 와서 더하기, 빼기 기호를 배우고 바로 잘 푸는 아이들도 있지만 그렇지 않은 아이들도 있답니다. 내 아이가 그럴 것 같으면 가볍게 미리 경험해 보는 정도로 다루어 주는 것이 좋겠지요.

그리고 1학년 1학기에는 50까지 수 세기가 나옵니다. 1부터 50까지는 줄줄 입에서 나올 수 있게 해 주세요. 가능하다면 일 하나, 이 둘, 삼 셋, 사 넷, 오 다섯……과 같이 두 가지 방법으로 셀 수 있게 해 주시면 좋습니다. 어차피 이 모든 것이 1학년 1학기에 선생님과 배울 내용이지만 실제로 1학년 교실을 들여다보면 거의 모든 아이들이 저 정도는 다 하고 오는 것이 현실입니다. 우리가 너무 현실을 외면할 수는 없지 않겠습니까? 이상적인 학교의 기능은 백지로 입학해서 학습을 시작하는 것이지만요. 친구들에 비해 너무 수에 대한 경험을 하지 않은 경우 필요 이상의 공포를 가질 수도 있기 때문에 +1, +2, +3 정도의 연산이나 50까지의 기계적인 수 세기는 미리 준비시키시는 것도 좋겠습니다.

📖 1학년 1학기 수학 교과서 단원

- **9까지의 수** 구체물로 세어 보고 읽어 보는 활동을 하며 많은 아이들이 수월하게 해내는 편입니다.

- **여러 가지 모양** 세모, 네모, 원기둥, 각기둥을 보고 닮은 꼴 찾기가 나오는데 대부분의 아이들이 무척 쉽게 생각하는 단원입니다.

- **덧셈과 뺄셈** 1의 자리에서 덧셈과 뺄셈이 나오고 결과 값이 10이상 나오는 것은 다루지 않습니다. 구체물을 많이 사용합니다.

- **비교하기** 길이, 무게, 넓이 비교가 나옵니다. 이것이야말로 직관이 필요하죠. 비교하기는 아이들이 그리 어려워 하지 않아 합니다. 이것을 '<가>가 <나>보다 큽니다. <가>가 <나>보다 가볍습니다.'와 같이 말로 표현하는 연습을 계속합니다.

- **50까지의 수** 10을 모으고 가르거나 십 몇을 읽어 봅니다. 10씩 묶어 세기도 나오지요. 50까지의 수 안에서 크기 비교도 합니다.

Q 읽기와 쓰기는 어디까지 해서 보내야 하지? 맞춤법을 다 틀리거든요.

A 결론부터 말씀드리면 현재 우리 학교 1학년 180명 중 한글 읽기가 거의 안 되는 친구는 딱 세 명입니다. 그리고 그 친구들 중 한 명은 다문화 가정의 아이로 아무래도 그림책 등을 통해 우리말을 접하는 횟수가 현저했겠지요. 그 아이를 제외하면 겨우(!) 두 명 정도밖에 안 된다는 의미가 되겠습니다.

초등 입학 전 가급적 읽기는 받침이 있는 글자까지 읽는 정도가 되어야 합니다. 학교에서 읽기, 쓰기 교육을 강화한다고는 하지만 이미 아이들의 읽는 수준이 상향평준화된 상황에서 교사들이 읽기 독립이 안 된 아이를 위해 수업을 느리게 진행할 수는 없습니다. 현재는 국어 교과서에 있는 내용과 담임 재량을 더해 수업을 하는데 대부분의 아이들은 무척 수월하게 따라오므로 그렇지 않은 아이들은 별도의 지도를 하는 것이 수업을 지루하지 않게 이끌어 가는 방법입니다.

1학년 교실에서 볼 수 있는 현실을 그대로 말씀드리자면 많은 아이들이 짧은 글 읽기 정도는 완성하고 오기 때문에 아이의 자존감을 위해서라도 미리 준비하는 것을 권합니다. 저희 반 스물여덟 명 중 짧은 글 읽기가 안 되는 아이는 한 명도 없습니다. 내 아이가 기회만 준다면 할 수 있는데 안 해 봐서 못하는 것으로 괜히 친구들과 비교하며 위축될 필요는 없으니 학습장애, 난독증 등 특별한 문제가 없는 한 읽기는 능숙하게 준비하는 것이 좋습니다.

그렇지만 쓰기는 좀 다른 문제입니다. 학교에 오려면 일단 TV 화면과 칠판을 보고 베껴 쓰기가 되는 정도, 소리 나는 대로 듣고 쓰기 정도면 됩니다. 물론 처음에는 속도가 무척이나 느립니다. 그렇다 보니 처음에는 알림장 베껴 쓰기만으로 20분이 갑니다. 딱 세 줄짜리인데 말이지요. 그렇게 하다가 두어 달이 지나면 세 줄 베껴 쓰기는 '누워서 떡 먹기'가 된답니다. 반복으로 속도가 붙는 전형적인 케이스가 바로 쓰기입니다. 그 와중에 맞춤법은 뭐 당연히 틀리는 것이고 모르는 글자가 있다면 친구와 선생님한테 물어물어 제 나름 어버이날 카드도 쓰고 짝꿍에게 편지도 쓰고 합니다.

　그러니 쓰기는 너무 미리 준비시키시지 않으셔도 되겠습니다. 1학년은 완벽할 수가 없는 나이거든요. 첫술에 배부를 수 없는 것인데 너무 미리 준비시키다가 서로 진 빠지고 괴로워하지 않기를 바랍니다. 다시 한 번 말씀드리지만 맞춤법 틀리는 것은 당연한 일! 학교 입학할 때는 아주 천천히 소리 나는 대로 대강 듣고 쓰거나 글씨 보고 따라 쓰기를 할 수 있는 정도면 됩니다.

　읽기, 쓰기는 아이에 따라 다르지만 보통 초등 저학년에 완성되기도 합니다. 그러니 취학 전 7세를 대상으로 한 제 글을 읽으시고 5~6세부터 미리 씨름하지 않으셨으면 합니다.

　저희 아이는 아주 어릴 때부터 독서환경을 조성해 주었음에도 언어 감각이 뛰어난 아이가 아니라 처음에는 제가 이해하기 힘들 정도로 읽기의 발전이 없었습니다. 저와는 너무 다른 아이였기에 키우는 내내 매 순간, 매 시기가 고민의 연속이었습니다. 아이를 생각하지 않고 제

자존심만 생각했다면 "한글은 무조건 엄마랑 떼어야 해! 엄마가 이렇게 책을 많이 읽어 주는데 왜 발전이 없는 거니?"하며 아이를 다그쳤을 수도 있었겠지요. 저희 아이는 한글 읽기에 있어서 정체기를 길게 겪고 난 후 유치원 선생님을 통해 한글에 관한 성장이 빠르게 이루어진 케이스입니다.

아이들마다 언어 민감기도 다르고 처한 환경도 다릅니다. 그러니 읽기, 쓰기를 언제 가르칠지에 대한 판단은 아이를 충분히 관찰한 부모님의 몫입니다. 학교에 들어갈 준비를 하겠다고 무조건 몰아세울 일은 아니고요. 그렇다고 민감기를 놓쳐 너무 일찍 혹은 너무 늦게 시켜서는 안 된다는 말씀만 드려 봅니다.

Q 예체능 할 시간이 저학년 때밖에 없다고 하네요. 그럼 3학년 이후에는 다들 교과 학습만 하는 건가요?

A 결론부터 말씀드리면 아이와 부모의 의지에 따라 고학년, 중등에서도 음악, 미술, 체육 같은 예체능을 병행할 수 있습니다. 꼭 저학년에 마무리 지어야 하는 것은 아니니까요. 그리고 예술교육이라는 관점으로 접근한다면 평생교육에 가까운 것이기도 하지요. 예체능을 꼭 가르쳐야 하는가, 시기는 언제가 좋은가 등에 관해서는 내 아이를 잘 관찰하시어 스스로 판단하시기 바라며 여기서는 몇 가지 팁만 드리고자 합니다.

먼저 운동에 관한 이야기입니다. 남자아이는 개인적으로 하는 운동보다는 단체로 하는 운동을 배우는 것이 여러모로 도움이 됩니다. 특히 축구, 야구 같은 종목은 친구들에게 인정을 받을 정도로 잘하면 학교생활에 도움이 되는 운동입니다. 지난 번 학교의 아이들은 참으로 다재다능했는데요. 5, 6학년이다 보니 녀석들에게서 알짜 정보를 얻을 수 있었답니다. 남자아이들이 대부분 하는 말은 친구관계의 기본은 '좋은 성품'이지만 '운동'도 하나의 수단이라는 것이었습니다. 실제로 제가 봐도 녀석들은 참 좋은 아이들이었기에 저희 아이도 좀 비슷하게 키우고 싶어서 사심을 갖고 이것저것 물어 보니 축구, 농구, 야구 같은 운동을 추천해 주었답니다.(교우관계도 좋고 운동도 잘하면서 바르게 자라준 열세 살짜리들이 생생한 자기 증언으로 해 준 말이니 믿으셔도 좋겠어요.) 저희 아이가 남과 부딪히는 것을 싫어한다고 했더니 어려서는 축구를 시키되 포지션을 공격보다는 수비로, 감각이 있으면 골키퍼로 바꾸기를 권해 준 것도 녀석들이었고요. 좀 더 자라서는 기질적으로 야구가 적합하겠다는 조언을 해 준 것도 녀석들이었습니다.

학교라는 사회에서는 뭐라도 하나 제대로 하는 것이 중요합니다. 잘 배워 정확한 폼으로 운동을 하면 매력지수가 엄청 상승하고요. 아이들끼리도 엄지 척! 하며 인정해 줍니다. 물론 1학년에는 구기 종목을 써먹을 일이 거의 없으니 참고만 하세요.

1학년은 오로지 달리기와 줄넘기만 잘할 줄 알면 장땡인데 그거야 뭐 어느 정도 타고난 것에 부모님과 놀이터에 나가서 미리 연습해 본 아이들이 좀 더 낫지 않겠습니까? 태권도 학원에서 배워서 잘하는 아이도 있지만 방과 후 학교의 음악줄넘기부에서 좀 더 배웠다고 나은 아이도 있습니다. 저희 반에서 가장 줄넘기를 잘하는 여자아이는 이도 저도 아니고 부모님이랑 놀이터에 나가서 배웠다고 하더라고요. 처음에 줄넘기를 시키면 실력이 천차만별이지만 기회를 자꾸 주면 점차 비슷해집니다. 그러니 길게 보아요. 체육 활동은.

다음으로는 미술에 관한 이야기입니다. 사교육을 활용한 미술교육에 대해 저는 시기적으로 3~4학년 무렵을 잡고 있었는데요. 올해 1학년을 가르쳐 보니 손으로 하는 것이 워낙 많아서 생각을 고쳐먹었습니다. 학교에서는 가위질, 풀칠을 비롯해 색칠하기, 그리기가 무척 많이 활용됩니다. 특히 긴 글로 여러 가지 생각 표현이 가능한 고학년보다는 차라리 그림이 더 편한 저학년의 활동에서 큰 비중을 차지하지요.

　교사는 아이가 잘 그리든 못 그리든 개의치 않습니다만 아이들끼리는 그것이 아닌 모양입니다. 은근히 자기들끼리 결과를 놓고 비교하기도 하고 잘 그린 친구 것은 유심히 보고 따라 하기도 한답니다. 특히 1학년은 자기들끼리 비교하며 꼼꼼한 색칠이나 선을 그리는 솜씨에 매우 민감하지요.

　어떤 아이들은 시작도 하기 전에 "저는 원래 못해요. 유치원 때부터 못 그렸어요."라고 말하며 자기 방어부터 하는 아이들도 있습니다. 이런 아이들은 교사가 격려해 주면 점차 나아지기는 하지만 그래도 주저하는 모습은 쉬이 사라지지 않는답니다.

　1학년 아이들을 관찰한 결과 7세 무렵 좋은 선생님을 구해서 저학년까지 끌어 주면 과제를 제출하거나 각종 평가를 할 때 자신감을 가질 수 있지 않을까 생각합니다. 물론 초등 교사 입장에서 필수인 것은 아니라는 것! 다시 한 번 말씀드리고요. 어차피 아이들의 그림에 관한 수행평가는 스토리를 들어 가며 하거든요. 그림 솜씨가 고만고만해서 대체 무엇을 그렸는지 몰라도 자기는 행복해 하며 선생님에게 어떤 주제를 그린 것인지 설명하고, 색칠을 꼼꼼하게 하지 않았어도 교사가 조언해 주고 짚어 주면 신기하게도 점차 나아집니다.

　그런데 전문가들의 말을 들어 보면 색감은 영유아기에 가장 민감하게 발달한다고 하더라고요. 그래서 학교에 막 입학해서 색칠을 해 보게 하면 녀석들이 가진 특성이 고스란히 드러납니다. 그런데 그나마도 잘한 친구 것을 보고 한다고 색감을 조금씩 잡아가는 아이도 있으니 절대 취학 전 미술교육이 필수인 것은 아니라는 점을 말씀드립니다.

　마지막으로 악기에 관한 이야기입니다. 교육의 모든 주제가 그러하지만 악기는 특히 주관적인 부분입니다. 학교 교육에서는 저학년에 리듬악기(트라이앵글, 캐스터네츠, 소고 등)가 등장하고 3학년부터 가락악기인 리코더와 실로폰이 본격 제시됩니다. 이후에는 멜로디언이 들어가고 리듬악기도 한층 다양해지지만 저학년에서 악보를 볼 일은 거의 없다고 생각하시면 됩니다. 일반적인 오선보가 아닌 그림보가 제시되니 큰 영향을 받지도 않지요. 그러나 고학년이 될수록 악보를 볼 줄 모르는 아이들은 학교에서 배운다 해도 리코더, 멜로디언과 같은 가락악기를 연주하는 스킬을 발전시키기 어려워합니다. 능력이 없어서가 아니라 단순히 경험이 부족한 것뿐인데도 지레 겁먹고 한숨부터 푹푹 내쉬지요.

　저는 개인적으로 예술 경험으로서의 음악교육을 중시하고 집에서도 클래식을 비롯한 다양한 음악이 흐르는 일상을 만들어 주고자 애쓰고 있습니다만 꼭 스킬적인 부분이 아니더라도 예술 수요자로서의 바탕을 만들어 주려면 한 번 정도는 악기를 다루고 배워 보는 경험도 필요하다는 입장입니다.

　다시 한 번 말씀드리지만 결국 예체능 교육은 부모의 교육관과 아이의 흥미에 따라 얼마든지 다르게 선택할 수 있는 부분이지 학교 교육의 수월성을 위해 택할 일은 아니라는 점입니다.

운동, 미술, 악기도 고학년이 되면 우선순위에서 밀려 꾸준히 배우기 어려운 경우가 많습니다.(물론 부모의 교육관과 아이의 흥미에 따라 쭉 이어가는 케이스도 있습니다만) 그래서 7세나 저학년부터 주로 시작하여 최소 3~4년을 끌어가는 것이 예체능 교육의 다양한 로드맵 중 하나라는 것을 팁으로 드립니다.

Q 받아쓰기가 없어진 대신 서술형 문제가 늘었다는데? 서술형은 커녕 글자 없는 문제도 못 풀거든요.

A 결론적으로는 서술형 문제가 늘고 스토리텔링이 어쩌고 한다고 해서 학습지를 풀고 학원에 보내는 것이 능사가 아니라는 말씀을 드립니다. 차라리 '독서'가 좀 더 가까운 답이 될 수 있겠네요.

지역마다 다르지만 최근 들어 받아쓰기는 축소되는 경향을 보입니다. 현재 광주광역시는 실시하지 않는 것을 권장하지만 필요하다면 담임 교사가 재량으로 실시하기도 합니다. 더불어 중간, 기말평가 등의 지필평가도 사라졌습니다. 가끔 평가 기준에 따라 수행평가지를 할 때도 있지만 대부분 '잘함'이나 '매우 잘함'이 나올 정도로 낮은 수준이며 1학년의 경우 혼자 풀 수 없는 문장이라면 교사가 설명해 주고 함께 풀기도 한답니다. 교육과정이 주기적으로 바뀜에 따라 문제 유형 또한 자주 바뀝니다. 그렇다고 그때마다 학습지를 풀어 대고 학원을 돌릴 수는 없지 않겠습니까? 게다가 이제 막 입학한 1학년의 경우에는 더더욱 말이지요.

문장이 길어서 아이들이 이해를 못하면 수업 중에 교사가 충분히 설명하고 또 설명합니다. 교사는 그러라고 있는 존재고요. 이러한 반복 설명은 고학년보다 저학년에게 더욱 필요합니다. 그래서 1학년 담임 교사들은 새로운 단어를 짚어 주고 반복적으로 설명해 주면서 문제에 익숙해지도록 돕습니다.

학교에서는 보통 전체로 설명해서 이해를 못하고 틀려 오면 채점하는 과정에서 따로 불러 다시 한 번 설명을 해 주는데요. 거의 모든 아이들이 두 번째 설명에서는 완벽하게 이해를 하고 풀 수 있게 됩니다. 1학년 담임을 하면서는 그저 많이 가르쳐 주고 여러 번 설명해 준 후 기다리는 것이 바람직하다고 생각합니다. 그러니 집에서 일찍부터 진 빼지 마시고 옆집 아이랑 학습지 단계를 비교하면서 조급해 하지 마셨으면 합니다.

아이들은 학교에 와서 참 많이 성장합니다. 잘 안 될 것 같고 불안해도 그것은 부모님의 생각일 뿐 실제로 얼마나 많이 배우고 제 나름 열심히 해내는지 모릅니다. 내 아이는 그리 미약한 존재가 아니랍니다. 믿어 보세요. 하하. 1학년 담임을 하기 전에는 저도 늘 제 아들에 대해 부족함을 느꼈고 과연 이래서 학교 수업이나 따라갈까 싶었는데 올해 1학년을 가르쳐 보니 충분히 해내겠더라고요. 그만큼 아이들은 역량을 갖추고 있답니다. 기특하게도요.

수학책과 수학 익힘책을 자주 검사해 보세요

틀린 것이 많다면 그 아이는 복습이 꼭 필요합니다. 매일매일 배운 것을 문제집이나 교과서로 복습하도록 습관을 잡아 주세요. 수학은 결손이 누적되면 정말 힘들어집니다. 대부분 1학년 1학기까지는 아주 쉽게 해내지만 2학기부터는 실수도 하게 되고 몰라서 틀리기도 합니다. 배우는 과정에서 틀리는 것은 당연한 일이지만 매일 복습을 하고 짚어 나간다면 아이들도 몰랐던 것을 알게 되면서 자연스럽게 성장하게 됩니다. 그런 과정을 갖지 않는 아이는 갈수록 다른 친구들과 격차가 생기겠지요. 원래 못하는 아이가 아닌데도 말입니다.

Q 글씨체 연습을 미리 시켜야 할까? 글씨가 너무 엉망이에요.

A 요즘에는 학교에 오기 전에 이미 쓰기를 시작하여 경험해 본 경우가 많습니다. 앞서 말씀드렸다시피 맞춤법은 완벽하지 않지만 어쨌거나 '연필을 쥐고 쓰기'는 미리 하는 것이지요.

일단 어릴 때의 글씨(쓰기 시작할 때)는 아이가 지닌 본연의 성향에 의해 크게 좌우됩니다. 차분하고 꼼꼼한 편이라면 글씨도 그렇고, 대강 빠르게 마무리하는 것을 좋아한다면 글씨에도 드러납니다. 요즘에는 글씨를 많이 쓰지 않으니 뭐 얼마나 중요하랴 싶어도 교사의 입장(채점자)에서 글씨는 중요, 중요 또 중요합니다. 교사 엄마의 눈으로 보기에 얼마나 중요했으면 저희 아이가 기질적으로 글씨를 바르게 쓰려고 하는 것에 감사하고 감동했겠습니까?

시험을 볼 때나 과제를 제출할 때 같은 답안을 써 내도 글씨가 엉망이면 내용을 파악하기까지 시간이 더 걸리고 집중해서 읽어야 하니 쉽게 지쳐버립니다. 교사(채점자)도 사람이다 보니 글씨에 의해 전혀 좌우되지 않는다고는 말씀드리기 어렵거든요. 아이가 여러모로 정말 괜찮아도 글씨가 엉망이면 너무 아쉽고 안타깝습니다. 앞으로도 쓸 일투성이인데 보는 사람들마다 한소리씩 할 거고요.

글씨를 잘 쓴다는 것은 아이가 칭찬받으며 학교를 다닐 수 있는 소중한 기회가 늘어난다는 뜻이기도 하답니다. 당장 1학년인 저희 반만 봐도 그렇습니다. 3개월이 지난 지금 글씨 교정이 많이 되어 알림장, 국어 활동 등에 바른 글씨를 쓰는 아이들은 저한테 매번 칭찬을 받습니다. 글씨쓰기 검사도 한 번에 통과되고요. 무엇보다도 1학년은 자신 감입니다. 담임 선생님의 칭찬 한 마디가 엄청난 효과를 발휘하죠. 처음에 글씨체가 별로였던 아이들도 학교에서 담임 선생님 말에 귀기울이고 하나하나 성실히 해내다 보면 글씨가 바르게 변해 있습니다.

1학년은 무한 반복이지만 그 와중에도 귀 닫고 눈 감고 집중 안 하는 아이들은 변화가 거의 없답니다. 친구들은 듣고 듣고 또 듣고, 배우고 배우고 또 배우니 점차 나아지는데 말이지요.

여기서 감 잡으셨지요? "수업 중에는 선생님 말씀에 귀기울이고 그대로 따라해 보렴."이라고 가정에서 가르치는 것이 글씨쓰기 연습보다 선행되어야 한다는 것!

그러면 취학 전부터 글씨를 바르게 쓰도록 하는 것이 필요할까요? 네, 저는 일단 시작이 좋아야 한다는 생각입니다. 이미 유치원에서, 가정에서 엉망으로 배워 온 아이의 글씨체를 바꾸기는 백지로 온 아이보다 더 어렵습니다. 그러니 가정에서 미리부터 심각하게 유도하지는 않더라도 아이가 글씨를 쓸 때 어느 정도는 지켜봐 주시고 바른 손 모양을 할 수 있게 도와주세요.

또한 취학 전부터 글씨쓰기 책을 사서 기를 쓰고 쓰게 할 필요는 없지만 아이가 지루해 하지 않고 의욕을 보인다면 인터넷 서점에서 '글씨쓰기'로 검색해서 나오는 책으로 하루에 반 페이지 정도만 천천히, 또박또박, 바르게 쓰도록 유도해 보시는 것도 좋습니다.

저희 반 남자아이 하나는 스물여덟 명 중에서 가장 손힘이 약하고 글씨가 흘러가는 듯해서 교정이 쉽지 않았는데 글씨쓰기 책을 선물해 주고 매일 한 페이지씩 또는 반 페이지씩만 하도록 지도했더니 2학기에 몰라보게 달라졌답니다. 획 하나하나가 힘이 생긴 모양이라 예전의 모습은 찾아볼 수가 없습니다.

그러나 이 모든 것은 취학 전 '의무'가 아닌 '선택'입니다. 학교에 오면 아이들은 선생님과 배우면서 글씨체 교정이 되는 경우가 많거든요. 고학년은 친구의 영향을 받아서 보고 쓰며 글씨체가 변한다면 저학년은 선생님 말과 교육에 따라 변하는 기회가 있으니 미리부터 글씨체로 아이를 잡지는 마셨으면 합니다.

삼각연필 중에서도 연필 자체가 굵은 것이 있어요. 그중에서도 저희 아이는 '구몬 연필 2B'를 일정 기간 동안 사용했습니다. 일반 연필보다 굵기가 있기 때문에 교정기 없이 잘 잡히고 2B라 적당한 진하기로 자신의 결과물이 좋음을 확인할 수가 있습니다. 구몬뿐만 아니라 '스테들러'라는 브랜드에서도 나오니 알아보시고 마음에 드는 것으로 쥐어 주세요.

굵은 삼각 연필은 악력이 약하고 손 모양이 바르지 않은 아이들이 사용하기에 적합하며 이미 글씨를 어느 정도 쓸 줄 아는 아이에게는 오히려 불편할 수 있습니다. 저희 아이는 글씨체가 자리 잡히고 나니 크기 조절이 안 되는 어려움이 있더라고요. 그러니 쓰기 습관이 잡히면 보통 굵기의 삼각연필이나 육각연필 등으로 바꿔 주실 필요가 있습니다.

Q 획순을 틀리게 쓰는데 고쳐야 할까? 왜 여러 번 말해 줘도 계속 못 고치는 걸까요?

A 일곱 살인 저희 아이도 획순을 엄청 틀립니다. 고쳐 줘도 또 틀리고요. 방금 쓰고도 또 틀립니다. 그것을 보는 저희 친정 엄마는 애가 닳으십니다. 언어 감각 있고 글씨와 글쓰기에 두려움이 없는 딸들만 키우다가 극히 '아들다운 아들' 손주를 키우니 아주 답답하신 거죠. 하하하. 생전 잔소리 안 하시는 분이 저더러 "너는 선생님이면서 왜 획순을 안 가르치니?" 하십니다. 그런데 개인적으로는 획순도 중요하지만 위에 말한 글씨체가 우선이고요. 글씨체가 잡히고 쓰기에 능숙할 때 획순을 잡아 줘도 문제없다는 입장입니다.

어차피 학교에 오면 국어시간에 획순에 따라 쓰기를 배웁니다. 저랑 쓸 때는 잘하다가도 마음이 급해지면 '획순 따위 갖다 버려!' 하는 것이 1학년이고요. 그런 아이가 한두 명이 아니기 때문에 사실 주구장창 말해 주는 수밖에 없습니다.

획순은 교사가 열심히 가르칠게요. 집에서 획순까지 가르치느라 아이와 씨름하지 마시고요. 대신에 보이면 '지나가는 말'로 짚어 주시는 정도는 해 주셔도 좋겠네요.

Q 1학년에서 배우는 교과목이 뭘까? 봄, 여름은 뭐고, 안전한 생활은 또 뭐예요?

A 1학년의 교과목은 국어, 수학, 통합, 창의적 체험활동 등이 있습니다. 국어, 수학은 다들 아시겠지만 통합은 조금 생소하실 텐데요. 이는 우리 어릴 때의 즐거운 생활, 슬기로운 생활, 바른 생활이라고 생각하시면 되고 창의적 체험활동(이하 창체)은 자율활동(안전한 생활 포함), 진로활동, 봉사활동, 동아리활동 등으로 이루어지는 과목입니다.

교과서가 있는 과목은 다음과 같습니다.
국어(가, 나 학기당 2권) + 국어 활동(학기당 1권)
수학(학기당 1권) + 수학 익힘책(학기당 1권)
통합(봄, 여름, 가을, 겨울 1년에 4권)
안전한 생활(1년에 1권)

그 외에도 학교에 따라 검인정 도서를 구입해서 창체시간에 활용하기도 합니다.

혹시 교과서를 구입해서 미리 살펴보시려면 〈국어〉, 〈국어 활동〉, 〈수학〉, 〈수학 익힘책〉, 〈통합〉교과서 정도만 구입하시면 됩니다. 〈국어〉와 〈국어 활동〉, 〈수학〉과 〈수학 익힘책〉은 1학년에 입학해서 진도를 나간 후 복습용으로 좋고 〈통합〉교과서는 부모님이 준비물을 확인하거나 교육과정을 파악하는 용도로 적당합니다. 안전한 생활은 뻔한 이야기라 군이 구입하지 않으셔도 되고요.

국어는 1학기에 자음자 쓰고 읽기, 모음자 쓰고 읽기, 단문장 쓰고 읽기, 단문장 내용 파악하기, 문장부호 쓰기, 그림일기 쓰기가 등장하고, 수학은 앞에서 1학기 단원을 정리해 드렸으니(302페이지 참조) 참고하시기 바랍니다.

또한 이 글을 보고 괜히 안 하던 그림일기 쓰기를 가르치지 않으셨으면 합니다. 그 이유는 국어 1학기 마지막 한 단원 내내 그림일기 쓰기 연습이기 때문입니다.

통합은 봄, 여름, 가을, 겨울에 맞게 교과서가 배부되고 만들기, 그리기, 노래 부르기, 악기 연주하기, 신체활동, 자연관찰, 기본 생활습관 익히기 등을 합니다. 안전한 생활은 말 그대로 다양한 상황에서의 안전 규칙에 대해 익히는 수업입니다.

그리고 창체는 기본적으로 교육부와 교육청의 지침에 따라 운영계획이 세워지지만 지역별, 학교별, 학급별로 다양성을 추구할 수 있습니다. 1학년은 입학 초기 적응활동이 창체에 들어가며 초반 4주 정도가 할애됩니다. 위에 말한 안전한 생활도 창체 안에 속하지요. 성교육, 금연교육, 장애이해교육, 독도교육, 창의성교육, 학생인권교육, 생명존중교육, 진로교육, 봉사활동, 동아리활동 등 셀 수 없이 많은 교육이 창의적 체험활동 안에서 이루어집니다. 주로 교과서가 없이 이루어지는 활동이며 그렇다 보니 부모님들께서 잘 모르는 시간이기도 합니다.

약간씩 차이는 있지만 대부분 1학년의 주당시수는 23시간입니다. 작년에는 22시간이었으나 안전한 생활이 들어오면서 상당한 부분을 차지하다 보니 시수의 증가가 있었습니다. 이에 따라 저희 학교는 주 5일 4-5-4-5-5교시를 하고 있습니다만 시간표 운영은 학교마다 다를 수 있답니다.

　고학년이 아니라 저학년임에도 역시 학교에 입학한다는 것은 '학습'의 시작이라는 느낌이 강합니다. 저 또한 일곱 살인 저희 아이를 보며 학습적인 부분에서 어떤 점이 미흡한지, 이대로 학교에 보내도 따라갈 수 있을지에 관한 생각을 자주하게 됩니다. 아무래도 제 자신이 초등 교사라 전반적인 교육과정, 학교 시스템에 관해서 잘 알고 있기 때문에 몰라서 생기는 막연한 두려움이나 일부 엄마들 사이에 떠도는 괴담 수준의 소문에 공포감이 들지는 않습니다만 그래도 내 아이가 학교에 입학하는 것은 또 다른 생각거리로 다가왔습니다.

　교육에 관한 생각은 절대 같을 수 없습니다. 특히나 사교육에서는 말이지요. 이 글을 읽는 부모님께서는 다른 부모의 방법을 무작정 따라 하지 않으셨으면 합니다. 그리고 부모들끼리 서로 다른 교육 방향을 갖고 있다는 점에 대해서 비난도 하지 않았으면 하고요.

　집집마다 아이의 성향, 흥미, 기질, 환경이 다르고 부모가 잘할 수 있는 것도 천차만별이니 자녀 교육에 있어서는 내 아이를 중심에 두고 고민하신 후 선택하시기를 바랍니다.

Q 친구들이랑 사이좋게 지낼 수 있을까? 아이가 내성적이고 자기 표현도 잘 못해요.

A 사실 학교에서 아이들을 관찰하다 보면 남자, 여자를 크게 구분하지 않고 노는 경우가 많습니다. 남자아이인데도 여자아이들과 노는 것이 편하거나 여자아이인데도 남자아이들을 더 잘 포용하기도 합니다. 8세는 특히 남녀를 구분하여 노는 경향이 보이는 시기인데 그렇다고 해서 모든 아이들이 같은 성별끼리 노는 것은 아닙니다.

저학년부터 고학년을 두루 관찰했을 때 아이들은 반 아이들과 고루 친하지 않아도 마음이 통하는 친구 한두 명만 있다면 무난히 학교생활을 하게 됩니다.

부모님의 욕심으로는 반 아이들과 두루두루 친했으면 싶겠지만 실제로 교실에서 마당발로 통하는 아이들은 기껏해야 한 명, 많아야 두세 명 정도니까요. 학년이 올라갈수록 많은 친구도 좋지만 딱 한 명의 마음 통하는 친구만으로도 충분하다는 생각이 듭니다. 결국 이 말은 자녀에게 친구를 두루두루 사귀라 스트레스를 주지 않으셔도 된다는 말이 되겠습니다. 교실에는 내 아이와 다른 성향, 기질을 지닌 아이들이 대부분입니다. 함께 맞춰서 지내는 연습도 필요하지만 아이가 너무 힘들어한다면 많은 수의 친구에 연연할 필요가 없습니다.

1학년 저희 반의 경우를 살펴보겠습니다.

3월입니다. 하교 후 엄마와 아이의 대화입니다.

엄마 오늘 학교에서는 즐거웠어?

아이 네, 친구랑 놀았어요.

엄마 아, 그랬어? 그 친구 이름이 뭐야?

아이 아, 음…… 모르겠는데…….

엄마 같이 놀았다면서 친구 이름도 몰라?

아이 아, 음…….

많은 아이들이 이렇습니다. 친구 이름도 모르고 일단 신나게 놀고 보는 것이지요. 학기 초 1학년 아이들은 한낱 이름 따위에 관심이 없습니다. 하하하. 일단 서로 말을 해 보고 한 번 놀아 봐서 맞으면 좋은 것이고 아니면 다른 친구를 찾아봅니다. 3, 4월은 그렇게 서로를 탐색하는 시기입니다.

자, 또 다른 경우입니다.

4월입니다. 하교 후 아이와 엄마의 대화입니다.

엄마 오늘은 중간놀이 시간에 누구랑 놀았어?

아이 아, 저 혼자 그림 그렸어요.

이때부터 부모님은 걱정을 태산같이 합니다. 부모님이 모르는 그 상황은 다음과 같은 장면일 확률이 높습니다.

중간놀이 시간입니다. 윤서는 아주 잠깐 젠가를 가지고 친구들과 성을 쌓았습니다. 그러다 갑자기 일어섭니다. 아까 그리다 만 그림이 생각났거든요. 친구들에게 "나 그만 할래."라고 말하고 벌떡 일어나서 자기 자리로 갑니다.(혹은 아무 말 없이 자리로 돌아가서 그림을 그리기 시작하기도 합니다.) 윤서는 남은 시간 내내 종합장에 그림을 그렸습니다.

교실에는 이런 친구가 네다섯 명 정도 있습니다. 1학년은 쉬는 시간마다 누군가와 노는 아이들도 있지만 혼자서 종이를 접거나 그림을 그리는 것을 더 좋아하는 아이도 있습니다. 친구와 함께 있지 않아도 아이들은 즐거워합니다.

1학년은 자기만의 세계가 무척 강합니다. 친구들은 재미있거나 말거나 갑자기 자리에 앉아서 엄청 심각한 표정으로 자기 혼자 무엇인가를 합니다. 그러니 아이는 오늘 누구랑 놀았던 기억이 없을 테지요.

교사가 보기에 이런 아이들은 전혀 문제가 없습니다. 매일매일 주변을 차단하며 혼자 모든 것을 하는 것은 아니니까요. 친구 이름을 기억하지 못하는 것도 5월 즈음 되면 자연스럽게 외우게 되니 문제가 될 것도 아니고요. 이름도 모르는 누군가와 놀았던 어제 중간놀이 시간, 오늘 또 그 아이와 함께 놀지만 녀석은 이름을 기억하지 못합니다. 아이들은 그런 상황을 반복하면서 자신과 맞는 친구를 찾아갑니다. 그리고 그 친구가 좋아하는 행동도 스스로 파악하지요. 그래서 1학년이 친구 이야기를 자연스럽게 하려면 최소 두 달이 지난, 5월은 되어야 하는 경우가 많습니다.

이어서 성별에 따른 교우관계에 대해 이야기를 하고자 합니다. 사실 여자아이들과 남자아이들의 교우관계가 크게 다를 것은 없지만 굳이 차이를 찾는다면 남자아이들은 몸놀이를 해 본다거나 말싸움에서 지지 않으려 애써 보는 등의 방식으로 서열 정리를 하는 성향이 있고, 여자아이들은 탐색기를 가집니다.

특히 1학년 여자아이들은 우연한 계기로 친해지는 경우가 많은데요. 혼자서 종이접기를 하는데 지나가던 다른 여자아이가 "우와, 너 잘 만든다." 하고 툭 던진 한마디에 친해진다거나 자리에서 조용히 책을 읽고 있는데 "나도 이 책 있어."라고 말하는 한마디에 서로를 알아가기 시작합니다.

학부모님들을 상담하면 가장 첫 번째로 하시는 질문이 교우관계입니다. 그만큼 가장 큰 관심사이자 걱정이 되는 부분이기에 교실에서 친구들과 제일 잘 지내는 아이가 내 아이이면 좋겠다는 생각도 드실 텐데요. 실은 교실 속에서 학생들의 친구관계를 관찰하고 그 속에서 발생하는 문제를 해결해 주는 저 또한 내 아이의 교우관계가 좋았으면 하는 생각을 한답니다. 하하하하.

Q 학급에서 인기 있는 아이는 어떤 장점을 지녔을까? 인기 있는 아이와 그렇지 않은 아이의 특성을 알고 싶어요.

A 그동안 교실 상황에서 관찰한 것을 바탕으로 힌트를 좀 드려 보자면 남녀를 불문하고 인기가 많은 아이는 '매너 있는 아이'입니다. 친구에게 부드럽게 말하는 아이, 자기 물건을 잘 빌려 주는 아이, 바닥에 떨어진 친구의 물건을 군소리 없이 주워 주는 아이, 짝꿍이 모르는 것을 잘 가르쳐 주는 아이 등 친구에 대한 기본적인 예의를 지닌 아이입니다. 그리고 자기 할 일을 잘해서 결과물이 완벽한 아이를 동경하기도 하고 운동을 잘하는 아이와 같은 편이 되기를 바라기도 합니다. 느낌은 다르지만 성품이 유순해서 친구 말을 잘 들어주는 아이도 인기가 많습니다. 이렇게 쓰다 보니 결국 무엇이든 장점이 있는 아이들이 친구를 무난히 사귀고 잘 지낸다고 볼 수 있겠습니다.

그러므로 무엇을 잘해서 교우관계를 원활하게 하겠다는 생각보다는 '남들이 싫어하는 행동을 안 하도록 하는 것'이 여기에서는 더 명확한 답이 되리라 생각합니다.

아이들이 싫어하는 아이는 남을 때리거나 툭툭 건드리는 아이, 습관적으로 욕을 하는 아이, 거짓말을 하는 아이, 별것 아닌데 일러바치는 아이, 자기 것만 챙기고 쏙 빠져나가는 아이, 시도 때도 없이 우는 아이, 고집을 끝까지 부리는 아이, 규칙을 잘 안 지키고 자기 유리하게 바꾸는 아이 등이 있겠습니다.

1학년 아이들은 게임을 할 때 규칙을 아예 서로 다르게 설정하고 이

해도 각자 나름대로 하기 때문에 그로 인한 싸움이 생기는 경우가 많습니다. 교사가 보기에는 애초에 규칙을 명확하게 하지 않은 것부터가 잘못이라 싸웠다고 혼내기보다 조곤조곤 양쪽에 설명해 주는 것으로 마무리 짓곤 하는데요. 가정에서도 내 아이의 말만 들으면 안 되는 이유가 여기 있답니다. 철수는 여태 '이기면 다 가져가기'라고 생각하고 게임을 했는데 영수는 '이기면 절반만 가져가기'라고 생각하고 게임을 하니 싸움이 안 나겠습니까? 허허.

그래도 교우관계를 잘하는 아이의 모습이 막연하게 느껴지신다면 우리가 어렸을 때 싫어했던 아이를 생각해 보세요.

저 같은 경우는 매번 숙제 안 해 오는 아이가 진짜 싫었어요. 준비물을 안 가져왔다면 형편이 어려워서 그런가 보다 싶어 짠했을 텐데 틀린 문제 써 오기나 바른 글씨 연습하기와 같이 자기가 손으로 하면 될 숙제를 안 해 오니 도무지 이해가 안 가더라고요. 왜 저렇게 선생님을 힘들게 하면서까지 그리고 저리 아프도록 매타작을 받으면서까지 매일 숙제를 안 해 올까 하는 생각을 하면서 교실 분위기 흐리는 그 아이가 무척 싫었던 기억이 있습니다. 나름의 사정이 있었을지도 모르겠지만 어린 아이들에게 그런 사정까지 헤아릴 능력은 없으니까요. 그리고 괜히 툭툭 때리는 아이는 최악이었는데 제 성격상 당하고만 있을 수 없어서 신발주머니로 호되게 때려 준 기억이 있네요. 허허.

이처럼 부모님의 어렸을 때를 떠올려 보신다면 어떤 아이가 친구에게 환영받는 아이일지 쉽게 파악하실 수 있으리라 생각합니다.

지금 입학 전인 내 아이에게서 친구들이 싫어하는 행동이 발견된다면 그 부분을 가정에서 가르쳐 주세요. 그렇게 한다면 학교에 입학해서의 교우관계에 큰 도움이 된답니다.

그렇다고 입학 전부터 너무 걱정하실 필요는 없어요. 유치원이나 학교나 복닥거리기는 매한가지이고, 그 속에서 일어나는 일에 대해 담임 교사가 먼저 상담을 요청하지 않으면 별 문제 없나 보다 하고 안심하는 마음으로 아이를 믿어 주셔도 됩니다.

혹여 담임 교사가 상담전화를 해 온다면 "저희 아이가 그런 아이가 아닌데요. 유치원 때는 안 그랬고 선생님도 별 말씀 없으셨어요."라며 방어하시는 순간 행동 교정을 할 기회는 없다고 생각하셔야 합니다.

정말이지 이 부분은 1학년 학부모가 꼭 새겨야 할 부분입니다. 이것만 잘해도 담임 교사와의 관계가 틀어질 일이 없습니다. 참, 유치원 때처럼 "우리 아이 뭐해 주세요. 뭐해 주세요…… 유치원 때는 안 그랬는데 학교에 가서 그러네요. 친구들 잘못 만나서 그런가 봐요."와 같이 친구 탓, 학교 탓, 담임 탓인 것처럼 말씀하시는 분들은 하루라도 빨리 유치원 시기에서 벗어나시기를 바랍니다.

학교는 담임에게서 전화가 안 오는 것이 최고의 칭찬입니다. 제가 매년 교사 만족도 4.95에 빛나는 최고로 친절한 교사로 평가받았지만 1학년 1학기 초반에는 일부 학부모님들께서 유치원 때를 생각하며 만족하지 못하시는 경향이 있더라고요. 유치원과 초등학교는 목적부터 다르고 운영하는 방향은 물론이거니와 교육과정 자체가 같지 않은 등 완전히 다른 세상이라고 보시면 쉽게 받아들이실 듯합니다.

Q 외동인데 사회성에 문제는 없을까? 교실에서 보이는 외동아이들의 사회성에 대해 알려 주세요.

A 결론부터 말씀드리면 이는 외동인가 아닌가의 문제가 아니라 부모의 양육태도와 아이의 기질 등에 따라 결정되는 부분이라 생각합니다. 지난 학교에서는 외동들이 워낙 빛이 나는 곳이었는데 이번 학교에서는 형제자매가 있는 아이들이나 외동이나 큰 차이가 없는 느낌입니다. 결국에는 부모의 양육태도와 아이의 기질 등이 사회성을 좌우한다는 생각이 듭니다.

실제 저희 아이는 4세 말까지 장소가림과 낯가림이 특히 심해서 외식은 거의 꿈도 못 꿨습니다. 그때 주변 사람들은 외동이라 그럴 수 있다고 지레짐작으로 결론을 내렸고 자꾸 외부에 노출하여 적응할 수 있게 도와주라고 했습니다. 그런데 오히려 저는 그것을 거부했는데요. 대신에 두려운 상황에의 노출을 줄여줌으로써 서서히 성장하도록 도왔습니다.

그리고 7세가 된 저희 아이는 놀이터에서 누구를 만나도 "너는 몇 살이야? 나랑 킥보드 탈래?" 하고 말을 걸 줄 아는 아이로 자라고 있습니다. 축구 교실에서도 처음 온 친구들에게 조곤조곤 말을 걸어 주고 전반적으로 사람을 좋아하는 방향으로 크고 있지요.

'아이의 사회성'은 정답이 없는, 육아에서도 가장 고난이도 미션에 해당하는 것일 뿐 아니라 환경, 기질, 성격, 부모의 양육태도 등 너무 많은 요인이 작용하는 부분이라 '경우에 따라 다르다'라는 말씀을 드릴 수밖에 없습니다.

외동을 키우는 부모님들께서 상담을 오시면 "선생님, 외동이라 친구들과의 관계가 걱정이에요."라고 하시는데요. 이 질문에 확실히 드릴 수 있는 말씀은 외동이라는 이유로 학교생활에서 사회성이 떨어지는 것은 아니라는 사실입니다. 형제자매가 많은 아이들 중에도 정서적 결핍이 있다면 학교생활에서 친구 문제가 쉽게 발생합니다. 물론 외동인 아이들 중에서도 가정에 문제가 있다면 또 그렇고요. 학교에서의 사회성은 아이 나름, 부모 나름으로 천차만별입니다.

누누이 말씀드리지만 학교에서의 사회성은 경우에 따라 다릅니다. 그중에서 가장 중요한 것은 역시 이기적이지 않은 마음과 매너, 친구를 향한 호감, 잘할 수 있는 것 한두 가지 등으로 서로 맞는 친구들을 찾아간다는 것입니다. 이는 외동이든 아니든 모든 아이들에게 통하는 말이겠네요.

초등학교에서 일어날 수 있는 여러 가지 일에 대해 알면 알수록 부담되는 분들도 계시겠지만 사실 아이들은 생각보다 잘 해냅니다. 학교에 오면 선생님 말씀에 귀기울이고 실천하려 애쓰다가 어느 순간 눈에 보이게 성장하니까요. 가정에서 모든 것을 다 해 올 필요는 없습니다. 그럼에도 불구하고 부모 마음은 또 그것이 아니지요. 기왕에 하는 것

뒤처지지 않으면 좋겠고 잘하면 좋겠다 싶으니까요.

　저 또한 그러한 부모의 마음을 이해하지만 건강하고 즐거운 학교생활을 위해서는 내 아이를 중심에 두어 고민하고 생각하며 다른 아이들의 상황까지 헤아릴 줄 아는 '진짜 학부모'가 되어야 합니다.

　부모의 지원으로 내 아이가 학교에서 인정받는 것도, 친구들에게 인기를 얻는 것도 중요합니다. 하지만 그보다 내 아이를 많이 알고, 학교교육에 관해 열린 마음으로 받아들이면서 교사와 함께 협력하여 누구보다도 귀한 자녀를 건강한 마음을 지닌 아이로 키워 주셨으면 하는 바람입니다.

알고 나면 안심되는우리 아이 초등생활

초판 1쇄 인쇄 2017년 12월 30일

지은이 유진영
기획편집 도은주
SNS 홍보·마케팅 류정화

펴낸이 윤주용
펴낸곳 초록비책공방
출판등록 2013년 4월 25일 제2013-000130
주소 서울시 마포구 월드컵북로 400 문화콘텐츠센터 5층 19호
전화 0505-566-5522 팩스 02-6008-1777
메일 jooyongy@daum.net
사이트 http://www.greenrain.kr/
페이스북 http://www.facebook.com/greenrainbook/

ISBN979-11-86358-35-1 (03370)

이 도서의 국립중앙도서관 출판예정도서목록(CIP)은 서지정보유통지원시스템 홈페이지(http://seoji.
nl.go.kr)와 국가자료공동목록시스템(http://www.nl.go.kr/kolisnet)에서 이용하실 수 있습니다.(CIP
제어번호: CIP2017034233)